高速公路现代工程管理理论与实务

——基于江苏灌河大桥工程实践

李 迁 刘世同 著

人民交通出版社股份有限公司
China Communications Press Co.,Ltd.

内 容 提 要

本书是基于现代工程管理理论思考和江苏灌河大桥工程建设实践所编写。全书共分11章，其主要内容包括：现代工程管理的内涵和管理体系，现代工程项目管理标准化体系，灌河大桥现代工程管理的系统规划，灌河大桥工程设计管理，灌河大桥工程招标管理，灌河大桥工程专业化管理，灌河大桥工程施工标准化，灌河大桥工程精细化管理，灌河大桥工程信息化管理，灌河大桥工程HSE管理，现代工程管理实践理论思考。

本书适合工程管理人员学习与参考，同时也可供工程领域相关人员借鉴。

图书在版编目(CIP)数据

高速公路现代工程管理理论与实务：基于江苏灌河大桥工程实践/李迁，刘世同著. —北京：人民交通出版社股份有限公司，2019.11

ISBN 978-7-114-14430-1

Ⅰ.①高… Ⅱ.①李…②刘… Ⅲ.①高速公路—公路桥—桥梁工程—工程管理—研究—江苏 Ⅳ.①U448.14

中国版本图书馆CIP数据核字(2019)第296409号

Gaosu Gonglu Xiandai Gongcheng Guanli Lilun yu Shiwu——Jiyu Jiangsu Guanhe Daqiao Gongcheng Shijian

书　　名：高速公路现代工程管理理论与实务——基于江苏灌河大桥工程实践
著 作 者：李　迁　刘世同
责任编辑：袁　方
责任校对：孙国靖　魏佳宁
责任印制：刘高彤
出版发行：人民交通出版社股份有限公司
地　　址：(100011)北京市朝阳区安定门外外馆斜街3号
网　　址：http://www.ccpress.com.cn
销售电话：(010)59757973
总 经 销：人民交通出版社股份有限公司发行部
经　　销：各地新华书店
印　　刷：北京虎彩文化传播有限公司
开　　本：787×1092　1/16
印　　张：14.25
字　　数：334千
版　　次：2019年11月　第1版
印　　次：2019年11月　第1次印刷
书　　号：ISBN 978-7-114-14430-1
定　　价：78.00元

PREFACE 前言

管理和技术是实现工程目标的两个车轮，管理创新是技术和管理的集成创新。近年来，随着科学技术进步，我国在工程建造领域取得了举世瞩目的成就，工程的规模、技术含量、装备和材料制造也实现了新的飞跃，工程管理者已基本解决“有没有能力”建造工程的问题，开始更加关注“如何更好地”和“如何更有效地”实现工程目标，由此“工程管理”被提升到更加突出的地位。2011年，原交通运输部李盛霖部长在全国交通运输工作会议上的讲话，要求“十二五”我国交通行业加快转变交通运输方式，建立科学发展模式，特别强调要推行现代工程管理，以人本化、专业化、标准化、信息化和精细化为抓手，完善招投标等建设市场机制；调整完善公路、水运工程质量监督规定，加强工程质量和施工安全监督，大力推行专业化管理、标准化设计、工厂化施工和信息化监管。

现代工程管理是强调系统性思维、充分运用现代信息技术、注重工程和环境和谐、推行标准化和装配技术来实现工程目标的一种工程整体管理模式。现代工程管理的理论和实践需要从工程的认识论、管理的方法论等方面来系统认知和建构，即从工程理念、工程管理目标、管理技术、管理方法等方面不断重构和拓展。

江苏省在公路及桥梁等基础设施工程等方面取得了优异成绩，建立了稳定的专业化队伍，形成了有效驾驭工程管理的经验。在我国“十二五”交通行业的重要战略转型期，紧紧抓住了加快转变交通运输发展、推行“现代工程管理”这一主线，把科学发展作为解决工程建设中各种矛盾和问题的关键，更加注重以人为本和可持续发展，更加注重管理创新和科技创新。

江苏灌河大桥建设面临气象、水文、地质、通航及港区布局等复杂自然条件，同时还面临工程技术和管理目标等挑战。运用现代工程管理理论来指导灌河大桥建设需要充分认识到灌河大桥工程的公共产品属性，在充分体现政府主导和市场资源配置上构建权责明晰的专业化组织模式和招投标等管理机制；运用现代管理理念，建立一套有效的管理范围、流程和制度，实现“流程驱动制度、制度规范管理、管理行为标准”管理路径；基于对工程建设任务分析，运用标准化理念来开展工程设计及施工，突出设计标准化对工程施工标准化的指导性和决定性作用，强化对工地和工艺实施标准化，细化各类程序、参数和步骤；为了更加凸显工程建设目标，在标准化基础上关注工程的“精细化”管理；运用现代信息技术，建立灌河大桥智能化安全监控和预警系统，并将其与项目管理系统进行集成来保障施工“标准化”和“精细化”控制；坚持“以人为本”发展理念，处理好灌河大桥工程与社会、环境之间的和谐关系，重点在工程建设期间实施了健康-安全-环保(HSE)管理体系。

基于灌河大桥现代工程管理实施，工程建设目标得到全面实现，并形成了实施现代工程管理的一系列关键技术，如组织管理、招标管理、设计管理、施工现场标准化和精细化控制技术、HSE 管理体系及实施技术、集成化的管控信息系统。在此基础上，通过实践与理论互动，凝练出现代工程管理的基本理论要素，形成了现代工程管理的理论思考，为进一步发展现代工程管理理论提供参考。

作 者

2019 年 10 月

CONTENTS

目 录

第1章 现代工程管理的内涵和管理体系

1.1 交通行业工程管理的背景

交通运输部原部长李盛霖在2011年全国交通运输工作会议上指出：当前和今后一段时期，全国交通运输战线要以“人本化、专业化、标准化、信息化、精细化”为抓手，大力推进现代工程管理，不断转变交通事业发展方式，全面提高公路建设管理水平。

这是我国交通运输战线上在“十一五”期间实现了快速、科学、规范、安全、有序、创新发展的基础上，面对新的战略机遇期提出的具有全局意义的重要任务。在某种意义上，能否在当前与今后一段时间，大力有效推进现代工程管理，关系到我国交通运输战线能否实现交通运输事业又好又快发展，完成国家经济社会发展赋予交通战线的任务大局。因此，必须准确领会现代工程管理的精神，完整把握现代工程管理的内涵，完善构建现代工程管理体系，把现代工程管理各项工作落实到工程建设的各个方面，并真正发挥其效果与作用，而不能仅仅把现代工程管理概念化、形式化、口号化，要充分认识到推行现代工程管理是一项艰苦细致的系统工程，不能有半点虚假、浮躁，需要的是科学态度、踏踏实实、真抓实干、坚持不懈。

“十一五”时期是我国交通运输战线落实科学发展观，取得巨大成就的时期。这一时期公路网建设方面在发展速度、走资源节约型、环境友好型发展之路、规范市场行为、促进技术创新、加强安全管理以及完善法规体系等方面都取得了显著的成就。同时，全国公路建设者进一步积累和丰富了工程管理经验，我国工程管理整体水平有了很大的提高。

但是，必须清醒地看到，我国在工程管理领域面临着一系列的问题与矛盾，一些带有全局性和普遍性的管理问题已经对我国交通公路建设构成了新的挑战；甚至在某种意义上，工程管理水平比工程技术水平更制约和影响着我国交通运输事业的发展。

例如，工程管理体制与机制跟不上工程建设的实际需求；面对重大复杂工程，项目法人综合管理与驾驭工程复杂性的能力不足；工程建设监理人才与能力存在匮乏现象等问题都相当突出。

当前我国交通运输战线是成就与问题并存，机遇与挑战同在。要完成好“十二五”期间全国公路建设大发展任务，加快公路交通发展方式转变，走资源节约型、环境友好型发展之路，实现安全发展、可持续发展就要进一步推动工程管理上台阶、上水平，真正适应新时期转变公路发展方式的要求，就必须在充分借鉴我国改革开放40年，特别是“十一五”时期工作管理宝贵经验以及国外工程管理先进思想的基础上，通过管理思想、管理文化、管理体制与机制、管理方法与技术的全方位创新，实现我国“十三五”及今后一段时期公路交通建设的又好又快发展。

这一具有重大战略的中心任务,概括地说就是大力推进现代工程管理,全面提升公路建设水平。

1.2 现代工程管理概论

1.2.1 现代工程管理

工程是人类为了实现某一种特定目的,依据一定的科学技术原理,通过有序地整合资源,以造物为核心的实践活动。

显见,工程即是"人造的",所以任何工程都有其"主体",人造工程需要资源,除一般的硬资源外,还需要有让造物活动有序和有效的"软"资源,这就是工程组织模式与工程管理活动。工程其实是工程"硬"资源与"软"资源,即工程材料、设备、技术与工程管理的融合,所以任何好工程既是"干"出来的,又是"管"出来的。

所谓现代工程管理,其"现代"两字不能简单理解为只是个时间概念,我们不能对工程管理进行"断代",即某年某月之前为传统工程管理,而在其后则为现代工程管理。

我们更应该从对工程的认识论、对工程管理的方法论方面,即从工程理念、工程管理目标、技术、方法、工程管理组织模式与流程等方面的不断拓展、不断深化、不断丰富、不断演变、不断与时俱进来"意会"现代工程管理的"现代"性。因此,企图给现代工程管理一个精确定义,或者非要构建关于现代工程管理理论与知识体系的刚性框架,实际上都极有可能误解了现代工程管理的本质。

1.2.2 现代工程管理的核心思想

虽然我们不能给"现代工程管理"以精密的定义,但可以通过描述性手段归纳现代工程管理的核心思想。

1.2.2.1 工程认识论的扩展

工程最核心的活动是造物。土地、设备、资金、材料等是工程的"硬"资源,它们是工程的物质基础,是工程物理性的体现;而工程的组织模式与工程管理等是工程的"软"资源,它保证了工程建设过程中硬资源整合的有序性和有效性以及对工程现场实践活动的控制驾驭能力。

工程建设过程可认为是工程主体依据工程规划和工程设计,将工程从初始"空"状态向既定工程推进的动态演变过程,而工程管理则支撑和保证了这一演变过程的正确方向与轨迹。

工程对于工程环境是开放的,所以,工程建设必须考虑与环境(社会、经济、生态等)之间的协调与和谐。

对于规模宏大、技术先进、环境复杂的大型交通基础设施工程,更表现出多方面的"复杂性"。对这类工程的认识,更要关注到以下几点:

(1)这类工程不仅是重要的交通枢纽或是交通枢纽中的一个重要节点,而且它与自然生态环境之间的相互影响更为深刻和密切。因此,在工程立项和设计时,应该更注重工程与环境的友好与和谐，并把这些作为工程管理的重要目标。

(2)对这类工程的规划与论证，不仅要审视工程科学原理与技术可行性、工程经济性，而且要从国家政治、经济、社会发展及民生、民权角度进行综合评估，还要从工程对子孙后代的可持续意义来进行论证。

(3)这类工程一般有多层次、多方面的建设主体和利益干系人，要统筹兼顾好各方主体的利益，处理好彼此之间的冲突。

(4)这类工程的业主与建设方往往缺乏充分的工程认识能力与对工程复杂性的控制能力。

综上所述，现代工程管理在对工程的理解上，突出了如下的认识论：

①工程是一个动态、复合、开放的大系统。

②工程主体是多元的，各主体具备自主性与自适应性。

③工程是“硬”资源与“软”资源的融合，工程管理对于工程物理性的规定具有重要意义。

④工程建设各个环节、各个阶段、各个部门、工程局部与全局之间存在复杂的关联关系。

另外，随着工程情境的变化，工程品质及其与社会环境的和谐要求等方面越来越受到社会关注，工程认识论在目标、利益干系人、过程及方法、资源等认知方面也进行了扩展。

1)工程管理目标的认知扩展

传统意义上的工程项目管理目标，是以成本、进度和质量为主要内容，但随着工程建设及系统管理能力增强，工程质量目标从过去单纯追求性能要求向工程品质转化，这使得在一些建造理念、工艺方法、材料及装备方面面临着“阈值”的突破，这就需要建设管理者具有创新理念、平台、方法和手段。

另外，工程是人类整合资源结果，在此过程中会消耗钢材、水泥等众多资源并给环境带来影响，因此将工程作为人和自然系统一部分，需要科学地处理人-工程-自然系统三者之间的关系，将工程建造过程中的节能、环保作为工程目标来综合考虑工程设计方案、施工方案，以及业主采取合同控制策略，以及具体管理手段来要求和诱导参建单位关注工程多元目标的实现。

2)工程利益干系人的认知扩展

传统工程利益干系人主要由业主、设计单位、承包商及监理单位组成，实现工程由概念到实体转化过程。随着建设管理相关体制的变革，工程主要利益干系人的边界及干系人的行为都在发生变化。

业主须按照项目法人制、监理制、招投标及合同管理四项体制规范管理行为；设计单位要有全寿命周期理念，强调设计方案的先进性、可靠性、安全性、可施工性、可维护性及全寿命周期成本最优；施工单位要强化契约精神，在项目现场要落实具体措施和方法。在此基础上，为了更有效地推进工程专业化管理，强化市场在配置资源中的作用，咨询单位的地位和作用被进一步凸显出来。此外，社会公众是工程的重要利益干系人，既是重大工程决策中政府的委托人，又是工程使用者，因此公众在工程介入方式和节点在不同的工程项目中得到不同体现。

3)工程全寿命周期的认知扩展

传统的工程项目管理是以项目法人为实施主体，即从工可批复后开始。业主负责设计及施工的相关组织和管理。但对现代工程管理来说,工程前期规划与决策、后期的运营与维护也是工程建设者考虑的重要问题。工程全寿命周期的理念不仅要求工程决策质量提升,而且也要求在工程设计、施工中考虑新技术、新工艺、新材料等的使用,来获取工程全寿命周期的效益及效果的最大化。

4)工程资源的认知扩展

从资源类型,工程资源分为"硬"资源和"软"资源。所谓"硬"资源一般是指物质性的资源,比如工程材料、设备、资金、土地、技术等。这类资源在工程建设中起到基础性的作用,是工程"物化"的"基石"。这类资源最明显的特点是其具有被动性和损耗性,同时它在很大程度上是可以通过市场购买等行为而直接获得。工程"软"资源一般是指工程建设与管理所需要的知识、制度、管理文化、组织模式等,这类资源是不可交易的。工程"软"资源需要依托一定的"硬"资源,不能独立存在,"软"资源具有动态更新的特性,具备一定的环境适应性。重大工程是"软"资源通过"人"作用于"硬"资源上,"软"资源对于重大工程决策方案质量,重大工程建设质量起到主导性的作用。由于重大工程的特殊性和复杂性,"软"资源具有个性与柔性,能按照事物发展特定的维度进行动态演化。

按照资源在重大工程中作用的层次不同,可以将资源划分为一般型资源和战略型资源。所谓一般型资源主要是指在工程建设中起一般性作用的资源,如一般性设备、技术、材料以及人员等。一般型资源在工程中起一定的作用,而获得一般型资源的路径可以通过市场交易行为。所谓战略型资源是指在工程建设过程中具有举足轻重的地位,能够起到关键性、全局性作用的资源,如政府、社会对工程建设的支持和工程所需要环境、关键技术等。战略型资源一般具有高稀缺性,因此,在很大程度上不能完全通过市场交易行为获取,其获取路径比一般型资源复杂。例如,战略型资源体现在关键技术与关键装备上,这类技术和装备在市场上很难直接找到与之相符的产品,需要进行技术创新,而这种关键技术和装备对工程建设的质量、进度、安全等方面起到至关重要的作用;又如,战略型资源体现在关键的制度体系与组织体系等方面。这类战略型资源并不是通过产品形式体现出来,但是它对工程(产品)的设计、施工、运营等都起到主导性、全局性的作用。

1.2.2.2 工程管理方法论体系

方法论(methodology)是在总结人们创造和适用各种方法基础上,关于方法的一种规律性的知识,即指对给定领域进行探索的一般途径的研究。

由此可见,所谓方法论就是认识、分析、解决一类问题所规定的思路与原则。

工程建设的基本任务与目标对管理方法论作出了明确的规定,即:

(1)工程涉及社会、经济、技术、人文等多个领域,因此,需要综合运用自然科学、社会科学与人文科学的理论与知识。

(2)工程管理问题中既有结构性问题,又有半结构性、非结构性问题,有些问题是可以明确定义的,是可以"解决"的,而有些问题是难以明确定义的,是难以"解决"的,只能说有所"改善""改进"。

(3)工程建设的许多任务可以通过对工程整体进行分析、分解,包括对工程结构、功能、阶段的分解,这就需要相应的分析与分解方法,但更重要的是,作为整体的工程,我们还必须将局部的、分解了的结构、功能与阶段进行"综合";而这一"综合"不是简单的数学"求和",而是系统意义上的还原论与整体论的统一，这就需要相应的“综合”方法，更需要“还原”方法与综合方法的统一。

复杂工程的组织管理问题按复杂性维度来衡量是有层次的。无论从一般意义上讲，还是对一个具体的大型复杂工程而言，其组织、管理的方法论也应该是一个与其各层次问题相适应的方法论体系。其中既有与常规问题匹配的程序化管理方法论，也有与系统问题相匹配的系统管理方法论，还有与复杂性问题相匹配的复杂性管理方法论。

工程管理方法论体系（见图 1-1），主要包括如下 3 层结构：

①程序化管理，主要用于施工现场操作为主的管理。

②系统管理，主要用于中观（或复杂性相对较低）的管理问题。

③复杂性管理，主要用于工程全局层面且具有系统复杂性的管理问题。

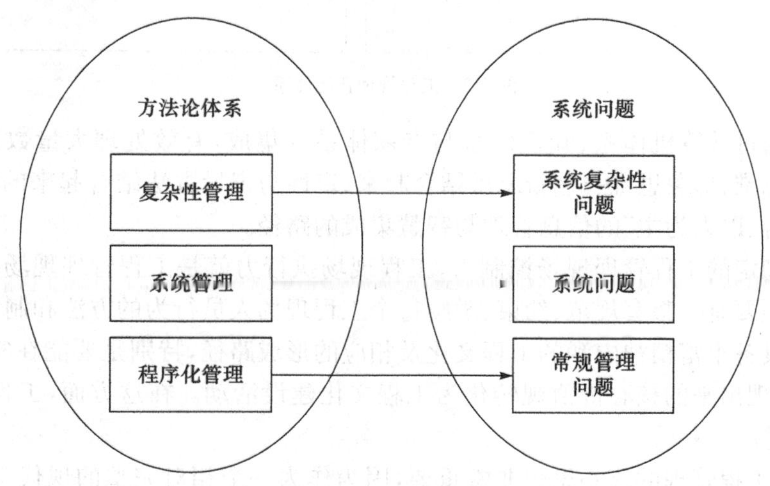

图 1-1　工程管理方法论体系

对这一方法论体系，需要重点指出如下几点：

(1)程序化管理。主要是针对工程建设过程中清晰结构化的问题，即目标清晰、最优的方法和技术可用。在具体管理方法上可采用科学管理和标准化管理手段，谋求高的质量稳定性、满意的生产效率和效果。

(2)系统管理。主要以工程整体性为理念，运用系统管理思想来认知工程和管理工程。在工程实践过程中，系统管理重点在于统筹好工程进度、质量、成本、招投标、设计、施工等内部管理职能及相互之间的管理界面。

(3)复杂性管理。复杂性管理是强调以工程复杂问题为导向，需要运用综合集成方法论来凝练问题目标、探寻解决问题路径。在工程实践中，主要表现为复杂性决策、组织平台构建、现场综合控制及创新管理等。

基于工程方法论体系，构建了相应的工程管理职能体系（见图 1-2）；针对不同层级管理体系下的职能管理，管理者采取不同的管理理念、方法和技术来获取管理目标。

基于以上各点，现代工程管理进一步认为，工程方法论特别关注：

(1)要有构建工程建设管理平台（制度）的方法，以有效驾驭工程各类复杂性。

(2)要有确定与优化工程建设主体的方法，以有效驾驭工程建设管理平台。

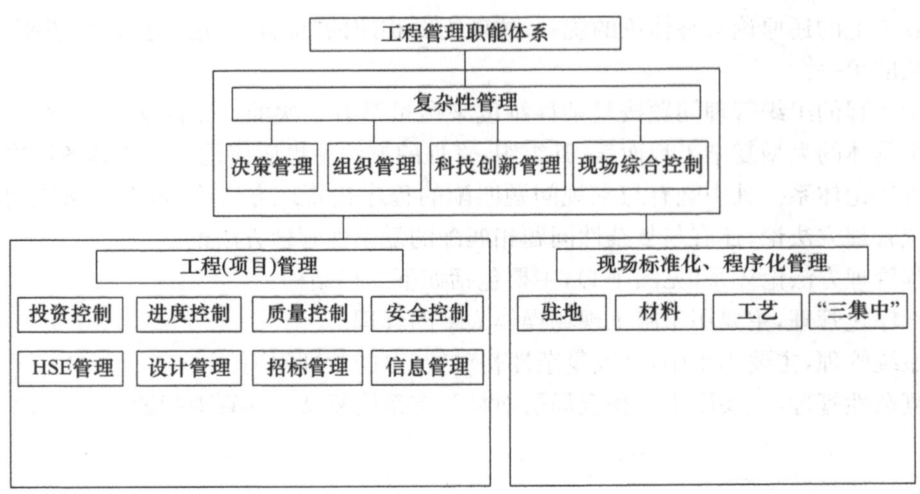

图 1-2 工程管理智能体系

(3)要有通过计算机体系、知识体系与专家体系的集成,有效处理大量数据、信息与资料;并把逻辑思维、形象思维与创新思维结合起来、定性与定量方法结合起来的方法,以有效实现“人机结合、以人为主”的信息管理与智慧集成的路径。

(4)要有稳定的工程管理现场控制力,工程现场执行力就是工程管理现场的系统行为。在这方面,必须要有一整套规范、约束、激励每个工程现场人员行为的方法和制度保证。

(5)要有具备丰富精神内涵的工程文化及相应的形成路径,特别是要能在实践中使工程管理主体所表现出来的核心价值观转化为工程文化建设活动。在这方面,工程文化的人本性内涵儿为重要。

了解现代工程管理的核心思想非常重要,因为作为一个相对完整的现代工程管理体系及在工程建设中的实施,都是其核心思想的具体体现。

1.3 现代工程管理的切入点

推行现代工程管理是一项系统工程,必须依据系统原理,做好顶层设计和规划,明确工作内容特别是推行的切入点和突破口;否则工作无重点、无巨细,即使“管”,也谈不上“理”,更无管理之“现代”气息。

推行现代工程管理的切入点和突破口的选择不是唯一的,根据现代工程管理核心思想,基本上可以确定为以下几点,即:树立以人为本的工程管理理念;推行专业化工程组织模式;推行工程施工标准化工作;深化工程管理信息化建设;推行施工管理精细化;构建现代工程管理的基本体系。

1.3.1 树立以人为本的工程管理理念

交通工程,特别是修桥筑路这类公共交通基础设施,自古至今从来就是利国惠民之功德工程。“为民造福”是交通基础设施的根本出发点和落脚点。从这一价值观出发:

(1)路桥工程特别讲究耐久性,使其“社会寿命”大于“功能寿命”,确保人民出行方便和货物交通顺畅。

(2)节约资源。工程对自然的索取与利用要“适度”和“有节”,以保证“国家足用、财务不屈”。也就是当今提倡的资源节约型,做到工程的可持续发展。

(3)环境协调。路桥工程是技术、艺术与生态的融合,必须重视路桥与环境的和谐一致,使工程成为民众通行和观赏的佳处。

(4)廉洁自律。工程建设既然“为民”,工程建设者决不能“为私”,特别要杜绝工程建设中官企之间的“隧道行为”以及“权力寻租”,任何损害人民利益的贪腐行为都是与“为民造福”的交通工程建设宗旨相悖的。

深层次地解剖,在工程建设的微观层面上,“为民”的价值观也有明晰的体现:

①崇尚劳动。即使在当前,现代科学技术发展非常迅速,但我国公路交通工程建设仍属劳动密集型实践,特别是我国当前体力劳动力市场相对过剩以及工程体力劳动的相对简单化,使得体力劳动者应有的被尊重地位下降了,而公路工程的特点需要我们大力树立“崇尚劳动”的理念,促进社会公平正义的使命。要做到这一点,必须在工程管理实践中保证现场施工人员有合理的经济报酬和较好的生产生活环境,要有作为光荣劳动者应有的尊严。此外,还要对广大工人心存感激,尽量给予他们以物质与精神上应有的慰藉,要善待劳动者,为员工提供学习成长的机会,直至让员工辛勤劳作的奉献精神和成果载入工程建设的史册。

②尊重科学。路桥工程建设由于其成果的不可逆性,必须确保一次性实现预期目标,这样,工程建设必须体现“尊重科学”的价值观。而“尊重科学”在“人”的方面,突出一点就是要尊重专家,即尊重专家的经验、知识与智慧。

不难看出,无论从工程建设的宏观层面还是微观层面,现代工程管理在工程建设为人、尊重人、善待人、服务人等方面,全方位地确立了“人”的至高、至上、至善的地位。也只有确立了以人为本的价值观,才能保证工程建设的科学发展、绿色发展和可持续发展,也才能有工程的高质量和高安全。

1.3.2　推行专业化工程组织模式

工程组织是为了实现工程目标,根据建设环境而建立的对工程建设过程实施管理控制的系统。工程组织一般是由对工程建设各项工作负责并担负管理、控制任务的个人、单位汇集而成的团队。随着现代大型工程建设涌现出的各种复杂性以及建设周期长、环境变化大等特点,工程组织面临从获取资源、整合资源、协调各方利益到规划、评估、流程设计、现场综合控制等方面挑战。

多年来,我国在工程组织模式的设计方面有许多宝贵经验与成熟做法,如在不少工程中采用的工程建设指挥部模式等。但是,随着市场经济体制的不断完善、工程建设市场与人才市场的不断成熟,同时随着大型复杂公路交通工程的日益增多,现代工程管理需要工程建设组织应具有越来越全、越来越强地解决工程建设中各类复杂性问题的能力,不仅包括解决一般的常规管理问题,解决一般系统(专项)管理问题,更要有能够解决复杂性工程管理问题的能力,即要有驾驭工程复杂性的能力。

一般来说,对工程建设复杂性管理问题的驾驭能力不是某一工程技术,某个管理者能力所及的,甚至不是一个专家或者管理专家团队所具有的,它往往需要在管理组织(团队)中有多领域知识并互补的专家，而且要求这样的组织有良好的工作机制与工作流程，要有极强的自学习、自组织、自适应能力，还要求组织中有起着主导、引导作用的“权威”。

现代工程管理从现代工程建设的实际情况与实际需求出发，明确指出从理念、组成、模式、机制、功能及实践等方面，需要与传统工程组织有重大不同的现代工程管理组织模式。这样的组织模式与传统工程管理组织相比，功能应该更强大、经验应该更丰富、人员应该更稳定、信誉应该更高，即工程建设需要管理的专业化。

所谓专业化管理，从基本定义上可以理解为一个由多领域（包括技术、管理、财务等相关专业）专家组成的稳定的团队。该团队相当于职业性工程建设管理专门机构，它们具有承接工程建设全过程与全方位管理工作的能力；在一定意义上，团队成员类似于企业与市场管理中的职业经理人，企业股东经过考察在严谨的契约下将企业的经营权交给他们。同样，工程业主也可以在规范的合同下将工程建设管理委托给这样的专门管理组织（团队）。

显然，强调这一管理组织模式是顺应工程建设市场的日益成熟与现代工程管理的复杂性的挑战。与传统的“临时性抽调人员组建指挥部进行工程管理，工程竣工后，指挥部解散，人员回归原单位或重新分配工作，下一个工程上马，这一模式再周而复始”相比，显然，专业化管理具有以下优点：

(1)较好地克服了临时性组建的管理组织专业性不强、人员之间协调性不够、工作情绪不够稳定等问题。

(2)较好地表现出管理职能专业化优点。

(3)管理机制经过磨合，已呈畅通势态。

(4)管理团队成员情绪相对稳定。

(5)有利于聚集人才、培养人才、传承经验、防止管理知识与经验流失。

(6)有利于个人特别是团队整体管理能力的提升。

(7)有利于工程投资人对管理的监管与协调。

因此，管理专业化将是今后工程特别是大型复杂工程管理组织的必然趋势。

事实上，代建制已具有工程管理市场化、专业化、契约化、职业化的基本特征，是适合市场经济方式的工程管理专业化的一种途径。另外，工程设计施工总承包也体现了工程管理专业化的本质要求，具有管理专业化程度高、专业人员聚集性强、管理综合驾驭能力强等重要特点。因此，更是值得进一步总结和推广。

当然，无论是对代建制还是设计施工总承包管理专业化组织模式的探索与推行，都要认真处理好工程各方之间的关系，把握住工作重点。

在代建制方面：

(1)要处理好代建单位与投资人的关系，合理、明晰约定投资人与代建单位的责任与权利，有效分离投资与管理界限，推行代建职责的法律化、明确代建单位法律地位、确定代建范围、界定投资人与代建单位在招投标、生产调度、合同执行等方面的权限，以保证代建单位依据合同，最大限度地独立发挥管理专长，并避免投资人干预代建单位正常管理活动。

(2)处理好代建需要与能力之间的关系。代建单位要加强内部管理、提升管理能力，以诚信和业绩树立良好的市场形象。

(3)处理好代建工作与监理职责关系。要探索工程监理制与代建制的有机结合，形成新型的现代工程管理职责模式。在培育代建制市场的同时，拓展监理发展空间。

(4)重点把握代建市场的准入管理、充分发掘工程管理人才，加快培养代建市场，培育工程管理公司。同时开放建设市场，以培育与引进同时并举的方式繁荣工程管理专业化市场。

(5)把握推行代建制组织模式中的具体问题的研究。尽快制定关于代建制的相关制度、标准、范本与规定，重点研究代建工作目标与相关的激励及风险防范机制。

在设计施工总承包方面：

(1)深入研究设计施工总承包模式的法律、法规支撑环境。

(2)处理好总承包方(或联合体)的组成及联合体内部的内部管理及相应的责任与权利。

(3)处理好投资人与总承包单位的关系。通过合同方式约定双方的责任与权利，科学分离投资与管理，推进总承包职责的法律化，明确总承包单位的法律地位，确定总承包范围，界定双方在工程投标、生产调度、合同执行等方面的权限，避免投资人干预总承包单位正常的管理活动。

(4)处理好总承包需求与能力之间的关系。总承包单位(或联合体)要通过健全内部管理，完善工作流程，建立规范、高效的管理运行机制，确保工程建设目标的实现。并在建设市场上树立诚信、卓越的社会形象。

(5)处理好总承包与监理职责关系。探索工程监理与总承包之间的结合点，形成新型的工程管理组织模式。

(6)把握好总承包市场的准入管理。培养具有总承包管理能力的人才，培养总承包单位，并通过引进项目管理公司以繁荣总承包建设市场。

(7)加强总承包模式下的风险、质量、技术、工程变更等现场控制研究。

随着现代工程管理的推进，工程管理专业化的模式还会不断创新，水平也会不断提高。我们应当及时总结经验，创造出更多、更好、更有效的既符合我国国情又反映出现代工程管理理念的管理专业化组织模式。

1.3.3　推行工程施工标准化工作

路桥工程建设过程是运用装备与工具把工程材料整合为物化工程的过程。虽然随着技术的进步与装备的发展，工程机械化程度不断提高，但工程建设现场仍然表现出密集型劳动特点，大量的现场工序仍然需要通过人的操作来完成，工程品质最终还是取决于施工现场操作设备和实际操作的施工人员，因此，工程品质的波动往往是由操作流程与对标准掌握的随意性造成的。这样，现代工程管理在施工现场应该尽量降低这种随意性，而对工程管理中那些可以结构化、程序化和标准化的部分进行固化，形成工程施工的范式。这就是现代工程管理关于施工标准化的基本思考。

关于对施工标准化的理解，有以下几点值得关注：

(1)工程管理内容丰富。其中有偏向于科技规律，具有确定性因果关系，表现出刚性结构的部分；也有偏向于技巧和文化成分，具有一定的柔性和灵活性，难以表现出刚性结构的部分。比较而言，前者可以以固化、程序化、结构化的某种范式作为标准或以一定的量化指标作为标准。所谓施工标准化仅指这一部分管理内容，而不能理解为所有施工活动都能或都需要标准化。

(2)施工标准化作为一个体系有其相对完整性,但很难构建“尽善尽美”的标准化体系,因为不同地区、不同工程类型、不同建设主体对施工标准化的理解和要求是不尽相同的。

(3)施工标准化可以从不同角度来审视。例如,可以规定统一的技术标准、管理标准与检验标准,也可以规定统一的组织标准、流程标准与技术标准等。在这个问题上,不同视角下的分类之间没有必要去做刻意比对,重要的是能满足并适合某个工程的需求,有利于工程建设施工统一与规范就是合理的、恰当的标准化工作。

(4)施工标准化的粗细程度要适宜。原则上在可固化的组织构架上,可规范的管理主程序(主流程)上,在安全、质量、工期等关键控制点、控制参数阈值等方面必须做到统一标准。但因工程类型不同、环境不同、工艺和工法不同而形成的标准不统一现象是自然的,不应强求一致。也就是说,在施工标准化问题上要因地而异、因事而异、因法而异。

(5)施工标准化体系对工程施工人员来说具有法规的约束性。因此,施工标准化的制定要遵守国家、行业的有关法律法规,要源于多年工程建设实践并为行业普遍接受,不能随意“创新”和草率。

(6)推行施工标准化工作在标准化体系设计上,要先做好顶层设计,从核心内容和施工急需内容出发,逐步拓展和完善;在工作上要抓好典型示范工程,逐步推行,并且切忌形式主义和烦琐哲学,一定要注意标准化的可行性与可操作性,注意施工标准化对提高施工水平实实在在的推动和帮助。

1.3.4 深化工程管理信息化建设

现代工程管理强调管理过程的一个重要任务,是根据工程建设需求凭借多种工具和手段,特别是计算机网络与信息技术,汇集各种信息、数据与资料,融汇各方面的专家经验、知识与智慧,有效地解决工程建设中的决策、方案制定、技术创新、现场综合控制等问题。因此,现代工程管理是建立在信息技术与计算机网络体系上的管理模式;反之,完善的信息技术是现代工程管理的必要支撑平台。

必须指出,基于现代工程管理的信息化绝不仅指项目管理 PMBOK 电子版本,更不是指工程管理中的办公自动化或无纸化办公系统,而是指能支撑现代工程管理主要活动的信息平台与支撑环境。

从这个意义讲,现代工程管理意义下的信息化更应该理解为是由计算机技术、通信技术、网络技术、控制技术等多学科为基础形成的复合型现代信息系统。

另外,现代工程管理信息化支撑功能大致可以分为如下 3 类:

1)工程保障类信息化

工程保障类信息化,主要包括提供工程施工区域中小尺度天气预报(警),如高温、寒流、大风、暴雨、大雾的检测预警信息,以指导规避短时间恶劣气象条件,提供施工区域风暴潮、潮位、流速等水情预测(警)信息,以指导工程施工作业及安全管理服务。

这一部分的信息化一般由数据采集、数据分析、数据传输、信息实时显示及应用 4 个子系统组成。另外,常用的还有通用分组无线业务(GPRS)通信网络、甚高频(VHF)、电台通信网络、船舶交通管理系统(VTS)、固定或移动的 CCTV 系统以及工地闭路电视监控系统等。

2)工程控制类信息化

工程控制类信息化,主要是对工程重要施工环节和长久运营提供必要的温度应力检测、水(地)下地形检测、工程结构健康检测等信息服务,如工程结构健康检测系统一般由传感器、数据采集与传输、数据处理与控制、结构健康状况评价和便携式数据采集等子系统组成。显然,这里的“信息化”已具有清晰的网络技术与物联网技术的内容。

3)工程管理类信息化

现代工程一般都具有工程界面关系复杂、工序关联性强、安全和质量影响因素多、合同量大且支付频繁等特点,因此,需要通过项目管理信息系统,掌握计划执行、现场控制、费用支付和工程文档等信息,以便于合理配置资源,改进管理办法,提高管理效率。工程按合同支付后,费用去向往往难以掌握,存在承包人挪作他用的可能,并进而影响工程质量与进度,因此,需要建立资金监管系统,加强对资金流向与流量的跟踪和控制。工程营运期的安全管理十分重要,而标志标线等安全设施的合理配置和醒目、缺损的及时更换等是交通安全的基本保证,而计算机虚拟现实系统,可以检验出行人的视觉效果,改进设计方案。另外,营运期的通信、监控与收费系统也是建立在信息化的基础上的。

工程管理的信息化一定要以工程建设与管理实际需求为导向,不能为“信息化”而信息化,更不能一味追求技术先进。现代工程管理信息化的建设路径一般为:

(1)调研。信息化实施模式一般可分为全新开发、完全引进和在引进基础上开发3种模式。无论采用哪种模式,都需要进行深入调研,以了解当前信息化现状、发展趋势与成功案例等。调研组成员应由信息技术、工程技术及管理专家组成。

(2)需求分析。对于工程控制类信息化需求,往往比较集中,并需要一次性解决,但对于工程保障类和管理类信息化需求通常比较分散。虽然从理论上看,众多需求分析可通过不懈努力实现,但从实际效果和必要性看,应对各种需求进行筛选、排序,抓住核心需求取得阶段性成果并逐步完善,要先易后难,让工程各方感受到信息化的实效。

(3)选择合理的技术路线。选择工程信息化技术路线主要考虑技术是否成熟、自身研发能力、投入时间等。其中时间因素非常关键,因为信息化成果要能够及时应用到工程实践需求之中;如果自身开发时间长、风险大,可考虑引进成熟技术路线,所有这些都需要建立在扎实的调研工作基础之上。

(4)总体设计、分步实施。信息化要根据工程环境、实际需求与技术路线,确定系统目标、主要功能、技术标准、整体解决方案、阶段实施计划、安全保障措施等。对于需求多且可能有变化、研发时间较长的部分,宜采用分布实施方案,开发一部分,应用一部分,在及时发挥作用的基础上,继续开发,最终形成完整的系统。

(5)加强信息化制度保障。在研发和实施信息化过程中,要建立相应的管理制度体系,包括领导机构与责任、各部门岗位职责、人员培训、考核、安全管理等。

1.3.5 推行施工管理精细化

传统工程往往“用料”单一、结构简单,而现代工程材料种类多、工艺复杂、要求高、工程内部横向关联性强,施工过程中前后隐性因果关系以及由局部甚至微小因素而引发大范围甚至全局事故的可能性时有发生。因此,任何施工环节或管理环节的“粗放”与“误差”都有可能对工程建设造成极大危害。

防范和控制这一风险的唯一办法,就是在管理专业化与管理标准化的基础上,做到工程施工与管理每一步、每一个环节、每一项执行都要"精细化"并切实"到位"。这即是现代工程管理推行施工管理精细化的基本出发点。

1)施工管理精细化在推行整个现代工程管理体系工作中的可行性

(1)管理专业化使工程建设与管理更符合科学技术规律和法律法规,因此,任何关于"精细化"的要求都具有科学基础,都符合客观规律。

(2)管理标准化使大量的管理活动被固化和有指标作为依据,从而尽量减少了操作人员的随意行为、想当然行为和粗枝大叶行为。

(3)管理信息化不仅以丰富的数据、资料与信息指导、提示,控制着工程施工过程中的流程与关键行为,而且还能提供实时的监控、分析、反馈,及时纠正有关错误与偏差。

因此,可以认为,管理信息化为精细化提供了信息支撑平台与环境;管理标准化为精细化提供了依据与准绳,而管理专业化则为精细化提供了组织保障。

2)推行管理精细化,必须要做到"三严"

精细化,首先是尊重科学,尊重规定,尊重专家,无论精、细还是准,都体现了现在工程管理的观念,即转变工程建设发展方式,把工程做细致并注重工程的每一个细节,在管理精细化面前,工程不存在粗活,操作不存在"差不多"。凡活必细,由细而精,做到这一点,任何工程就都是精品工程,不可能有"豆腐渣工程"。

工程精细化强调用数据说话,并以此杜绝任何人的行为的随意性。相比较而言,这并不是最困难的,最难得的是要在工程建设的全过程,在各个工段、各个工种、各个人那儿持久推行精细化不是一件容易的事。因为精细化必须是常态,最好成为施工管理人员的习惯,即成为一种工程文化而深入人心,但这并不是一件容易的事。另外,精细化不能搞成"运动",不能"大干××天,实现精细化"等,因为,任何一时的非精细化行为都可能成为工程质量、安全的"短板",而使一段时期的精细化的成果荡然无存。所以,推行管理精细化必须要做到"三严":

(1)要有严格的责任制,包括执行精细化工作的奖励与问责制度。

(2)要有严肃的核查制,包括独立的科学的关于精细化的考核、评估制度。

(3)要有严谨的检查制,包括相关的数据收集、分析与反馈设备与方法,尽量用数据分析。

1.3.6 构建现代工程管理的基本体系

前面说过,现代工程管理是在新形势下,对工程管理的理念、内涵、重点、手段与执行等的一个综合理解,是一个关于工程管理的"与时俱进"的认识。因此,任何时候、任何人都有对工程管理何谓"现代"、如何"现代"的看法,也可以凝练出这几个或者那几个关于现代工程管理的重点、切入点或重要举措等。

从目前情况看,根据我国国情与工程建设的实际情况,从当代科学技术发展趋势与现状,大体上认为现代工程管理的内涵包括人本化的管理理念、专业化的管理组织、标准化的管理模式、信息化的管理手段以及精细化的管理执行等大致是恰当的、全面的(也有提规范化、集成化等)。当然随着人们认识的深化和工程建设实践的进步,现代工程管理的内涵还会不断丰富、优化与完善,而且任何对现代工程管理的内涵的一种分解,决不能使它们成为相互孤立的部分,事实上,它们之间是相互影响、相互促进、相互推动的。例如,精细化需要信息化为支撑,同时,精细化的实际执行反过来又推动了信息化的发展。又如,专业化需要体现出水平，没有信息化也困难，而信息化的功能也大都来源于专业化的需求。由此可见，“现代工程管理”是个动态演化概念，特别是当前，它还是一个“新生”的处于萌芽阶段的概念，许多具体事情还不成熟、许多想法还在“发散”思维之中，因此，目前不宜用“收敛”思维来构建其刚性理论框架之类。当务之急是我们首先要在工程建设与管理实践的基础上，大力推行现代工程管理。可以是全面的也可以是一个方面的，真正在工程实践中学习、认识、理解现代工程管理的内涵，并且通过总结经验，凝练理论元素，研究科学问题，探索并发现客观规律，推动工程管理理论与实践的创新。

现代工程管理的“五化”即人本化、专业化、标准化、信息化、精细化之间并非各自孤立。人本化是认识工程系统的指导思想，专业化是协调工程系统的有效组织，标准化是施工现场管理的基本模式，信息化是施工精细化的基本支撑，精细化是工程质量品质的保证。它们之间相互影响、相互促进、相互推动，共同构成了高速公路现代工程管理的管理体系，即管理的“落脚点”和“抓手”(见图 1-3)。

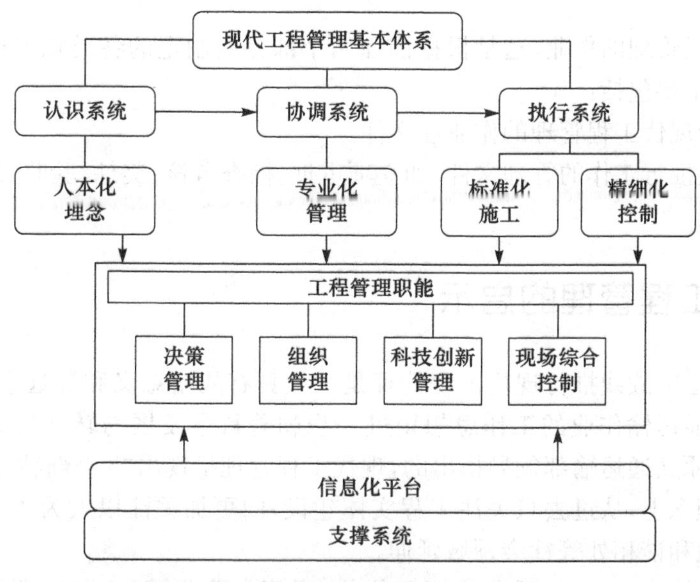

图 1-3 现代工程管理基本体系

1.4 现代工程管理的实践

推行现代工程管理是一项系统工程，因此，需要依据系统工程原理与范式，做好整个推行工作的规划、组织、任务分解、落实以及各项具体的实施意见和措施。大体上由以下 3 部分工作所组成。

1.4.1 推行现代工程管理的总则

推行现代工程管理的总则，这是推行现代工程管理主体(单位)对该项工作的认识与理解，并在此基础上构建的对推行现代工程管理工作的总的纲领。它包括：

(1)工作意义(必要性与重要性)。

(2)工作目标(定性为主)。

(3)基本原则(指导思想、方法论、推行工作顶层设计及重点描述)。

1.4.2 推行现代工程管理的程序

推行现代工程管理的程序这一部分根据前面的总则进行具体化,是组织、流程等推行工作的基本体制与机制。它主要包括:

(1)推行现代工程管理的领导机构,包括名称、组织构架、职能、主要组织人员的职责与权限。

(2)推行工作的主要流程,包括整体工作与典型示范工作的推行程序与方法等。

(3)推行工作的重要时间节点与标志性成果,包括整体工作与典型示范工作的始止点及预期和最终的成果形式等。

1.4.3 推行现代工程管理的作业

推行现代工程管理的作业,这是根据前面两个部分而制定的各类相关操作性作业文件与管理制度。它主要包括:

(1)各类推行现代工程管理的作业性文件。

(2)各类有关推行工作的管理文件,如立项审批、检查考核、奖惩、验收、结题、经费管理、培训等文件。

1.5 现代工程管理的启示

在我国交通运输战线推行现代工程管理是一项具有战略意义和深远意义的重要举措。它反映了我国交通运输作业的工作思想正进一步朝着科学发展与转变发展方式的方向发展。正如不久前原交通运输部领导指出的,现代工程管理呈现出"5 个新特点":

(1)在管理理念上,从过去只关注工程实体建设,向更加关注以人为本、资源节约、文化传承、与自然环境和谐相处等社会领域延伸。

(2)在组织结构上,更加注重集成团队优势,强调专业化管理,突出项目法人、设计、施工、监理等有关各方的分工负责与目标统筹,并关注管理能力与管理人员的专业素质。

(3)在管理行为上,更加注重程序管理、规范管理、标准管理和精细化管理。

(4)在管理手段上,更加注重信息技术的推广应用。

(5)在管理目标上更加追求质量、安全、效率、效益和生态环境的协调统一。

综上所述,现代工程管理是强调系统性思维,充分运用现代信息技术,注重工程和环境、人类社会的和谐,实施工程中的标准化和装配技术,实现工程整体的科学目标的一种工程整体管理模式。我们要顺应时代发展趋势,把推行现代工程管理作为转变交通工程发展的重要抓手,用现代工程管理理念、管理技术和管理方法,推动交通工程建设走上又好又快发展的新路子。

同时,推行现代工程管理,也是对我国几十年来交通工程建设宝贵经验的系统总结与提升。这将对当前与今后我国现代重大工程向综合性、整体化方向发展产生深刻的影响。

第2章 现代工程项目管理标准化体系

2.1 江苏省高速公路项目管理标准化

2.1.1 项目管理标准化指南体系

交通运输部明确提出“十二五”全国交通工程建设的现代工程管理的“五化”要求，即在项目管理上实现理念人本化、项目管理专业化、工程施工标准化、管理手段信息化、日常管理精细化。为了贯彻交通运输部对工程管理的要求，保证江苏省高速公路建设实现“六个一流”工程建设目标，根据中华人民共和国交通运输部交公路发(2011)70号《关于开展高速公路施工标准化活动的通知》和江苏省交通运输厅苏交建(2011)17号《江苏省高速公路开展施工标准化(推行现代工程管理)活动实施方案》的要求，组织编制《江苏省高速公路标准化指南系列》的《江苏省高速公路项目管理标准化指南》(下文简称“指南”)分册，旨在更有效地提升工程管理的专业化、规范化水平，实现项目管理目标。

本指南系在总结江苏省高速公路工程建设多年成功实践经验的基础上，结合江苏省交通建设局和现场管理机构的管理文件，融合工程管理理论和ISO 9000族标准体系的基础上编制而成。本指南共分6篇22章，包括总则、组织机构与职能、项目建设管理、项目人员管理、考核管理与持续改进和附录。其中，项目建设管理包括：征地拆迁管理、设计管理、招标与采购管理、计划与进度管理、质量管理、安全管理、环保管理、财务与审计管理、合同管理、材差管理、计量支付管理、设计变更管理、科研管理、档案管理、纪检监察管理、廉政信访管理等。

指南注重从工程现场管理的角度，依据“流程驱动制度、制度规范管理、管理行为标准”原则对工程建设管理目标、管理组织、核心业务流程和管理程序、管理记录等方面进行规范化、统一化和标准化，旨在进一步强化建设人员的标准化管理意识，提升现代工程管理水平，保证工程建设质量。

1)编制原则

(1)指南的价值要具有指导性和包含性，不能做成简单的制度汇编。

(2)指南的编制要强调其整体性和系统性。

(3)基于江苏省高速公路建设管理的视角，编制指南。

(4)质量管理ISO族的基本思想作为指南编制依据，主要包括目的、范围、定义、职责、业务流程、管理程序、管理制度、管理记录。

(5)具体指南的组成内容按照管理职能域展开,包括设计管理、招标与采购管理、材料管理、征地拆迁管理、计划与进度管理、质量管理、安全管理、环保管理、财务与审计管理、合同管理、材差管理、计量与支付管理、设计变更管理、科研管理、档案管理、现场党建统管、纪检检查工作、党风廉政建设。

(6)项目管理指南的资料来源:《江苏省交通工程建设局管理文件汇编》(一类);《省高指23条》《灌河大桥、泰州大桥、崇启大桥、江海高速等制度办法》(二类);其他省份管理标准化(三类)。

2)内容架构

《江苏省高速公路项目管理标准化指南》主要由6篇组成:

(1)总则。包括指南的目的、指导思想、组织领导及实施原则。江苏省高速公路项目管理标准化指南编写的指导思想是以工程建设过程为对象,以实现"人本化、专业化、标准化、信息化和精细化"为目标,以"系统性、指导性和包容性"为原则,以ISO 9000族标准体系为编制原则,建立包含江苏省高速公路建设管理模式与组织、业务流程、管理程序和管理记录等的施工项目管理标准化指南。

(2)组织机构与工作职责。江苏省交通工程建设局作为高速公路建设期法人,负责高速公路工程项目建设的领导、组织、决策、监督工作。项目现场管理机构按照省交建局的要求,具体实施工程项目建设管理等工作。特别是给出了"省市共建、以省为主""省市共建、以市为主"两种类型现场组织管理机构与工作职责。

(3)项目建设管理。按照管理职能域展开,包括设计管理、招标与采购管理、材料管理、征地拆迁管理、计划与进度管理、质量管理、安全管理、环保管理、财务与审计管理、合同管理、材差管理、计量与支付管理、设计变更管理、科研管理、档案管理、现场党建统管、纪检检查工作、党风廉政建设。

(4)项目人员管理。明确了项目法人管理的基本要求,给出现场项目机构的组建和筹备要求及程序;建立了建设单位考核和信用评价程序及具体内容。

(5)管理标准化考核与改进。给出了江苏省高速公路项目标准化考核的主要内容、检查方式及具体考核标准。并在实践基础上给出了项目管理标准化指南的持续改进原则、基本要求、纠正措施等。

(6)附表。给出项目管理标准化指南中的相关表单和数据。

2.1.2 项目建设管理的标准化范例——合同管理

依据给出的项目管理标准化体系,在此给出合同管理范例(详见《江苏省高速公路项目管理标准化指南》)。

2.1.2.1 目的

统一和规范高速公路工程施工合同管理工作,实现对工程质量、工期和投资的有效控制。

2.1.2.2 范围

适用于交通工程建设局负责建设管理的高速公路工程施工招标项目。非招标项目按照合同约定并参照本办法进行管理。

2.1.2.3　定义

1)索赔

索赔是当事人在合同实施过程中,根据法律、合同的规定及惯例,对并非自己的过错,而是由于合同对方承担责任的情况造成的,且实际发生了损失,向对方提出给予补偿的要求。

2)工程量清单

工程量清单是指建设工程的分部分项工程项目、措施项目、其他项目、规费项目和税金项目的名称和相应数量等的明细清单。

3)考核

按照既定的要求,对各单位和人员所做的工作进行检查和审核,对岗位职责以及完成工作目标的情况,进行了解、核实和评价。

2.1.2.4　职责

合同管理按照分级负责、分工协作、互相监督的原则,实行省交建局、项目现场管理机构(含高速公路工程项目管理办公室、市高速公路建设指挥部)和总监理工程师办公室(以下简称“监理单位”)三级管理。

1)省交建局

省交建局行使项目业主职权,工程部门、计划部门、招标部门和财务部门为省交建局的合同管理职能部门,依据各自职责分工负责。

(1)负责所管辖高速公路项目的日常合同管理与投资控制。

(2)负责统一制定和解释省交建局合同管理有关办法、规定。

(3)负责招标项目中标合同的签订和合同管理配合工作。

(4)负责组织实施工程内部审计和牵头配合外部审计。

(5)负责一类变更的审查上报及二类变更的审批。

2)现场管理机构

①审批三类设计变更以及一、二类设计变更和索赔的初审。

②负责工程量清单管理,计量、支付管理。

③合同补充协议的商谈,组织合同履约考核。

④负责合同分包管理。

3)监理单位

监理单位依据监理合同规定负责相应合同段的合同管理工作。

2.1.2.5　业务流程

1)合同管理业务流程

合同管理业务流程,见图 2-1。合同管理从省交建局开始,省交建局直接与承包人签订合同,也可授权项目现场管理机构作为业主代表与承包人签订合同。现场管理机构与承包人签订合同后经过省交建局合同文本的确认。现场管理机构负责合同的日常管理、履约考核,合同期满后自动终止合同。

2)履约考核业务流程

履约考核业务流程,见图 2-2。现场管理机构成立履约考核小组,制定考核细则。

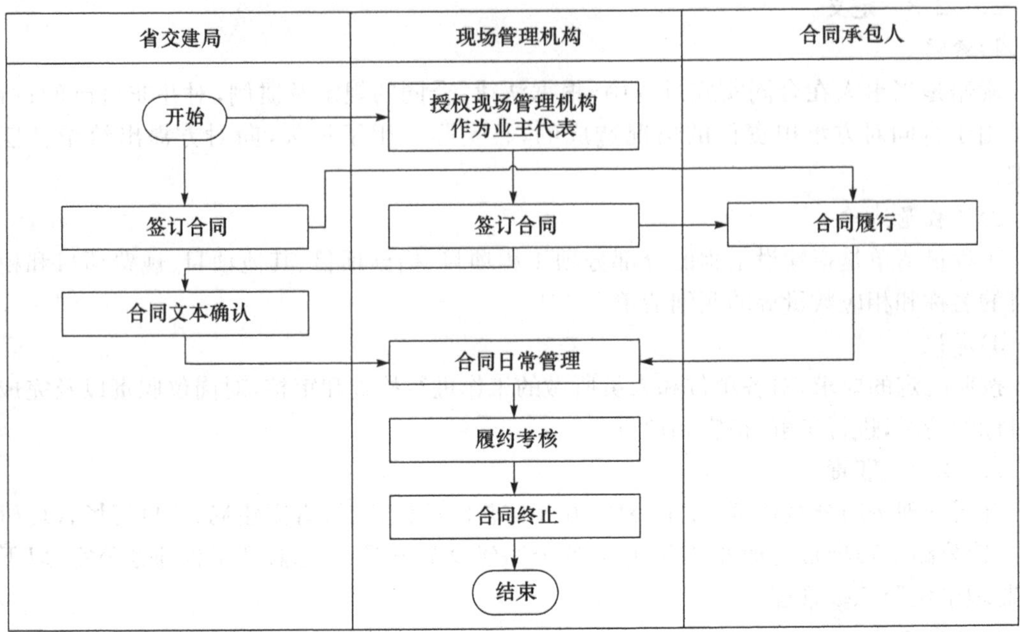

图 2-1　合同管理业务流程

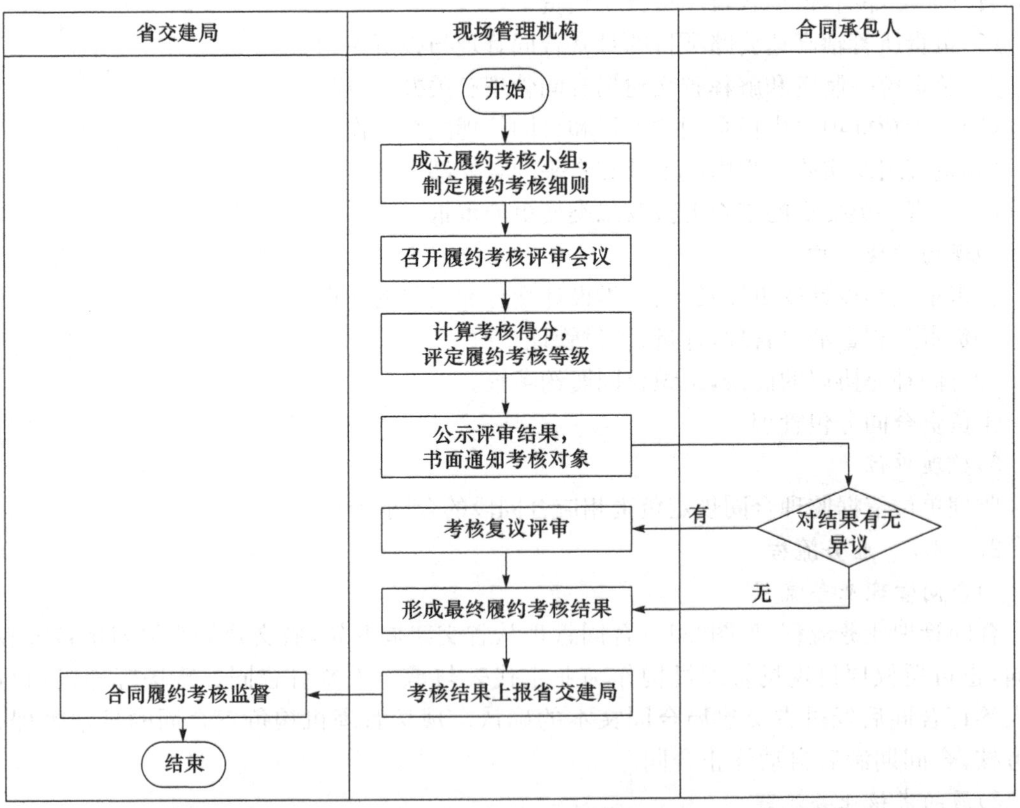

图 2-2　履约考核业务流程

履约小组召开考核评审会议，计算被考核对象得分，评定考核等级。履约考核评审会议结束后将公示评审结果，并书面通知各考核对象和其总部。考核对象对考核评审结果有异议的，可在接到考核评审结果通知 5 日内，由其总部向指挥部提出书面复议申请，并提交书面报告，由履约考核小组按考核评审程序进行复议评审，复议评审结果为最终履约考核结果。公示（复议）结束后，由现场管理机构将履约考核结果上报省交建局。省交建局对履约考核进行监督。

3）索赔管理业务流程

索赔管理业务流程（见图 2-3）。参建单位提供索赔事件记录，进行索赔申报，监理单位首先初步审核，通过后现场管理机构再进行审查并进行事件跟踪审核，交由交建局审批；审批通过后执行索赔，监理单位进行索赔的全程监督。

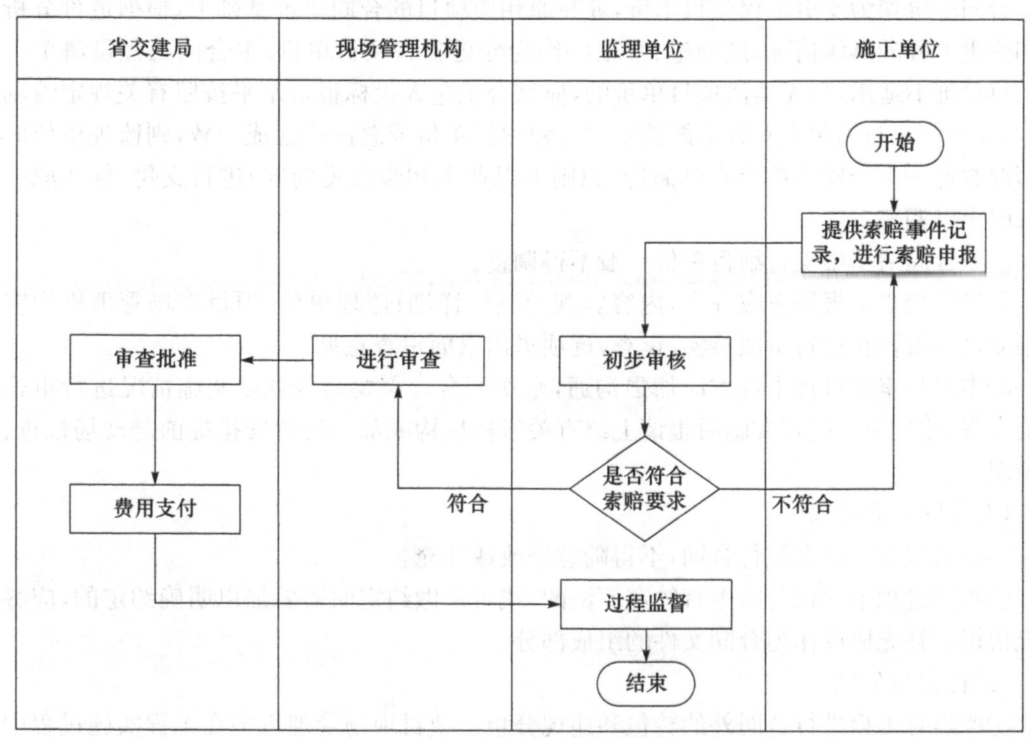

图 2-3　索赔管理业务流程

2.1.2.6　管理程序

1）合同签订

（1）合同协议书（含同步签订的补充协议）应按照《招标实施管理办法》有关规定签订并组织合同交底。

（2）与承包人签订合同的主体一般为省交建局，省交建局可授权项目现场管理机构作为业主代表与承包人签订合同，但相应合同文本生效前需经省交建局书面确认。

（3）合同协议书签订后应及时与其他构成合同文件组成部分的资料装订成册，分送省交建局相关职能部门、项目现场管理机构和监理单位。

2)合同日常管理

(1)设计变更

①设计变更分类、办理程序和职责分工等,应按照省交建局《设计变更管理办法》规定执行。

②设计变更实际批复金额,原则上不得超过立项估算金额的15%。超过15%的作为重大事项,由省交建局工程部门提交局务会重新审定。

③变更工程量,应严格依据设计图纸和工程计量成果进行审查。

④变更工程项目的单价确定应遵循以下原则,次序在前者优先:本合同工程量清单中有相应项目单价的,应直接采用合同单价;本合同工程量清单中没有相应项目单价,但有工作内容相似、工作性质相同的项目单价,或者类似合同有相同项目单价的,可直接参照相应项目的合同单价作为变更工程项目单价,或在原相应项目的合同单价基础上,根据造价分析原理和变更工程的具体情况,经调整、修正后作为变更工程项目单价;本合同工程量清单中原有项目单价不适用,且无类似项目单价的,应结合承包人投标报价水平按照有关规定编制新单价;如果业主与承包人双方未能就变更工程项目单价或总额价达成一致,则监理单位应根据情况暂定一个合理的单价或总额价(原则上以业主初步意见为准)进行支付,待达成一致后及时予以调整。

⑤原合同清单中支付细目单价一般不得调整。

⑥设计变更申报资料应齐全,内容客观、完整、详细;监理单位、项目现场管理机构应分别独立对申报资料进行全面核实、审查,逐项提出书面审查意见。

⑦申报与审核过程中各方应加强沟通,密切配合。需要结合现场实施情况进行审核的变更工程,监理单位应在实施时报请上级有关审核机构或部门视情安排提前赴现场核查、了解情况。

(2)合同补充协议

①合同双方应认真履行合同,不得随意修改或补充。

②履约过程中发现合同中有约定不清的,或者未做约定而需要加以明确约定的,应签订补充协议。补充协议作为合同文件的组成部分。

(3)转包与分包

①严禁对工程进行合同外的转包和违规分包。项目现场管理机构在工程实施过程中应进行检查,发现存在转包、违规分包的,应依据合同规定予以处理。

②除合同约定的分包外,任何分包必须由承包人书面提出,经监理单位审查通过后,报项目现场管理机构批准方可实施。

③不得以低于成本价分包,不得以劳务分包之名行工程分包之实。

(4)工程量清单

①分部分项工程量清单,应采用"综合单价"计价。分部分项工程量清单,应包括项目编码、项目名称、项目特征、计量单位和工程量"五统一"。

②根据工程情况的不同,项目组价可采用现有单价计价法、预算定额计价法、成本加酬金计价法3种计价方法。

③在合同签约后2个月内,项目现场管理机构应组织设计单位、监理单位和承包人完成

设计图纸工程数量表及工程量清单的复核。

④监理单位负责根据签约工程量清单（或替换后的施工图设计工程量清单）和已批复的设计变更，动态调整形成工程量现清单，作为计量支付的控制依据。项目现场管理机构负责在每季度末汇总、出版各合同段工程量现清单纸质及电子文件，并上报省交建局备查。

(5)计量支付

①项目现场管理机构应监督监理单位严格按照合同文件计量与支付原则及有关规定，及时、准确地对承包人已完成工程项目进行据实计量，并支付相应款项。

②项目现场管理机构应督促监理单位只对合同承包人进行计量和支付，不得与其他单位和个人发生经济关系。

③承包人按合同文件约定的期限，定期向监理单位申报每期计量支付报表，由监理单位初审、项目现场管理机构审核后，报省交建局备查、报备。

(6)合同管理台账

①项目现场管理机构应按合同段分别对合同基本信息和工程量清单、设计变更、索赔、材差、计量支付、分包、履约考核、补充协议签订等合同日常管理工作建立专项台账；并明确由专人负责收齐上述台账电子版，集中报备至省交建局工程部门。

②省交建局工程部门应对报备的台账进行核实、整理，及时按高速公路项目进行汇总。

(7)合同资料的归档

①综合部负责合同盖章、合同规范性检查以及合同的归档；不符合归档条件的合同文本退回主办部门完善。

②合同作为指挥部投资控制的重要法律依据和指挥部内部明确职责的凭证，相关部门应遵循保密要求妥善保管。

③流程中各审核意见签署于合同签报上，合同签报作为合同审核过程中的记录和凭证，由综合部在合同盖章后留存并及时归档。

④每一合同履行完毕或长期合同的每一阶段分期完成，主办部门及时将上述有关资料整理清楚，交综合部门存档，相关资料不得随意处置、销毁。

3)履约考核

(1)履约考核工作由履约考核小组进行评审。履约考核小组组长由指挥部现场总指挥担任，副组长由现场副总指挥担任，成员包括指挥部各部门代表、总监理工程师（总监理工程师只参加其监理工程项目的考核）。履约考核评审采用会议形式进行，会议由履约考核小组组长主持召开。

(2)履约考核的起始、终止时间，由合同双方根据现场工程进展情况确定。

(3)考核小组分别从施工安全、质量控制、进度控制、施工标准化、项目管理、档案管理、环境保护等 7 个方面对考核对象进行考核。

(4)考核等级分为优、良、中、差 4 个等级。各项目优等的规定比例按省交建局有关规定执行，考核结果最后进行公示。

(5)省交建局每个季度将合同履约考核结果汇总上报省交通运输厅。

4)合同纠纷处置

(1)合同相关各方应严格依据合同客观、公正地处理合同执行中的争议,尽量减少合同纠纷。

(2)合同纠纷应首先通过协商、调解的方法解决。协商调解不能取得一致意见时,可按合同中仲裁条款申请仲裁或向人民法院起诉。

5)索赔

(1)索赔包括费用索赔和工期索赔。在可能影响高速公路总体计划时,应将工期索赔转化为赶工费用索赔。

(2)根据事件责任不同,索赔分为承包人向业主索赔和业主向承包人索赔两种情形,合同执行中应严格分清责任。

(3)业主向承包人的索赔,可以转换成指令承包人对质量不合格工程进行返工、对不合格工程不予计量和支付、采取终止合同清退承包人或减少承包人承包的工程范围等形式。

(4)省交建局、项目现场管理机构和监理单位,应严格按照与承包人共同约定的合同条件,认真履行义务,努力预防、规避风险。

(5)承包人向业主提出的各类补助、补偿要求均视同索赔;索赔申报及审批一律以书面为准。承包人向业主索赔一律在合同暂定金额中列支。

(6)如果承包人未按照合同约定办理索赔,逾期不报视同放弃;未提供索赔事件的同期记录或记录不完整的,无权得到索赔或只限于索赔由监理单位按当时记录予以核实的那部分款额。

(7)索赔费用一般应仅限于直接损失,不包含间接损失;索赔费用应依据合同文件、市场价格等测算,申报与审核均应附详细的计算过程和有关证明材料;同类索赔应保持基本一致的赔付水平。

(8)停工损失是指人员费用原则上仅考虑必要的管理留守人员和现场看管所发生的相关费用;大型机械停工费用原则上仅计折旧费,小型及流动性较强的机械设备原则上按调配至其他工程或工点,不予考虑。

不可抗力损失是指永久工程、临时工程的损害,工程所需清理、修复费用,因工程损害导致第三方人员伤亡和财产损失,以及运至施工现场用于施工的材料和待安装的设备的损害,由业主承担。其余损失各自承担。

6)管理与监督

(1)合同管理工作接受纪检、监察、审计以及有关职能部门的监督、检查。

(2)高速公路项目全面开工后3个月内,省交建局应对项目现场管理机构、监理单位合同管理人员进行岗前培训;工程实施期间,应进行针对性的业务指导,并根据需要不定期地组织合同管理业务知识培训、经验交流。

(3)省交建局不定期地进行合同管理工作检查,及时纠正违规行为。

(4)省交建局职能部门或审计机构(含内审机构)发现已审批的工程量清单、设计变更、索赔和计量支付不符合规定或存在错误的,有权予以否决或修正,并相应修正计量支付。

2.1.2.7　规章制度

(1)苏交建计〔2010〕52号《高速公路工程项目施工合同管理办法》。

(2)苏高招〔2007〕18号《江苏省高速公路建设指挥部工程项目履约考核管理办法(试行稿)》。

(3)建设部第63号《建设工程工程量清单计价规范》(GB 50500—2008)。

(4)江苏省高速公路《合同外单价组价方法指导意见》。

2.1.2.8　管理记录

(1)履约考核等级评定结果汇总表(表2-1)。

(2)履约考核评分汇总表(表2-2)。

(3)施工单位履约考核评分表(表2-3)。

(4)江苏省交通工程建设局合同审签单(招标项目)(表2-4)。

(5)江苏省交通工程建设局合同审签单(非招标项目)(表2-5)。

履约考核等级评定结果汇总表　　表2-1

工程项目________　　考核时间:_______年___季度

工程种类	合同号	中标单位	具体承接部门	合同金额	项目经理	综合得分	评定等级

备注:特殊情况另附页说明,如被评为“中”和“差”的主要理由等。

考核小组组长:

履约考核评分汇总表　　表2-2

工程项目________　　考核时间:________年___季度

合同号	评委1	评委2	评委3	评委4	评委5	评委6	评委7	评委8	评委9	评委10	评委11	平均分

考核小组全体成员签字:

施工单位履约考核评分表 表 2-3

工程项目________合同段

施工单位名称:______________ 考核时间:______年____季度

项　　目	主要考核内容	满分值	评分	总评分
施工安全	根据《工程项目安全生产检查考核制度》的考核结果进行评分	20		
质量控制	实体工程质量	15		
	整改情况	5		
进度控制	根据指挥部下达的工程计划完成情况,结合对应阶段劳动竞赛中相关节点工程计划的完成情况进行评分	20		
施工标准化	综合评价施工单位执行施工标准化管理的情况	10		
项目管理	资金保障	5		
	项目部人员	5		
	施工队伍素质	5		
档案管理	根据《档案管理考评办法》的考核结果进行评分	10		
环境保护	综合评价施工单位在施工过程中对施工现场及周边的环境保护情况	5		

考核人: 日期:

江苏省交通工程建设局合同审签单 表 2-4

(招标项目)

编号:HTSQ(A)

合同名称				
合同签订单位		甲方:		
		乙方:		
合同号			合同价(万元)	
局招标评标领导小组意见				
承办部门意见	承办科室意见			
	承办部门领导意见			
会签部门意见				
领导批示	分管副局长			
	局长			

填表说明:此表由局招标部门填写,统一编号由招标部门存档。

江苏省交通工程建设局合同审签单　　表 2-5

（非招标项目）

编号：HTSQ(B)

<table>
<tr><td colspan="2">合同名称</td><td colspan="3"></td></tr>
<tr><td colspan="2" rowspan="2">合同签订单位</td><td colspan="3">甲方：</td></tr>
<tr><td colspan="3">乙方：</td></tr>
<tr><td colspan="2">合同号</td><td></td><td>合同价(万元)</td><td></td></tr>
<tr><td colspan="2">局招标评标
领导小组意见</td><td colspan="3"></td></tr>
<tr><td rowspan="2">承办
部门
意见</td><td>承办科室意见</td><td colspan="3"></td></tr>
<tr><td>承办部门
领导意见</td><td colspan="3"></td></tr>
<tr><td colspan="2">会签部门意见</td><td colspan="3"></td></tr>
<tr><td rowspan="2">领导
批示</td><td>分管
副局长</td><td colspan="3"></td></tr>
<tr><td>局长</td><td colspan="3"></td></tr>
</table>

填表说明：此表由各主办部门填写，局招标部门统一编号存档。

2.2　灌河大桥项目管理标准化体系

灌河大桥项目是临海高等级公路的关键性、控制性节点工程，项目将临海高等级公路连云港段和盐城段连接贯通，使其全线成为江苏临海区域一条便捷、畅通的快速通道。灌河大桥工程的项目建设法人是江苏省交通工程建设局；其现场管理机构是由交建局派驻人员组建的灌河大桥建设指挥部。

灌河大桥建设遵循“流程驱动制度、制度规范管理、管理行为标准”的现代工程管理要求，建立了系统、科学的项目管理体系。其内容主要包括两个部分：

(1)遵循《江苏省高速公路项目管理标准化指南》规定的流程、制度等。

(2)依据灌河大桥现场管理要求，细化了相关制度、流程和办法。

灌河大桥项目管理最终形成的制度、流程标准化体系(见表 2-6)。

灌河大桥建设管理文件汇编目录 表 2-6

文件类型	序号	文件名称	使用文件或参考文件	备注
合同管理	1	合同履约考核管理办法	苏高招[2007]18 号	局制度
	2	高速公路工程项目施工合同管理办法	苏交建计[2010]52 号	局制度
	3	高速公路工程项目材差调整实施细则	苏交建计[2012]号	局制度
	4	高速公路工程项目计量管理办法	苏交建工二[2010]38 号	局制度
	5	江苏省高速公路工程监理工作质量考核实施细则	苏交建工一[2010]45 号	局制度
	6	江苏省高速公路工程工程量清单计价规范	DB32/T 1553—2009	省标准
	7	高速公路工程项目主体工程设计变更管理办法	苏交建计[2011]49 号	局制度
	8	高速公路工程项目交通工程及沿线设施设计变更管理办法	局待发	本次制定
	9	灌河大桥工程项目赔偿管理办法	参照崇启修定	本次制定
	10	灌河大桥项目计量支付管理实施细则	参照崇启修定	局制度
监理管理	11	灌河大桥工程项目监理月报填报制度	参照江六、江海等修订	本次制定
	12	公路水运工程监理信用评价办法	交质管[2010]43 号	局制度
	13	江苏省高速公路工程项目施工监理办法	局待发	局制度
	14	江苏省高速公路工程监理工作质量考核实施细则	苏交建工[2010]45 号	局制度
	15	灌河大桥工程施工监理管理办法	参照崇启修定	本次制定
	16	灌河大桥关键工序旁站监理标准化实施意见	参照以往路段修订	总监办进场后制定下发
质量管理	17	江苏省交通工程建设局质量监督管理办法	局待发	局制度
	18	灌河大桥工程项目质量管理实施细则	参照崇启修定	待局文件下发后修定
	19	灌河大桥工程项目施工履约考核实施细则	参照江海制定	本次制定
	20	灌河大桥工程项目计分考核管理办法	参照绕月高速公路修定	本次制定
	21	灌河大桥工程项目隐蔽工程施工现场影像资料管理办法	新制定	本次制定
安全管理	22	江苏省交通工程建设局工程建设安全生产监督管理办法(实行)	苏交建制[2010]54 号	局制定
	23	江苏省交通工程建设局高速公路“平安工地”建设活动实施方案	苏交建制[2010]78 号	局制定
	24	灌河大桥工程项目安全生产检查考核・考核实施细则	参照崇启、江六修定	本次制定
	25	灌河大桥工程项目安全生产措施费管理办法	参照崇启、江海修定	本次制定
	26	灌河大桥工程项目安全生产教育培训制度	参照崇启桥修定	本次制定
	27	灌河大桥工程项目安全生产会议制度	参照崇启桥修定	本次制定
	28	灌河大桥工程项目重大生产安全事故应急救援总预案	参照崇启桥修定	本次制定
	29	灌河大桥工程项目安全生产责任制度	参照江六修定	本次制定
	30	灌河大桥工程项目危险性较大的工程安全施工方案编制及审查管理办法	参照江六修定	本次制定
	31	灌河大桥水上作业安全管理实施细则	参照崇启桥修定	根据具体情况适时修定
	32	灌河大桥交通船安全管理办法	参照崇启桥修定	根据具体情况适时修定
	33	灌河大桥安全中心工作细则及工作质量考核办法	新制定	根据具体情况适时修定

续上表

文件类型	序号	文件名称	使用文件或参考文件	备注
进度管理	34	灌河大桥项目职工业余学校实施管理办法	新制定	本次制定
	35	关于实行《高速公路建设工程质量情况及形象进度月度报告制度》的通知	苏交质[2009]37 号	局制度
财务管理	36	工程资金监督管理规定(试行)	苏交建财(2010)10 号	局制度
	37	建设项目跟踪审计实施办法	苏交建财(2010)9 号	局制度
	38	内部审计工作规定	苏交建财(2010)11 号	局制度
	39	财务管理办法	苏交建财(2010)12 号	局制度
	40	基本建设会计核算办法(暂行)	苏交建财(2010)13 号	局制度
	41	灌河大桥工程资金监管管理实施细则	参照崇启修订	本次制定
	42	灌河大桥工程资金结算管理办法	参照崇启修订	本次制定
	43	灌河大桥管理费支出与报销管理办法	参照崇启修订	本次制定
	44	灌河大桥工程项目财务管理细则	参照财务管理办法及现金、银行票据、财务印鉴、会计档案管理规定合并修订	本次制定

2.3　项目管理标准化启示

江苏省高速公路项目管理标准化指南是依据现代工程管理要求，基于长期管理实践的基础上形成的一种结构化管理方法，对于有效地规范工程利益干系人行为，提高管理效率具有十分重要的作用。

1)项目管理标准化是一种结构化管理方法

项目管理是以具体项目为对象，运用管理学的一般理论并结合相关方法和技术来实现项目目标。项目管理过程主要是依据对象分解、制订计划、控制过程实施及采取动态评价。由于管理者主体偏好、项目管理知识掌握程度存在差异，项目管理在实践过程中有不同认知和实施方式。项目管理标准化是围绕项目管理的实施过程，对开展项目管理的具体职能模块进行结构化分解。其重点包括：

(1)职能域的界定(如质量、计划、合同、变更等)。

(2)每个职能的内涵、参与主体及职责、职能过程活动。

(3)职能输入及输出的记录及表单等。

通过这种结构化管理方法，能最大限度地规范管理行为，保证管理绩效。

2)项目管理标准化方式遵循现代管理范式要求

项目管理标准化作为提升管理主体开展管理活动的指南，要求项目标准化的结构和内容具有一定的科学共性和合理性，特别是要遵循现代管理要求来推动项目管理标准化。现代管理主要体现在，项目管理标准化基于现代管理“职业精神、专业技能、书面记录、模板式管理”要求，提出了“流程驱动制度、制度规范管理、管理行为标准”的设计理念，并借助于 ISO 9000 族的标准化理念，形成了项目管理中具体职能标准化的统一格式。

3)管理标准化过程中仍需要保持管理的“个性”

结构化管理是一种对管理共性的分解,管理做不到完全的结构化。因此,在项目管理标准化设计过程中,要充分保持“共性”和“个性”统一。其中“共性部分”主要为职能域、流程和表单,而“个性部分”则主要为具体的管理办法、规则和制度,以及一些领导方式、管理文化等方面。

Chapter Three

第3章 灌河大桥现代工程管理的系统规划

3.1 概况

灌河大桥项目(见图 3-1)是临海高等级公路的关键性、控制性节点工程,项目将临海高等级公路连云港段和盐城段连接贯通,使其全线成为江苏临海区域一条便捷、畅通的快速通道。它将有利于临海高等级公路功能的充分发挥,有效促进灌河口地区与江苏沿海其他地区共同协调发展,提高两岸城市品质、提升该区域岸线和土地开发价值,完善沿海地区和灌河口地区的综合交通体系。

图 3-1 灌河大桥效果图

灌河大桥工程建设面临气象条件复杂、水文条件复杂、地质条件复杂、通航条件复杂及港区布局等周围条件复杂等特点,这给工程建设和管理带来了一系列的挑战。为实现灌河大桥工程的一流精品工程目标和达到江苏省高速公路开展现代工程管理的示范效应,须以科学发展观为指导,运用先进的管理理念和技术来开展现代工程管理应用与示范研究。在管理理念上,从过去只关注工程实体建设向更加关注以人为本、资源节约、文化传承转变;在组织结构上,更加注重团队优势,强调专业化管理,突出指挥部、设计、施工、监理等有关各方的分工负责与目标统筹,并关注管理人员的管理能力与专业素质的培养和提升;在管理行为上,更加注重程序管理、规范管理、标准管理和精细化管理;在管理手段上,更加注重信息技术的推广应用;在管理目标上,更加追求质量、安全、效率、效益和生态环境的协调统筹。

以灌河大桥工程建设需求为导向,以交通运输部、江苏省交通运输厅的现代工程管理要求为指导来进行灌河大桥现代工程管理应用的总体设计。通过管理创新和现有管理技术的集成应用，在项目管理标准化、施工现场标准化管理、HSE(健康、安全、环保)、安全智能监控系统与信息平台等关键问题上取得相关成果(见图 3-2)，为灌河大桥达成“安全、优质、高效、环保、创新”的目标，以及大桥的顺利建成提供科学的理论依据和技术支持，并为江苏省和全国的其他交通运输工程提供经验支持和示范效应。

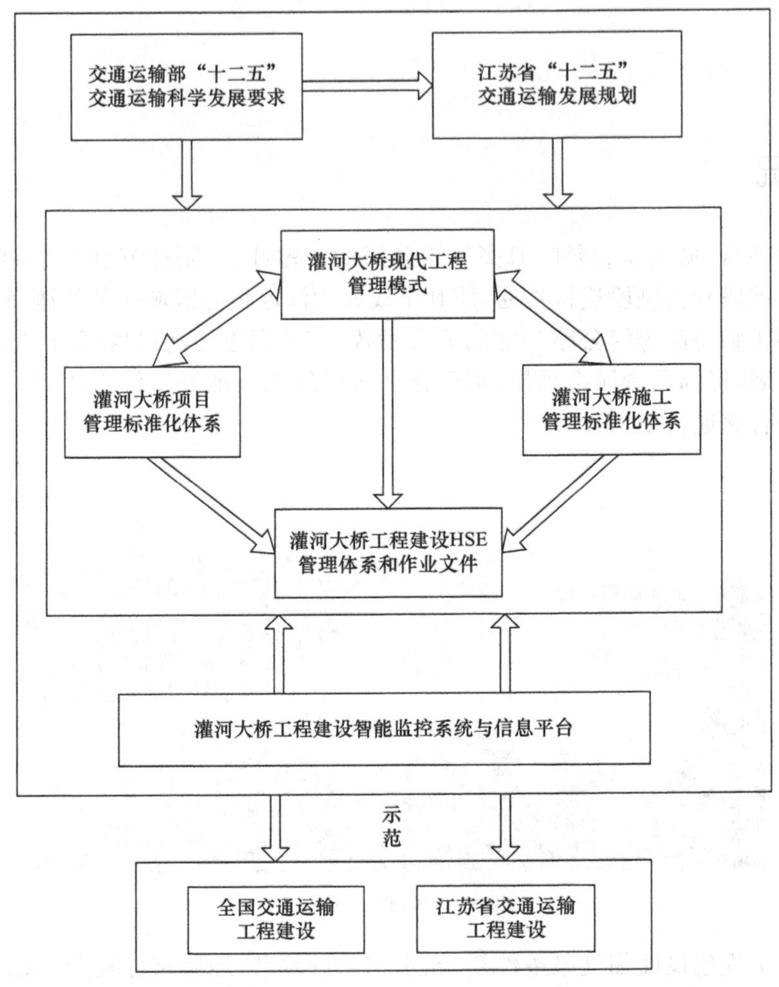

图 3-2 灌河大桥现代工程管理总体框架

3.2 灌河大桥现代工程管理的目标

深入贯彻落实科学发展观，以“推行现代工程管理、铸造百年灌河大桥”为宗旨，积极推行现代工程管理的“发展理念人本化、项目管理专业化、工程施工标准化、管理手段信息化、日常管理精细化”的要求，以“六个一流”“国内领先”为工程建设目标，以“内强素质、外树形象”为队伍建设目标，把灌河大桥建设成为“百年大桥、放心大桥”。

1)总体目标

灌河大桥工程管理的总体目标为：安全、优质、高效、廉洁、环保、创新。

(1)安全目标:牢固树立安全第一、预防为主、综合治理的思想,从源头上严把安全关;运用标准化管理、专业管理来完善安全管理机制,落实安全目标责任制;运用物联网等技术建立安全预报预警机制,落实应急预案防范措施;努力消除工程安全隐患,杜绝重大事故发生。

(2)质量目标:从接线、引桥到主桥的墩台、塔、索每个工序出发,切实做到质量零缺陷,以确保分项、分部工程优良率98%。牢固树立精细化管理的质量理念,大力推行工厂化施工作业来确保工程质量目标实现。

(3)高效目标:灌河通道工程建设严格按照计划工期要求,按时完成。在建设过程中,严格按批准概算控制工程投资,强化合同和工程计量支付管理,严格控制工程变更,采取积极有效措施完善资金监管机制,提高投资效益。

(4)廉洁目标:深入贯彻《中国共产党党员领导干部廉洁从政若干准则》的各项要求,并严格对照"8个禁止、52条不准"和"省交建局工作人员10项廉政承诺",全面强化预控措施,积极防范廉政风险,全力保障灌河通道工程建设的健康发展。

(5)环保目标:按照工程建设的人本化、可持续发展的要求,保证工程建设与环境的和谐。

(6)创新目标。依靠科技进步,整合各方力量开拓创新,力争在关键技术难题上有所突破和创新;在现代工程管理理念指导下,努力提升工程管理水平,积累灌河大桥现代工程管理实践经验,培养一批高素质的工程建设和管理人才。

2)具体内容

灌河大桥现代工程管理目标为:针对国家交通运输部所提出的"五化"要求,建立灌河大桥现代工程管理体系及关键技术,以项目管理标准化来规范业主与各参建单位的管理行为,以施工标准化管理来开展各项工程管理活动,建立"职业健康、安全、环境(HSE)"的管理体系,并运用现代物联网技术来建立智能化安全监控和预警系统,实现过程信息管理的信息化,提高灌河大桥建设管理保障能力,提升建设管理水平。其具体内容包括:

(1)用现代工程管理思想引导灌河大桥工程建设实践,提高建设管理的科学性、专业性和先进性,保障灌河大桥建设目标顺利实现。

(2)通过构建灌河大桥工程项目管理组织和制度标准化体系,有效规范建设单位和参建单位的行为,确保建设过程中各方职责清晰、权责明确、沟通和运作高效。

(3)通过构建灌河大桥施工标准化管理体系,在施工标准化活动中争先创优,标准化水平达到交通运输部要求,并达到全国领先水平。

(4)通过构建灌河大桥HSE管理标准化指南,实现工程建设的健康、安全、环保,提高工程的人本化、社会化和专业化的管理理念和使命感。

(5)通过运用现代物联网技术,建立灌河大桥智能化安全监控和预警系统,并在实际应用层面上进行测试和调试,为工程建设期间大范围推广做好准备。

(6)通过建立灌河大桥管理的信息平台,实现建设期间各类数据的实时存储、归档和查询,以及相应的合同、计量和变更控制的管理信息系统,确保工程管理的实施与高效。

(7)依托灌河大桥开展现代工程管理应用与示范研究,为树立江苏省交通工程建设管理在全国范围内的先进性和示范性起到支撑作用。

3.3 灌河大桥现代工程管理系统规划的重点内容

现代工程管理的推行是一项系统工程，它包括工程项目的规划、设计、施工及运营的全寿命周期过程；同时还涉及业主、设计单位、承包人及监理单位等多利益干系人的职责。因此，在工程项目初始阶段，项目业主必须充分做好现代工程管理实施规划，重点突出项目设计、招标采购、施工组织规划及总体风险评估几个部分内容。

1)设计阶段

设计是工程建设的前提和基础，是工程建设的灵魂，因此要针对目前存在的问题，系统研究勘察设计管理的制度和办法。其重点要做好如下 6 项工作：

(1)从设计源头认真贯彻“以人为本、安全至上”“生态环保、资源节约”“全寿命周期”等的科学理念，并指导建设全过程。

(2)强化过程管理，项目建设管理单位要合理确定勘察设计周期，充分分析“双院”咨询、专家审查制度的利弊，积极吸取其他行业设计审查的做法和经验，尽快研究设立省交通工程审图中心的可行性。

(3)认真总结典型结构的成熟技术、成功经验，结合实际，研究制定标准图，促进设计标准化，提高设计质量和效率，为施工标准化打下更为坚实的基础。

(4)严格执行设计变更审查审批制度，建立健全设计变更台账。

(5)加强勘察设计单位的信用评价工作，将评价结果作为设计单位资质管理、招标评标工作等的重要依据，进一步规范勘察设计市场。

(6)建立健全勘察设计质量监管工作机制，进一步规范勘察设计市场，提升设计质量，从源头上保障工程建设水平。

2)招标阶段

灌河大桥工程建设期是实施现代工程管理的重点，因此业主在工程前期招标阶段就必须科学设计好标段划分、承包人实施现代工程管理责任等。灌河大桥项目建设指挥部从标段划分、清单编制、专用合同条款到专项技术规范编制做了精心研究，着力体现施工标准化理念，从而有利于施工标准化现场实施的推进。其具体内容包括：

(1)系统地研究灌河大桥标段划分，推荐大标段招标方案，并将路面工程、伸缩缝、绿化一并纳入土建标段，减少协调环节。

(2)在清单编制上，把工地建设标准化细化为若干个独立计量的细目，如 102-1 工程管理项中，增加工程信息管理、施工现场监控、智能安全预警系统，104-1 承包人驻地建设项，细划为标准化驻地建设、标准化工地试验室建设、标准化拌和站建设、标准化钢筋加工场建设、标准化预制场地建设、标准化可视元素(含满足施工标准化要求的统一服装、鞋、帽等)6 项；把高速公路施工标准化技术指南的要求，有重点地细化到合同条款中。对建设过程中的第三方服务，提出大中心的概念，把以前分别招标采购的中心试验室、测量中心、安全环保中心整合为一个检测中心，在具体工作内容上整合了沉降观测服务、路面施工技术服务、软基处理强检等工作，一次招标完成。对于工程环保监理，在招标时提出了环境监理资质要求，便于后期推行 HSE 管理及竣工环保验收手续。工程变更、索赔是工程管理和工程审计中的难点，也是廉政风险防控的重点，在这方面汲取同类工程的经验教训，尽可能纳入招标合同条款，以期最大限度减少变更，降低廉政风险。

(3)完善技术规范要求。灌河大桥技术较为复杂，现有技术规范不能完全覆盖，需要在广泛收集省内外类似斜拉桥的招标文件，学习、消化，梳理出重点条款，组织设计及专家研讨，完成灌河大桥施工招标文件补充技术规范。

3)施工阶段

(1)在施工准备阶段，做好标准化临时设施和驻地建设，实现大临集约化、驻地社区化，抓首级控制网建立和复测工作，发布了施工标准化系列文件之一《灌河大桥工程项目技术文件编制及审查标准》。

(2)在施工阶段，把施工标准化分解到各个分项工程，形成具体的施工标准化方案，包括《灌河大桥施工便道实施标准》《灌河大桥现场标示牌设置标准》《灌河大桥钻孔灌注桩质量记录标准》《灌河大桥钻孔灌注桩施工质量验收标准》等。同时，制定灌河大桥 HSE 管理体系及作业文件，并按照信息化管理系统来实施管理。

(3)业主制定了完整的项目施工标准化考核办法，并将其与工程现场日常管理、文明施工考核办法结合，从最大程度上保证施工标准化、HSE 及信息化管理等方面的成功实施。

4)竣工验收阶段

灌河大桥在工程竣工验收阶段，严格按照技术文件和管理要求做好竣工验收工作，并根据各参建单位最终建设情况，建立相应的信誉档案。同时，按照档案管理要求积极做好各类竣工验收档案的管理，做好建设指挥部和工程运营管理单位的交接工作。

在此基础上，业主和各参建单位认真总结和梳理灌河大桥实施现代工程管理的经验，特别是关于现场施工标准化及 HSE 部分。

5)推行现代工程管理的风险评估

(1)范围、需求的风险

现代工程管理的理论和技术为工程建设管理提供了新的理论基础和技术手段，但如何依据系统原理明确现代工程管理的工作内容，特别是推行的切入点和突破口，则是一个难点。

灌河大桥作为江苏省推行现代工程管理的首个示范工程，缺乏明确标准、规范及实施方案。参建单位对于现代工程管理内涵的把握，直接展现的是具体工程建设要求、招标及合同设计等内容。因此，业主为了防范因对现代工程理解不一致和工程特点而带来的风险，须在以下几个方面做好工作：

①深入勘察设计，准确把握工程建设环境和技术标准。

②对桥梁工程建设的调研，明确工程施工单位水平和建设管理能力。

③组织由建设单位、设计单位、施工单位及科研院所的研讨，逐渐厘清灌河大桥推行施工标准化的范围和要求。

(2)成本风险

现代工程管理推行目标是为了更好地规范建设单位和参建单位行为，提升工程质量。在此过程中，人员技能提升、驻地现场规范、施工标准化、健康安全环保要求的提高等都会增加工程建设成本。参建单位传统观念及对利益最大化的追求，使得其在具体实施过程中对所增加的成本特别敏感,并由此而产生阻碍现代工程管理的推行因素。因此,建设单位或业主在实施前必须充分考虑成本风险,积极做好以下工作来防范工程风险:

①建设单位要有"成本-质量"关联的系统理念,不能简单地将推行施工标准化所产生的成本转嫁到施工单位。

②建设单位在进行工程预算编制时,要充分考虑成本范围。

③在招标文件中,须明确列举推行现代工程管理范围和需求。

④在合同文件中,须详细界定业主和参建单位的权力、义务及风险边界。

⑤在实施过程中,充分尊重"契约精神",但同时也要考虑工程复杂性及外部环境不确定所带来的挑战。

(3)市场风险

现代工程管理的重要环节是施工标准化,也是工程质量形成的最重要环节。由于我国当前工程建设规模大、各类参建单位质量水准参差不齐。为了获取有能力和重信誉的参建单位,建设单位须做好下述一系列的调研、制度设计等工作来保障施工标准化的顺利推行:

①展开前期调研。通过网络及实地调研的方式来把握行业内施工单位水平及对推行施工标准化的理解。

②制定科学的评标方法。综合考虑商务分、技术分和价格分,充分考虑到现代工程管理的能力要求及成本要求等。

③构建伙伴关系。因现代工程管理推行还存在诸多不确定性,建设单位和承包商在签订合同及具体实施过程中要秉持伙伴关系原则,在依法管理下做到"风险共担、利益共享"。

④做好信誉评价机制。项目实施过程中,要制订各类考核方案,确保现代工程管理要求能被落实到实践中,以及建立承包人信用评价体系。

3.4 实施现代工程管理系统规划的启示

现代工程管理体系,包括认知系统、组织与协调系统、现场控制系统 3 个方面,这三者紧密关联。现代工程管理系统规划旨在更加明确其认知系统,解构其各类子系统的目标、任务及相互之间的关系。其启示主要包括以下几个方面:

(1)系统规划主要是依据工程建设的时间维度和逻辑维度展开工程各阶段任务及需求评估,包括项目规划的范围与目标、设计、施工及竣工验收 4 个方面。现代工程管理系统规划在于围绕"五化"要求,明确各阶段的具体切入点,为后期实际开展工作提供指导依据。

(2)系统规划重点在于集成。工程活动是一项从无到有的建构活动,需要严格遵循各类程序和规范要求,即前期功能规划决定设计要求,而设计规定又很大程度上决定施工方式。因此,为了有效地推行现代工程管理,包括标准化和精细化施工要求,则在工程最初阶段就要贯彻现代工程管理理念,充分集成。

(3)系统规划能有效降低风险。现代工程管理的推行是一项旨在提高工程品质的活动,在此过程中成本与收益是促进设计单位和施工单位积极参与的主要因素。超前的系统规划能够对工程设计及施工的具体要求进行评估(包括工作要求、工作内容和相关成本),以此作为招标及合同设计依据,并作为参建单位对工程建设的一种承诺而实施。

第4章 灌河大桥工程设计管理

4.1 灌河大桥工程设计管理目标

灌河大桥从工程设计开始，立足工程建设的全寿命周期，提高工程设计总体控制力，建设现代化标准工程。灌河大桥在设计过程中，主要围绕以下几个目标进行工程设计。

(1)从工程初步设计到施工图设计、从设计程序到设计过程等，建立一套完整的桥梁设计标准化体系。

(2)灌河大桥工程设计要服务于施工标准化，切实推动现代工程管理“五化”的实施。

(3)灌河大桥工程设计立足工程建设的客观条件，包括功能需求、所处的自然环境以及工程投资概算、工程质量要求等。

4.2 灌河大桥工程设计原则

1)标准“独立性”原则

依据国家行业的相关标准及规定来开展桥梁设计，包括结构设计、技术设计及施工图设计。对于桥梁结构、桥面布置、桥梁设计程序等方面都有标准化的规定。这些标准化的规定是在考虑所有桥梁建设的基础上归纳总结得到的，标准的独立性一方面体现在标准的普适性上；另一方面也意味着不会因为某个桥梁和施工环境而随意调整。灌河大桥在进行桥梁设计的过程中严格按照国家的设计标准，遵守桥梁设计标准的独立性。

2)“可施工性”设计原则

设计是施工的依据和指导，施工是把设计变成现实的唯一途径，因此设计必须与施工紧密联系。在设计方案比选中，应将施工方案同结构方案同等考虑，研究其施工可行性和可操作性等。可实现性设计原则，也就是说灌河大桥在进行设计过程中充分考虑到施工过程，将施工标准化的思想贯彻到设计过程。例如灌河大桥的地质情况以及主墩桩基为摩擦桩，主塔基础沉降可能会比边辅墩大得多，由于斜拉桥桥面系为线状结构，主塔的细小沉降可能对整个结构(包括斜拉索索力)产生较大的影响，因此在设计方面可考虑一定的预抬量(反顶)，以消除不利的影响；灌河大桥圆形塔座斜坡坡度为1：4，其混凝土振捣、考虑到表观质量难以保证，进行设计优化；灌河大桥采用增加桥面板厚度的方式进行边跨配重，考虑到施工偏差、减少索力调整等，考虑在边跨增设可装卸的铸铁块进行精细调整设计，可辅助提高主梁标高精度、索力精度；将索塔内部锚梁下的钢牛腿设计成先预埋钢板，待脱模后再将钢牛腿与预埋钢板进行连接，以利于索塔的施工及牛腿的准确定位；在引桥设计中，引桥40m跨径墩身顶部7m段采取变截面异形墩，模板制作和施工复杂，较难达到预期效果，建议优化设计墩身，尽可能将引桥墩身统一为同一种类型，以方便施工；灌河大桥在引桥设计过程中初步设计了3种跨径方案，为28m、30m、40m，经过重新考虑施工的因素，将28m跨径方案取消，从而有利于施工标准化的开展。

3)"模块化、标准化"原则

模块化、标准化原则在灌河大桥设计过程中主要是指在设计过程中充分考虑后期建设模式，如采用"工厂化""大型化""装配化"的生产方式。例如在引桥初始设计中主要采用支架现浇，考虑到建设工厂化要求，最后全部改用预制；将工厂化、装配化的预制安装方案作为桥梁方案的考虑主线，以确定大桥主、引桥桥型方案及施工方案的指导思想，尽量减少水上作业和现场作业工作量和时间。

4)"系统集成"设计原则

灌河大桥在设计过程中将安全、适用、经济、美观等综合因素充分考虑。例如针对灌河桥位区滨海大气环境，结合全寿命周期的思想，在设计中对结构耐久性进行专项设计；灌河大桥在设计主桥桥墩位置时，充分考虑到海事、施工以及大堤干扰等综合因素进行重新设计优化；灌河大桥在初步设计时选择钻石塔，经过可施工性、美观性等综合因素分析以及进行主塔比选后，确定为H形塔；灌河大桥在工程设计切实立足于"可到达、可检查、可维护、可更换"的四可理念，以降低运营期的维护难度及工作量，降低维护成本；灌河大桥在索塔设计中，考虑到索塔桩基钻孔深度达105m，发生卡钻、堵管、断桩等风险较高，因此在设计中考虑增设1～2个备用桩位，说明设计综合因素原则。

4.3 灌河大桥工程设计标准化流程

桥梁设计是一个分阶段、循序渐进的工作过程。根据国家基本建设程序要求，灌河大桥设计程序分为前期工作和设计阶段(见图4-1)。前期工作包括编制预可行性研究报告和可行性研究报告；设计阶段按"三阶段设计"进行，即初步设计、技术设计与施工图设计。

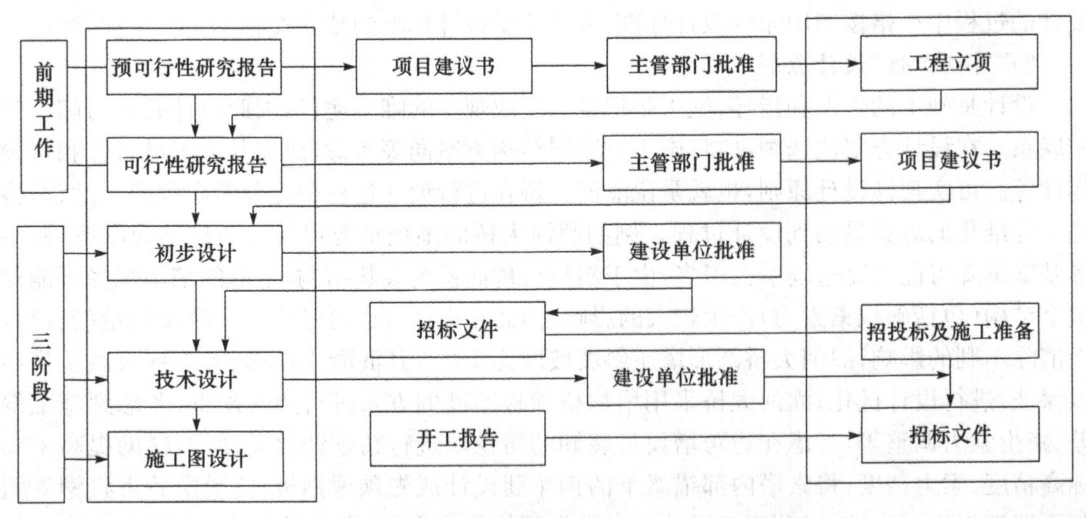

图4-1 灌河大桥设计程序

4.4 灌河大桥主桥工程设计方案选择

灌河大桥主桥设计主要包括桥型方案设计、索塔方案设计、主梁方案设计、斜拉索方案设计以及辅助墩、过渡墩方案设计等几个主要部分。灌河大桥在主桥的设计过程中，紧紧围绕着设计与科研相配合、同等深度方案比选、设计与施工相结合等几个基本原则进行展开。

灌河大桥主桥在设计过程中，主要把握以下几个控制点：

1)结构分析

(1)按梁单元进行总体结构分析，控制结构总体应力状态。

(2)组合梁剪力滞效应及混凝土收缩徐变影响分析。

(3)组合梁混凝土桥面板的二三体系受力分析。

对关键构造，如索梁锚固区、索塔锚固区等进行局部有限元分析。

2)下部结构设计

(1)根据总体分析和抗震分析结果，按规范要求验算桩、承台和索塔、墩身的受力，并形成计算书。

(2)确定重点部位的构造形式。

(3)绘制下部结构施工图图纸。

3)上部结构设计

(1)根据结构分析结果确定各部分的板件尺寸、斜拉索型号，确定重点部位的构造形式。

(2)确定合理的施工步骤。

(3)绘制上部结构施工图图纸。

4.4.1 灌河大桥桥型方案设计与优化

灌河是江苏省唯一的一条全线不设节制闸的入海河道，拥有得天独厚的航运条件。综合分析桥位地形、地质、地震、气象、水文、航运、堤防等对本项目的影响等条件和因素，主跨400m左右，适合桥位处建设条件的桥型方案有：斜拉桥、悬索桥和钢拱桥。对于钢拱桥，考虑拱肋对通航净空的侵占，不满足400m跨径的要求，拱脚易受船撞，且钢材用量较多，经济性较差。对于悬索桥，400m跨径不是其经济跨径，经济性相对较差。而主跨400m正处于斜拉桥的经济跨径之内，而且斜拉桥索塔高耸，通过其造型的变化，可设计成当地的标志性建筑。因此从各类桥型的跨越能力、经济性及景观效果考虑，灌河大桥采用斜拉桥这一桥型跨越是最合适的。

1)桥型方案比选要素

灌河大桥主桥桥型方案的比选要素主要有以下几点：

(1)经济性：比如考虑到灌河大桥建设过程所用材料多少。

(2)施工难度：考虑到灌河大桥建设环境对具体桥型方案的影响程度不同等。

(3)美观性：不同桥型方案的美观程度不同，考虑到美观性问题，可以使得大桥成为建设地的标志性建筑。

2)桥型方案设计

(1)两种主桥方案的设计：

①主桥方案 1:双塔双索面半漂浮体系组合梁斜拉桥(见图 4-2)。

本方案跨径布置为 59.2+118.8+400+118.8+59.2=756m,为双塔双索面半漂浮体系组合梁斜拉桥。为减小辅助墩对两岸大堤的影响,同时兼顾合理边中跨比例关系,北过渡墩、辅助墩承台边缘置于大堤堤脚之外,南过渡墩、辅助墩位于河床内。施工中采用支护围挡结构,避免放坡开挖,最大限度减小施工对大堤影响。

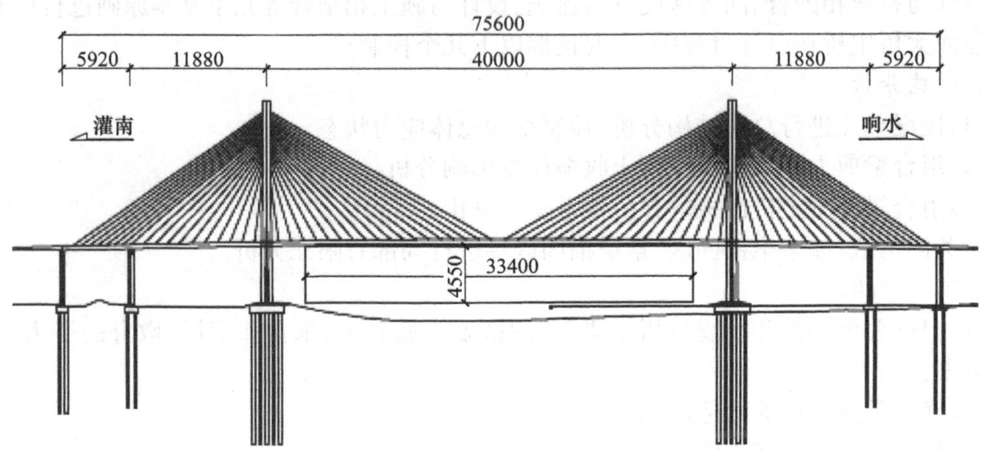

图 4-2 双塔双索面半漂浮体系组合梁斜拉桥(尺寸单位:cm)

结构整体为半漂浮体系。索塔位置设置竖向支座、横向抗风支座、纵向限位阻尼;辅助墩位置设置竖向支座(依靠单侧单向活动支座提供横向抗风承载能力);过渡墩位置设置竖向支座和横向抗风支座。

限位阻尼为动力阻尼和额定行程限位的组合功能装置系统,即对小于额定行程量的慢速位移不约束,如温度、活载等引起的位移;当由百年风荷载等引起的超出额定行程的位移发生时,装置起到限位锁定、优化结构反应的作用;纵向阻尼对汽车制动、船撞和地震等冲击荷载激励下的动力响应产生缓冲和阻尼作用。

②主桥方案 2:双塔双索面预应力混凝土梁斜拉桥(见图 4-3)。

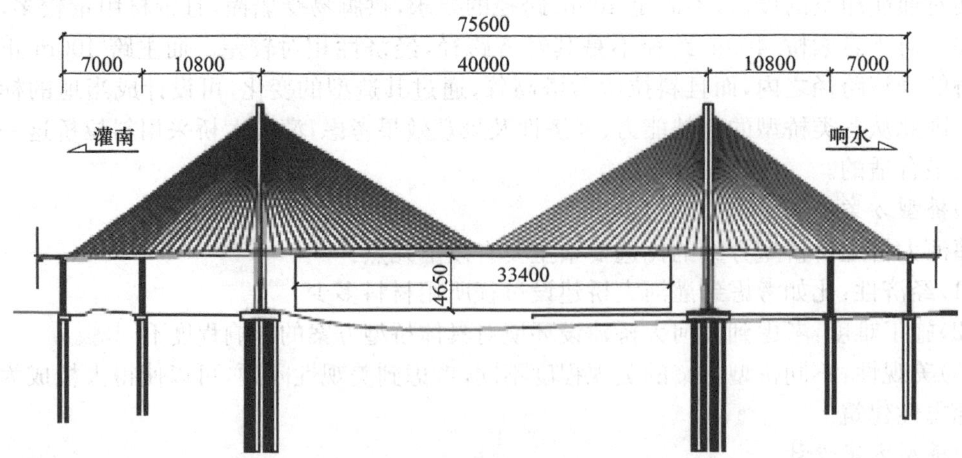

图 4-3 双塔双索面预应力混凝土梁斜拉桥(尺寸单位:cm)

本方案采用双塔双索面预应力混凝土梁斜拉桥，跨径布置为 70＋108＋400＋108＋70＝756m。本方案主跨位置与方案一相同，过渡墩及辅助墩的布置在考虑合理边中跨比例的基础上兼顾与两岸大堤的关系。

结构整体为半漂浮体系。索塔位置设置竖向支座、横向抗风支座、纵向限位阻尼；辅助墩位置设置竖向支座（依靠单侧单向活动支座提供横向抗风承载能力）；过渡墩位置设置竖向支座和横向抗风支座。

限位阻尼为动力阻尼和额定行程限位的组合功能装置系统，即对小于额定行程量的慢速位移不约束，如温度、活载等引起的位移；当由百年风荷载等引起的超出额定行程的位移发生时，装置起到限位锁定、优化结构反应的作用；纵向阻尼对汽车制动、船撞和地震等冲击荷载激励下的动力响应产生缓冲和阻尼作用。

(2)桥型方案比选结果：

在对双边主梁组合梁斜拉桥、预应力混凝土梁斜拉桥进行了同等深度的分析研究的基础上，对四种方案进行综合比选。从经济性、受力性能、施工风险、环境适应性及耐久性考虑，推荐主桥采用双边主梁组合梁斜拉桥方案。

综合分析桥位地形、地质、地震、气象、水文、航运、堤防等影响条件和因素，采用主跨 400m 的斜拉桥。在工可方案混合梁斜拉桥和组合梁斜拉桥研究的基础上，增加预应力混凝土梁斜拉桥、钢箱梁斜拉桥方案，从结构受力特性、耐久性、施工难度、后期维护、施工工期、造价等方面进行比较，选择组合梁斜拉桥和预应力混凝土梁斜拉桥进行同等深度比选。推荐主桥采用组合梁斜拉桥是合适的，跨径布置为(59.2＋118.8＋400＋118.8＋59.2)m 的双塔双索面半漂浮体系组合梁斜拉桥。

4.4.2 灌河大桥索塔方案设计与优化

索塔指的是悬索桥或斜拉桥支承主索的塔型构造物。索塔的高度通常与桥梁主跨有关，主梁的最大跨度与索塔高度的比一般为 3.1～6.3，平均为 5.0 左右。索塔结构有多种类型，主要根据拉索的布置要求、桥面宽度以及主梁跨度等因素选用。常用的索塔形式沿桥纵向布置有单柱形、Λ 形和倒 Y 形；沿桥横向布置有单柱形、双柱形、门式、斜腿门式、倒 V 形、倒 Y 形、A 形等。索塔横截面根据设计要求可采用实心界面，当截面尺寸较大时采用工形或箱形截面，对于大跨度斜拉桥采用箱形截面更为合理。索塔分为斜拉桥和吊桥两种。斜拉桥的索塔用来锚固拉索，而吊桥的索塔用来承担主缆。但两种索塔皆受压弯组合作用，只是吊桥一般跨径更大，致使塔受力更大。因此斜拉桥的索塔多为混凝土塔；吊桥的索塔多为钢塔。

索塔是斜拉桥最突出的构造物，因此其造型的美观与否是全桥景观设计的重点；同时索塔外形设计还要满足结构受力要求，并兼顾施工、造价等因素。

1)索塔方案比选要素

灌河大桥在索塔方案比选方案过程中主要考虑以下因素：结构受力因素、施工因素、造价因素、美观性因素。

2)索塔方案设计

针对主桥方案 1(双塔双索面半漂浮体系组合梁斜拉桥)的索塔方案主要有 H 形索塔

(见图 4-4),结合当地的地理背景,以及双边主梁组合梁的受力特点,初步设计重点对 H 形索塔以及钻石形索塔进行研究。针对主桥方案 2(双塔双索面预应力混凝土梁斜拉桥)的索塔及基础及索塔锚固结构进行综合分析和设计。根据上述索塔方案比选所考虑的综合要素,初步设计拟推荐 H 形索塔,H 形塔整体造型简洁、流畅,极具气势且受力较为合理,通过细节处理可在传统塔型上做出新意。对于 H 形索塔,其上横梁是观众的视觉焦点,传统的 H 形索塔,上横梁均采用实体构造,部分桥梁对上横梁局部线条进行优化。

推荐主塔采用 C50 混凝土,塔柱为 H 形,塔高 173.41m。上塔柱竖直,下塔柱略向外张开,整个索塔造型挺拔、向上。下塔柱为抗风性能好、造型美观的六边形断面,至上横梁位置渐变为五边形断面,横向尺寸由 7.5m 渐变至 5.5m,纵向尺寸由 9.5m 渐变至 6.5m。上塔柱五边形断面横向尺寸为 5.5m,纵向尺寸 6.5m。距离承台 44.98m 位置设下横梁一道,距离下横梁 68m 设造型美观的上横梁一道,同时加强索塔的横向稳定性。下横梁底面采用圆弧形,梁高由中间 6m 渐变至两端的 8m,壁厚 1m;上横梁由上下两道弧线构建出横梁轮廓,并在横梁上沿轮廓开三个长圆孔,增加横梁的通透感。

索塔承台采用直径 31m 的哑铃形承台,承台厚 6m,其上设 2m 高的二承台。哑铃形承台下共设 40 根直径 2.5m 的钻孔灌注桩,灌南侧桩长 105m,响水侧桩长 110m。

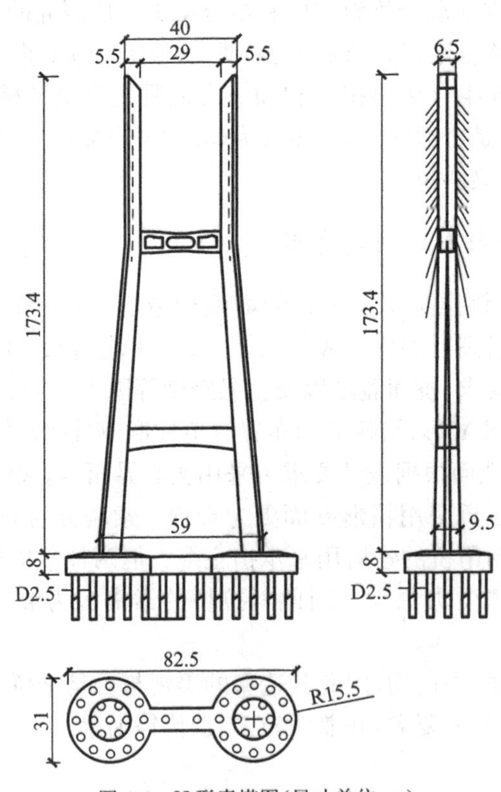

图 4-4 H 形索塔图(尺寸单位:m)

4.4.3 灌河大桥主梁方案设计与优化

灌河大桥主梁设计中主要对双边工字梁组合梁和双边箱梁组合梁两个方案进行设计和

比选。这两种不同结构形式的主梁，从构造、建筑材料、建设时间以及可借鉴经验等方面都存在很大的差异，结合主桥桥型方案，综合各种因素对这两种主梁结构进行设计优化和比选。

1)主梁方案比选要素

灌河大桥主梁方案比选过程中主要考虑以下具体因素：

(1)经济性因素：不同桥面板材料，比如混凝土与钢桥面板的造价差异性大，组合梁的不同形式对于材料的耗费也有很大的差距。

(2)耐久性因素：桥面板的不同材料构成对于桥梁的耐久性产生很大的差异。

(3)施工性因素：不同形式的组合梁对于施工工艺的要求，施工设计精度的设计以及具体施工环境的限制都有很大的不同，这会影响整个主梁的主体设计。

2)主梁方案设计

初步设计阶段拟采用双主梁叠合梁方案，对工形梁和箱形梁进行比选，拟推荐采用双工形梁形式叠合梁。主梁标准横断面，见图 4-5。

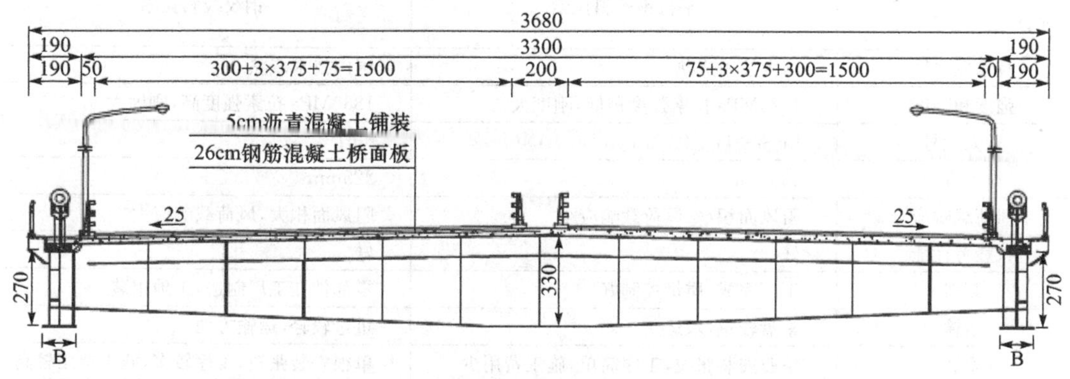

图 4-5　双工形梁形式叠合梁主梁标准横断面(尺寸单位：cm)

主梁全宽 36.8m，节段标准长度 12m、边跨尾索区节段为 8m，边主梁工字梁梁高 2.7m，工字梁上翼缘宽 1000mm，下翼缘标准段宽 1000mm，局部根据受力要求加宽至 1800mm。主梁沿纵向每 4m 设置一道横梁，横梁也采用工字形截面，横梁中心梁高 3.3m，两侧梁高 2.07m，与两侧工字梁拴接连接。为加强横梁的面外刚度，每两道横梁之间设置三道小纵梁，小纵梁间距 8.45m，采用工字形截面，梁高 700mm。标准梁段横梁之间的混凝土桥面板厚 26cm，采用 $\phi22\times200$ 剪力钉与横梁、小纵梁相连。边主梁工字梁顶桥面板厚 50cm，采用 $\phi25\times250$ 剪力钉与工字梁上翼缘相连。

4.4.4　灌河大桥斜拉索方案设计与优化

灌河大桥斜拉索的设计比选主要是平行钢丝斜拉索和钢绞线拉索。这两种形式的斜拉索在工艺、强度、寿命以及更换方式等方面各有不同，针对灌河大桥主桥的设计形式以及结合具体的施工背景，对这两种斜拉索进行综合比选。

1)斜拉索方案比选要素

灌河大桥在进行斜拉索方案比选过程中主要依照以下因素进行：

(1)工艺性因素。不同斜拉索形式在制造工艺以及流程设计上不同,不仅涉及工作量,影响施工时间,还影响施工安装的过程。

(2)安全性因素。不同斜拉索在安全防护形式上不同,不同防护形式对桥梁的防护效果各有差异,这一点对于桥梁整体的安全性有很大的影响。

(3)施工性因素。不同形式的斜拉索在施工挂索以及换索施工便利等方面对大桥施工过程产生很大的不同,会影响到施工进度、施工质量等方面。

(4)经济性因素。基于全寿命周期,制作材料成本、运输成本、施工成本都是要考虑的。

2)斜拉索方案设计

目前斜拉桥采用的斜拉索类型主要有平行钢丝斜拉索和钢绞线斜拉索。从技术成熟程度、强度和刚度、风荷载响应、抗疲劳效应、养护防护、减振系统以及总价等方面作了进一步的综合比较,具体见表4-1。

斜拉索综合比较表 表4-1

项目＼类型	平行钢丝斜拉索	钢绞线斜拉索
技术成熟性	国内技术成熟	国内技术成熟
强度和刚度	1770MPa拉索强度稍低,刚度大	1860MPa拉索强度高,刚度大
最大型号	PES7-241	6-61
最大直径	139mm	225mm
风荷载响应	阻风面积小,风荷载响应小	阻风面积大,风荷载响应大
抗疲劳性能	好	好
制造	工厂完成,质量控制好	零部件在工厂制造,工地组装
运输	索盘较重,水运	重量较轻,运输方便
安装	整股安装张拉,工序简单,施工费用少	单根安装张拉,工序较多,施工费用较高
养护防护	钢丝涂层和外包PE双层防护;换索需整根岸江侧整根卸载更换,对交通影响大	钢丝涂层、外包PE和HDPE套管三层防护,但套管内易积水,影响下端锚头耐久性;单根换索,对交通影响小
减振系统	均有相应成套产品	均有相应成套产品
工程参考	多多罗、苏通大桥、南京长江第三大桥	诺曼底大桥、青州闽江大桥、香港汀九桥、汲水门桥
拉索用量(t)	1159.0	1085.0
推荐意见	推荐	不推荐

经过综合比选以及借鉴苏通大桥抗风振动研究成果,拟推荐国内多数斜拉桥取用的直径7mm镀锌高强平行钢丝斜拉索。斜拉索采用双层PE防护,扇形布置。斜拉索标准梁段索距为12m,边跨尾索区索距8m,索塔上索距为2.3m。

4.5 灌河大桥工程设计管理启示

1)注重设计标准化

在指导、审查施工图设计工作中,注重落实设计标准化,注重从设计源头上防范质量通病。为了降低施工风险、提高工作效率、加快施工进度及保证工程质量，尽可能采用有利于大规模工厂化、预制装配化及大型设备机械化作业的设计方案，尽可能规避种类繁复的方案，将大量繁重的现场施工作业转移到预制场来完成。如桥宽变化段力主将现浇箱梁改为通过湿接缝调节的预制箱梁。引桥 40m 跨下部结构从薄壁墩方案调整为与 30m 跨相一致的双柱墩方案，不仅减少结构类型，还增加了桥梁抗倾覆能力。桥梁支座变形开裂也是常见质量通病，在大量的工程实践中认识到与设计有一定的关系，由于设计往往套用通用图，不满足桥梁恒活载变化的要求，坚持对全部支座进行专项复核，查出部分支座反力超过设计支座承载力最大达 14%，设计确认最大也达到 8.5%，共八联支座由 GYZ400×84 调整为 GYZ450×84，消除了质量安全隐患。

2)注重节能减排

节能减排设计从全寿命周期出发，一方面考虑建设期内的节能减排，另一方面考虑项目建成后运营期内沿线设施及构造物的节能减排。在大桥总体布局上，业主和设计方合理优化布置方案，主桥基础全部避开了对两岸大堤的占用，减少了防护工程和协调工作。对复合氨基醇类多功能活性阻锈剂等高耗能材料，将其使用范围由桥桩和预制梁，合理调整为承台、临水标高＋10m 以下的塔身和桥面板，减少用量 464346kg，按中标价计算节约费用 5029791 元。桥面横坡由盖梁变高设置调整为盖梁整体斜置，减少工程量的同时又便于标准化施工。

3)科研提前介入设计施工

重大工程属于一个高度集成的系统，环环相扣，每个阶段的科研任务难以完全界定，因技术难度高，工作风险难以完全预料，科研结果无法准确地符合团队预期，因此科研计划提前安排，相关组织提前介入。这有利于相关单位尽快进入工作角色，节约熟悉、适应项目的时间，把主要精力用在项目设计难点、重点的深入研究上，提出应对措施，为一流的科研工作争取时间，同时为一流的设计方案打下基础。

4)强化设计后服务

在灌河大桥设计过程中，设计服务向后延伸至施工环节，设计方参与施工技术讨论，针对施工过程中的出现的问题，配合业主、施工单位、咨询单位和监理单位完善和优化施工方案。

Chapter Five

第5章 灌河大桥工程招标管理

5.1 招标管理概述

为了保证灌河大桥项目的顺利实施，推进现代工程管理实施，灌河大桥在招标过程中秉承着“公开、公平、公正、诚实守信”的基本原则开展招标工作。

1)界面清晰

工程项目特别是大型基础设施项目通常具有投资大、工程量大、工期限制严格、参建方多等特点，导致工程界面繁多而复杂，在管理和控制上都具有非常高的风险。因此，灌河大桥在招标前期就坚持责任明确、界面清晰的原则，一方面明确招标管理工作的责任主体，另一方面明晰标段划分界面，以保证灌河大桥的建设按照计划顺利开展。

2)费用合理

由于工程项目的前期管理工作决定了项目能否存在和继续开展，同时对项目实施阶段进行了详细的预测与规划，因此工程项目的前期工作在工程费用控制方面起到至关重要的作用。为了对灌河大桥实行有效的造价控制，有关责任方面进行了大量的调研工作，并在此基础上针对工程量清单进行了详细的规定。另外，在常规招标条件下，综合考虑了推行标准化活动所产生的费用，在招标文件中事先对其进行了规定，比如场地建设费等。

3)大标段划分

招标标段的合理划分一方面能促进投标人充分而合理的竞争，另一方面可以为招标人节约资金、缩短工期，而且便于招标人在建设过程开展监督管理工作。因此，标段划分是招投标工作的重要环节。为了吸引国内大型施工企业的主力来投标和现场实施，灌河大桥在进行施工标段划分时不宜太小，主要本着减小施工干扰、工程量大小合理、专业统一、术业专攻等方面开展大标段划分工作。

4)利于标准化施工

为贯彻落实交通运输部和江苏省交通厅关于开展高速公路施工标准化活动的要求，加快推行高速公路建设现代工程管理，灌河大桥根据本项目特点贯彻《高速公路标准化技术指南》《标准施工招标文件》等文件的要求，在招标阶段本着利于标准化施工的原则开展工作，从而在灌河大桥项目中全面推行施工标准化建设。

5.2 标段划分和招标方案设计

5.2.1 施工标段市场调研

为了更好地推进灌河大桥项目的前期工作，全面开展规范化管理，业主先后赴崇启大桥、南京四桥、马鞍山长江公路大桥及南京绕越高速公路东北段项目进行调研与学习。其内容主要包括内部管理、外部协调机制、招投标组织、安全监督等方面。具体内容如下所述。

1)招标准备工作

灌河大桥引入"施工方案征集"的做法,向业内知名的大型施工企业发出邀请,公开征集项目总体实施方案,并召开专家论证会,共同研讨项目实施的关键环节、关键内容,共同梳理项目管理思路。一方面为建管单位总体方案和标段划分提供参考和学习机会;另一方面对潜在投标人技术和管理力量进行摸底,掌握国内主要施工队伍的动向。

2)标段划分

多家建管单位均反映标段特别是主桥不宜太小,才能吸引国内大型施工企业来投标。调研对象和标段划分,如表 5-1 所示。

调研对象和标段划分

表 5-1

桥　　名	主桥型式	主桥标段划分
崇启大桥	跨江大桥全长 4.5km,主桥为 944m 6 跨变截面钢连续梁桥	跨江大桥共分 3 个标:南引桥下部结构;主桥、北引桥下部及引桥上部预制安装和主桥安装;主桥钢箱梁制造
南京四桥	主跨为 1418m 双塔三跨吊悬索桥	主桥共分 5 个标:北塔北锚;南塔南锚;钢箱梁制造;缆索制造;上部结构安装
南京三桥	主跨为 648m 双塔双索面斜拉桥	主桥共分 5 个标:北塔及基础;南塔及基础;钢箱梁制造;缆索制造;上部结构安装
马鞍山长江公路大桥	左汊主桥为 2×1080m 三塔两跨悬索桥	主桥共分 6 个标:北塔北锚;中塔;南塔南锚;钢箱梁制造;缆索制造;上部结构安装

3)评标方式

由于特大型桥梁的建设对施工单位要求较高,低价中标法不可避免会引发潜在投标人盲目竞争,不利于选择真正合适的优秀施工单位,建议采用综合评标法确定施工单位,技术分上限可参考马鞍山长江大桥项目做法;同时,为合理控制中标价,建议委托造价咨询单位拆分概算,编制高、低限价。

综上所述,各桥标段划分管理方式各有优缺点,但是主要根据项目规模和作业面特点来确定,因而,最终建议在灌河大桥方案稳定后召开实施方案征集会,征求多方意见后确定标段划分方法。

5.2.2 监理标段划分市场调研

为做好灌河大桥监理招标的准备工作,灌河大桥工程建设指挥部即下文简称"灌河桥指"收集了崇启大桥(主桥标)、马鞍山长江公路大桥(右汊斜拉桥及引桥标)、泰州长江公路大桥(中塔标)、苏通大桥等跨江特大桥项目部分施工监理项目招标资料,对照交通运输部《公路工程施工监理招标文件范本》(交质监发【2008】557 号)(下称《2008 范本》)结合灌河大桥(按公路规划设计院推荐方案)工程项目特点进行了分析和思考。在此基础上,有关方面提出了下述设想与建议。

经了解,省内外部分特大桥梁施工监理标段划分情况,如表 5-2 所示。

特大桥梁施工监理标段划分

表 5-2

项目名称	标段划分	监理内容
崇启大桥(3)	主桥标(1)	主、引桥上下部结构,钢箱梁制作、运输、安装等
	主桥铺装标(1)	主桥钢桥面铺装
	接线标(1)	接线路基、桥涵、交通安全设施,接线、引桥路面工程等
泰州大桥(10)	接线标(4)	接线路基、桥涵、路面等
	引桥标(2)	引桥上下部结构
	主桥土建标(1)	主桥基础、锚、下部结构、塔身及部分接线等
	主桥上部标(1)	悬索及配套的采购、安装,伸缩缝、支座,主桥钢桥面铺装
	交通安全设施标(2)	交通安全设施及房建、绿化等附属工程
苏通大桥(7)	接线标(2)	接线路基、桥涵、路面等
	引桥标(2)	引桥上下部结构,引桥桥面铺装
	主桥标(1)	主桥基础,上下部结构,塔身,钢箱梁制作、安装,支座、伸缩缝,钢桥面铺装等
	交通安全设施标(2)	交通安全设施及房建、绿化等附属工程
马鞍山大桥(8)	主桥下部(3)	南、中、北塔及锚各 1 个
	主桥上部(1)	悬索及配套的采购、安装,伸缩缝、支座,主桥钢桥面铺装,右汊斜拉桥索制作
	斜拉桥(1)	右汊斜拉桥及部分引桥上下部结构
	接线标(2)	接线路基、桥涵、路面等,引桥桥面铺装
	引桥标(1)	引桥上下部结构

由表 5-2 分析可知,国内跨江特大桥梁工程项目监理标段一般按工程专业类型进行划分。此外,各标段划分也多以桩号及结构层次为主,界面清晰,体现纵向和平面粗线条大块切割的思路。结合灌河大桥工程规模、特点和工程复杂程度,灌河大桥工程建设指挥部提出如下建议:

(1)经对监理单位当前市场行情初步了解,目前国内能力较强、业绩较好的跨江、河特大桥梁的专业监理单位数量有限且任务较饱和。如果建安费 10 亿元,按国家发改委和原建设部发改价格(2007)670 号文件测算,监理费为 1500～1700 万元,而我省目前水平 1000 万元左右。因此,从对优秀监理单位具有吸引力的角度出发,监理标段宜划分为 1～2 个标段。

(2)斜拉桥主桥监理单位一般对桥梁工程监理工作专业性强,对路基、路面等工程监理业务重视程度相对较弱,有可能分包部分监理任务。而本省内从事一般性路基、路面、桥涵等监理工作的监理单位可选性较强,且该方面的业务能力也比较成熟。考虑到本项目没有钢箱梁桥面铺装,结合具体情况,建议分为 2 个监理标,即主桥标和引桥、接线标。其工作内容,如表 5-3 所示。

监理标工作内容

表 5-3

监理标段	具体内容
主桥标	负责 946m 斜拉桥主桥(以桩号界定)相关工程(除桥面沥青面层铺装、交通安全设施以外),含主桥基础,上下部混凝土结构,主桥钢构制造(含驻厂监造)、安装、涂装,斜拉索制造(含驻厂监造)、安装,支座、伸缩缝、后期检查设备采购、安装,主桥上交通工程预留预埋设施等
引桥和接线标	除主桥标以外的所有工程的监理工作。含引桥桥梁,接线路段路基、桥梁(含伸缩缝)、涵洞、通道、互通立交、路面、交通工程预留预埋设施、交通安全设施(含主桥)等工程的施工监理工作,以及可能会发生的声屏障等环保工程的施工监理工作。另含主桥桥面沥青混凝土面层的施工监理工作

5.2.3　工程量清单划分市场调研

按照灌河桥指要求，在前期调研的基础上，收集了相关工程项目合同文件，针对工程量清单中"第 100 章　总则"部分的内容和规定进行了整理分析。本次资料收集涉及省内外在建的崇启大桥、泰州大桥、南京四桥、马鞍山大桥以及南京绕越东北段 5 个工程项目，均对照《公路工程标准施工招标文件(2009 年版)中"工程量清单"部分要求，在"100 章　总则"按子目 101～104 列入了相关内容。其总体情况，如表 5-4 所示。

工程量清单内容　　表 5-4

子目号	子 目 名 称	项 目 名 称				
		崇启大桥	泰州大桥	南京四桥	马鞍山大桥	南京绕越东北段
101-1	保险费					
	工程一切险			●	●	
	第三方责任险			●	●	
102-1	施工技术总结和竣工文件	●	●	●	●	●
102-2	施工环保费	●	●	●	●	●
	施工控制费	★				
102-3	安全生产费	○	○	○	●	○
	水上交通艇				★	
102-4	工程管理软件			●		●
	科研和试验课题研究	★				
	项目信息管理费				★	
103-1	临时道路建、养、拆	●	●		●	★
	其他临时道路建、养、拆					★
	临时码头栈桥建、养、拆	★	★	★		
103-2	临时占地	●	●			●
	(含总监办、试验中心、测量中心等驻地建设用地)	★				
103-3	临时供电设施建、养、拆	●	●		●	
103-4	临时通信设施建、养、拆	●	●			
103-5	供水排污设施	●	●		●	
103-6	业主提供临时进场路和场地硬化	★				
	塔吊和施工电梯			★		
104-1	承包人驻地建设	●	●	●	●	●

注:列入-●,汇总表中列入-○;独有子目-★。

5.2.4　灌河大桥标段划分方案

根据交通运输部推广现代工程管理理念，结合组织开展的施工、监理实施方案征集活动和前期省内、外学习调研情况，灌河桥指按照界面清晰、便于管理、费用可控、利于标准化施工以及大标段划分的原则，提出灌河大桥工程项目施工、监理标段划分以及招标实施方案建议。

1)土地安装标段划分,见表 5-5。

土地安装标段划分　表 5-5

<table>
<tr><th rowspan="2">划分方案</th><th colspan="3">施工标段</th><th rowspan="2">监理标段</th></tr>
<tr><th>具体标段</th><th>工程量(概算)</th><th>主要工作内容</th></tr>
<tr><td rowspan="2">方案一
(以跨中为界)</td><td>一标</td><td>建筑安装费约
6.3 亿元</td><td>北接线、北引桥、北主桥及中跨合龙段(含相关工程)</td><td>第 1 总监办</td></tr>
<tr><td>二标</td><td>建筑安装费约
6.7 亿元</td><td>南接线、南引桥、南主桥(含相关工程)及全线路面工程</td><td>第 2 总监办</td></tr>
<tr><td>方案二(以跨中为界)</td><td colspan="3">施工标段划分同上</td><td>全桥 1 个总监办</td></tr>
<tr><td rowspan="3">方案三
(主桥工程为独立标段)</td><td>一标</td><td>建筑安装费约
5.6 亿元</td><td>主桥工程(含相关工程)</td><td>第 1 总监办
(主桥)</td></tr>
<tr><td>二标</td><td>建筑安装费约
3.5 亿元</td><td>北引桥及北接线工程(含对应交通安全设施工程)</td><td rowspan="2">第 2 总监办
(主桥之外的所有工程)</td></tr>
<tr><td>三标</td><td>建筑安装费约
3.9 亿元</td><td>南引桥、南接线(含对应交通安全设施工程)及全线路面工程</td></tr>
<tr><td>方案四</td><td colspan="3">施工标段划分同上</td><td>全桥 1 个总监办</td></tr>
</table>

其中,综合考虑专业性、竞争度、管理难度等多方面因素,以上四种方案优缺点如表 5-6 所示。

四种方案优缺点比较表　表 5-6

<table>
<tr><th colspan="2">划分方案</th><th>优　点</th><th>缺　点</th></tr>
<tr><td rowspan="2">方案一
(以跨中为界)</td><td>施工标段</td><td>(1)标段间施工干扰较小;
(2)主桥由 2 家施工单位承担,便于竞争式管理,
(3)避免了跨河组织管理,人员、设备资源利用率高,有利于施工组织</td><td>(1)路线长,涉及施工专业多,不利于技术专业发挥;
(2)主桥施工进度可能存在差异,上部结构施工需要协调</td></tr>
<tr><td>监理标段</td><td>(1)两监理标段可形成良性竞争,利于工程管理;
(2)避免了跨河监理</td><td>监理标段相对较小,不利于选择高水平监理单位</td></tr>
<tr><td rowspan="2">方案二
(以跨中为界)</td><td>施工标段</td><td>同方案一</td><td>同方案一</td></tr>
<tr><td>监理标段</td><td>(1)监理标段相对较大,利于选择高水平监理单位;
(2)总监办能够承担部分业主协调管理工作,利于全桥建设的步调一致</td><td>招标存在偶然性,不一定能招到最好的单位</td></tr>
<tr><td rowspan="2">方案三
(主桥工程
为独立标段)</td><td>施工标段</td><td>(1)主桥为单位一个标,承包商可集中精力发挥自身专业优势;
(2)大桥技术标准、施工进度便于统一,对上部施工有利;
(3)海事、航道等外部协调以及安全评估、质量验收等仅涉及一家施工单位、责任明确、方便协调;
(4)业主的管理界面相对较少,减少了业主的协调工作量</td><td>(1)投入资源较多,特别是临建资源利用率不高;
(2)标段之间施工存在一定干扰;
(3)招投标存在偶然性、主桥工程不一定能选到最好的单位</td></tr>
<tr><td>监理标段</td><td>同方案一</td><td>同方案一</td></tr>
<tr><td rowspan="2">方案四</td><td>施工标段</td><td>同方案三</td><td>同方案三</td></tr>
<tr><td>监理标段</td><td>同方案二</td><td>同方案二</td></tr>
</table>

从表5-6可以看出:相比于方案三、四中的施工标段划分,方案一、二界面更加清晰,施工干扰小,有利于施工单位之间的合作和竞争管理,避免了主桥工程由一家单位施工带来的高风险。因而,选择方案一、二将施工标段分为2个标。另外,由于目前国内能力较强、业绩较好的跨江、河特大桥梁的专业监理单位数量有限,为了吸引高水平的监理单位,选择大监理标段划分方式比较合适。所以,经综合比选,灌河大桥土建安装标段划分推荐采取方案二。

2)钢结构和斜拉索招标采购

钢结构招标内容包括钢材采购和钢梁、钢锚梁制作、涂装、预拼、工厂内焊接、运输以及现场焊接、焊缝修补、其他现场安装配合工作。斜拉索采购内容包括采购成品斜拉索及运输至桥址附近土建安装承包人指定位置。其具体方案比选,如表5-7所示。

采购方案表

表5-7

方案种类	招标采购方式	具体内容	优、缺点	类似桥梁工程
方案一	业主与土建安装单位联合招标采购	以暂定总金额列入土建安装标段,进场后由业主先前制定的土建安装,承包人牵头进行联合采购,签署三方合同,以业主满意的中标价置换原土建安装清单里的暂定金额,费用可由业主以背书方式直接支付,土建与制造标之间具体协调管理工作由土建单位负责	优点: ①减少业主招标及现场协调管理工作量,且能控制钢结构资金支付风险。 ②上部结构施工的协调工作由主桥土建单位统一开展,责任明确、界面清晰,有利于现场标准化管理。 ③材料调差可处于可控状态。 缺点: 联合中标价与暂定金额相比,存在溢价风险	福建泉州湾跨海大桥等省外类似斜拉桥项目
方案二	业主单独招标	业主将钢结构和斜拉索采购分别单独进行招标	优点: 材料调差可控状态,可规避钢材涨价对工程现场实施的影响。 缺点: ①需要业主单独招标,增加业主招标工作量。 ②管理界面多,增加业主协调工作量,现场管理难度加大	大部分跨江大桥,如南京四桥、泰州大桥、马鞍山大桥和崇启大桥
方案三	土建安装单位招标	由土建安装单位投标时按清单报价,进场后在业主监督下由其进行二次招标	优点: 责任较为明确,所有协调、管理工作由土建安装单位承担,减少了业主协调工作量。 缺点: ①如主桥分为两个标,如何确定同一家制作,供应单位难度较大,处理方式复杂。 ②需要进行材料调差,增加了业主日常管理工作量	连盐高速、灌河大桥

从表5-7可以看出:方案一,由业主与土建安装单位联合招标采购,既可以降低业主的协调管理工作量,又能够控制钢结构和斜拉索采购价格,弥补了方案二业主协调量过多和方案三协调难度大的不足,因此建议采取方案一。先以暂定金额纳入土建安装标段,进场后再由业主先前指定的土建安装承包人牵头进行联合招标。

3)其他附属工程招标

除了土地安装标段划分、钢结构和斜拉索招标采购之外,其他附属工程招标的建议如下所述。

(1)根据崇启桥和其他桥梁实施情况,主桥伸缩缝和主桥支座建议采用以暂定金额纳入相应土建安装标段,进场后由承包人和业主联合采购。其余引桥和接线上的伸缩缝,按我局惯例由业主单独招标实施。

(2)路面工程如单独招标,体量较小,相对而言临建费用较大,建议全线路面工程纳入响水侧土建标段一并招标实施。

(3)考虑到该项目交通安全设施工程量较少,预留预埋及项目实施过程中相关协调工作较多,建议纳入对应土建标段一并招标实施。

(4)照明和景观绿化工程待设计明确后,视工程规模等情况确定是否单独招标以及确定采购方式。

(5)根据前期工作情况,临海高等级公路房屋建设工程不在本工程范围内,今后如实施,由地方政府负责。

5.3 施工招标文件设计

招标文件是承包商准备投标和参加投标的依据,也是评标的重要依据,同时是合同中的重要组成部分。在现代工程管理理念指导下,灌河大桥建设指挥部对施工招标文件进行科学分析和设计,其中重点内容包括评标办法和重要专项合同条款。

5.3.1 评标办法

评标是指招标方按照招标要求,对投标书所报的投标价格和其他因素进行综合评价、比较,以最终确定中标人的过程。评标方法即指运用评标标准评审、比较投标文件的具体方法,实践中一般有最低标价法、综合评估法和标底对照法 3 种。经商议,灌河大桥评标办法采取综合评估法,即按照价格标准和非价格标准对投标文件进行总体评估和比较。其中评分因素及权重分值,如表 5-8 所示。

综合评估法　　表 5-8

评分因素与权重分值			评分标准
条款号	评分因素	权重分值	
2.2.4(1)	技术能力及施工组织	25 分	根据施工组织方案内容符合本工程的实际情况、关键工程的施工组织方案措施及特殊情况的影响及相关措施、阶段性目标计划、保证措施、承诺的质量标准、创优规划、质量目标,对可能出现的安全、质量问题的事前、事中、事后控制及处理措施,确定各工序的质量控制重点的准确性等进行评价
2.2.4(2)	管理人员及其水平	10 分	根据拟投入本工程的技术人员数量、专业结构,项目经理、总工等主要管理人员的年龄、专业技术职称、现场管理经验、业绩及类似工作年限、拟投入的施工队伍专业组成、数量及类似经历等进行评价
2.2.4(3)	评标价	50 分	评标价得分计算公式示例: (1)如果投标人的评标价>评标基准价,则评标价得分=50−偏差率×100×0.8。 (2)如果投标人的评标价≤评标基准价,则评标价得分=50+偏差率×100×0.4

续上表

评分因素与权重分值			评分标准
条款号	评分因素	权重分值	
2.2.4(4)	业绩	10分	根据投标人近10年类似特大桥施工业绩和类似现场条件下的施工经验等情况进行综合评定
	履约信誉	5分	根据投标人在江苏省交通行业与产业项目招标投标信用档案中的信用等级、履约状况、已完成工程的质量状况和奖惩情况等进行评定(在江苏省交通行业与产业项目招投标信息管理系统中无信用等级评价的申请人按照交通运输部交公路发[2009]733号文之规定执行)。 (1)信用等级评为AA级的投标人,评标委员会应给其信誉评价直接评为满分。 (2)信用等级评为A级的投标人,评标委员会最多扣减其信誉分满分的20%。 (3)信用等级评为A(暂定)级的投标人,评标委员会应给其信誉评价评为满分的80%

5.3.2 项目专用合同条款

本部分所列的项目专用合同条款,是对"公路工程专用合同条款"中规定必须在项目专用合同条款中明确内容的集中。

1)材料采购条款

在合同执行期间,发包人对用于本工程的材料采购规定,见表5-9。

工程采购规定表

表5-9

材料名称	采购规定
发包人直供沥青材料	(1)路面工程所需沥青将由发包人通过公开招标确定供应商,向承包人直接供货,包装方式为散装,交货方式为由发包人送货至承包人沥青拌和厂。 交货之后的运输、卸货、保管等工作由承包人负责。路面工程承包人应备有足够的储罐,并负责保管。拌和厂承包人须备有容积不少于400t的散装沥青储罐。 (2)投标人无须对重交沥青、改性沥青材料进行报价,清单中各沥青面层项目单价中均不包含沥青材料费。 (3)工程实施期间,如沥青的实际供应量超出理论计算量1.5%,理论计算量101.5%以上的实际供应量将按市场价进行扣款(以省厅质监局公布价格为准,取本工程沥青使用期内的最高价;如该价格低于发包人直供沥青的合同价格,则按发包人采购沥青的合同价格予以扣款)。 (4)沥青的理论计算量的计算原则为:以经批准的沥青混合料生产配合比和清单中的沥青混和料工程量为依据,计算沥青的理论计算量,经总监理工程师及发包人审批后作为结算依据。如工程实施期间沥青面层工程量发生变更,按相同原则调整沥青理论计算量
发包人直供斜拉索、钢结构及主桥伸缩缝	主桥用斜拉索、钢结构及伸缩缝将由发包人通过公开招标确定供应商,向承包人直接供货;交货方式为由发包人送货至桥位附近监理工程师指定位置。交货之后的卸货、运输、保管、吊装等工作由承包人负责。 发包人将在到货7天前通知承包人,如承包人未在事先商定的时间内完成卸货或吊装工作,由此发生的压船、压车费用由承包人承担

2)施工标准化条款

发包人为更好地实施本工程,根据本地区以往工程实践制订了《高速公路标准化技术指南》(下文简称"技术指南"),将其确定为本招标文件组成部分,在本工程实施期间还将对其做进一步修订和增补。技术指南对部分工程质量、施工工艺及场地建设等要求比《公路标准招标文件》及本项目专用本中技术规范标准高，承包人应遵照执行。承包人报价时需认真对照标准化建设的有关要求，保证各项费用满足实际建设需要。实际建设费用超出投标人报价的，业主不予另外支付。

按照交通运输部推行高速公路施工标准化的有关要求和江苏省交通工程建设管理工作会议精神，本项目在100章104节中修改细化104-1"标准化驻地建设"、104-2"标准化工地试验室建设"、104-3"标准化拌和站建设"、104-4"标准化钢筋加工场建设"、104-5"标准化预制梁（板）场地建设"和104-6"标准化可视元素（含满足施工标准化要求的统一服装、鞋、帽等）"等6个子目，由承包人分别进行总额报价。工程量清单100章104节各子目所涉及费用不在工程量清单中其他章节摊销，该节费用经监理人和发包人依据合同执行期间颁布"施工标准化考核办法"验收合格后予以支付。

3)信息化管理条款

发包人拟在全线统一使用信息管理、施工现场监控以及智能安全预警系统，发包人已委托科研单位进行了相关系统的开发研究。其中：

(1)信息管理系统为5万元/标段，安装、调试正常使用后予以支付。

(2)施工现场监控系统暂定为25万元/标段，支付方式为系统安装调试、正常运行并经发包人验收后支付10万元，期中支付10万元，交工验收后支付5万元。

(3)智能安全预警系统暂定为20万元/标段，支付方式为系统安装调试、正常运行并经发包人验收后支付5万元，期中支付10万元，交工验收后支付5万元。

以上费用在工程量清单第100章中分别列有一个单独的支付项，价格由发包人按以上标准指定。承包人应为以上系统设备的安装提供协助，并负责定期清洁、保护、电力供应和对硬件进行必要的维护，以保证系统正常使用。涉及系统应用终端和网络环境安装在发包人指导下由承包人完成，并应满足软件顺畅运行和发包人的相关要求，与此相关的所有费用均包含在承包人所报的单价或总额价内，发包人将不另行支付。

4)科学研究工作条款

针对现场有可能出现生产性技术难题，承包人应根据发包人和监理工程师的指令组织开展必要的科学试验工作，以指导现场施工。由承包人提交详细的科学试验工作计划及科学试验工作大纲，报监理工程师审查、发包人批准后组织实施。

5)履约考核条款

为进一步维护工程建设项目招标活动和合同履行的严肃性，强化中标承建单位的履约意识，使招标工作与履约考核紧密结合，发包人将按《江苏省高速公路建设指挥部工程项目履约考核管理办法》对承包人的合同履约情况进行考核管理。

(1)考核内容。履约考核工作由省交建局项目实施部门负责，由履约考核小组承担。考核小组从进度计划、质量控制、资金保证、项目管理、施工力量5个方面对考核对象进行考核，并采取百分制综合评分方式进行评价。考核对象的最终得分为考核小组所有组员评分的平均值。

(2)评定等级。根据考核对象的得分和名额限制，评定等级分为优、良、中、差4级。各项目的优等最高比例限制分别是：路基桥涵工程40%，路面工程60%，交通安全设施、房建、绿化工程50%，路面集料、沥青供应60%，伸缩缝60%，交通安全设施工程60%。

(3)考核结果运用。对近两年已经或正在承建省交建局工程项目的投标单位，资格预审与评标时应将其上年度的阶段履约评价等级和本年度已评定的阶段履约评价等级折算成一个当前综合评价系数，作为资格预审与评标的参考依据。综合评价系数折算分两步进行：

①将每一期履约考核结果按优、良、中、差折算成相应的评价系数 1.0、0.8、0.5、0.2。

②取该单位在省交建局管理范围内所有评价系数的平均值，作为该单位当前综合评价系数。

最近一期履约考核结果为“中”的单位，在同一批招标的同类项目中投标机会不得超过 1 次；阶段履约考核或综合评定结果连续 2 次为“中”或同一期履约考核结果有 2 个合同段为“中”的，在其后的半年时间内，不得参加省交建局组织的招标项目投标。最近一期履约考核结果为“差”的单位，在其后半年内，不得参加省交建局组织的招标项目的投标；连续两阶段履约考核评定为“差”的单位，在其后的一年时间内不得参加省交建局组织的招标项目的投标。

5.4 施工监理招标文件设计

灌河大桥监理招标文件是根据中华人民共和国交通运输部组织编制的《公路工程施工监理招标文件范本》，并结合临海高等级公路灌河通道项目实际情况编制而成，为项目专用本。在此过程中也突出了监理为更好地落实现代工程管理而强化的条款设计。

5.4.1 评标办法

灌河大桥主体工程施工监理项目评标分为初步评审、资格审查和详细评审 3 个阶段。其中详细评审采用综合评标法。评标委员会对通过初步评审、资格审查的投标文件从合同条款、监理能力、管理水平以及投标人以往监理业绩及履约信誉等方面进行详细评审，并对商务文件、技术建议书、财务建议书分别评审打分，满分 100 分；技术、商务、报价分值分别为 20 分、75 分、5 分。其具体内容，如表 5-10 所示。

综合评标法的要求及分值　　表 5-10

项目	要求	分值
技术评审	监理大纲、对本工程重点难点分析及对本项目的建议	20
商务评审	(1)监理人员及机构设置 ①监理机构； ②总监理工程师； ③其他专业监理工程师	40 5 20 15
	(2)监理设施和设备 ①试验、检测设备； ②交通工具	10 5 5
	(3)监理业绩	15
	(4)投标人信誉 根据《江苏省交通行业与产业项目招标投标信用档案管理办法》等的规定对投标人企业社会信誉进行评价(信用等级以投标文件递交截至当日查询的投标人的信用等级为准)； 信用等级评为 AA(好)级的，评标委员会应给予其信誉分评满分； 信用等级评为 A(较好)级的，评标委员会最多扣减其信誉分的 20%； 信用等级评为暂定 A(较好)级的，评标委员会应扣减其信誉分的 20%	10
财务评审	在评标委员会完成对投标人的商务文件和技术建议书的评审后，在交通运输主管部门的监督下，由评标委员会拆封投标人的财务建议书(第二信封)，只有通过初步评审、资格审查、详细评审的投标人才能进入财务评审	5

技术文件、商务文件各项评审内容的评分,应分别为评标委员会所有委员该项评分的平均值(当评委人数为7人或7人以上时,平均值以去掉一个最高分和一个最低分后计算)。技术评分、商务评分的分值为其各项评审内容的评分之和。因此,各投标人的综合得分等于技术评分、商务评分与报价评分之和。

5.4.2 项目专用合同条款

1)工厂化制造规定

为响应交通运输部推行高速公路建设现代工程管理的要求,灌河大桥全面推行施工标准化建设,对监理人义务进行补充,特别强调工厂化制造的相关义务,即监理单位必须为本监理项目合同范围内的钢构件的制造派遣2名专业监理工程师驻在加工工厂监造;此项费用包含在监理服务费中,不另行支付。

2)违约及争端解决类条款

对监理单位的违约行为,业主将按下列标准向监理人处以罚金,在当期监理服务费用支付款项中扣除。

(1)一般违约的处罚如下:

①监理人员有吃拿卡要行为的,业主扣除违约金5000元/人·次。

②单份设计变更,监理初核与业主核定相比,如有项目工程数量偏差5%以上的,业主扣除违约金5000元;单价偏差15%以上的,业主扣除违约金1000元;数量、单价均超出上述规定的,业主扣除违约金6000元。涉及科技推广应用型的新材料、新设备、新工艺和科研性项目的审核不适用本款。

③监理人员试验检测违规操作的,业主扣除每人次1000元的违约金。

④发现监理数据不真实,业主将按每份扣除5000元的违约金;丢失原始监理资料的,按每份扣除10000元的违约金。

⑤经监理签认合格的工程经江苏省交通运输厅工程质量监督局抽检发现质量问题并予以书面通报,每条内在质量问题通报,业主扣除违约金5000元;每条外观质量严重问题通报,业主扣除违约金2000元。同类问题,反复被通报的,可视严重情况加倍处罚。

⑥由于计量支付错误,致使审计机关收缴业主工程建设资金的,监理单位应按收缴金额的15%向业主赔偿。

(2)关于重大违约的处罚规定如下:

监理单位有下列行为之一时,业主将视情节严重程度对监理单位予以扣除1%~20%监理基本服务费直至解除监理合同的处罚;情节特别严重的报请江苏省交通运输厅限制其在江苏交通建设市场参加监理投标。

①监理人员更换频繁,持证率严重不足,监理人员已不能满足现场监理工作需要,经通报批评仍不能限期改正的。

②已签认合格的工程存在严重质量问题或发生质量事故的,造成重大经济损失或恶劣影响的。

③监理人员与承包人串通,虚报工程量,冒领工程款,追求非法利益的。

④监理人员丧失职业道德、利用职权徇私舞弊,牟取私利,收受、索取贿赂的。

另外,本项目修改部分条款为:由于监理单位的责任导致计量支付错误,致使业主工程建设资金产生损失,监理单位应按损失金额的 15%对业主赔偿。业主应在工程交工验收合格后,一次性退还履约担保。中标人不履行合同的,无权要求退还履约担保或履约保证金。

关于争端解决方法,双方在此约定,对合同执行过程中的争端最终由南京市仲裁委员会仲裁解决。

3)履约考核条款

业主将对监理单位工作质量进行考核,实行“优监优酬”制度。

(1)考核内容

监理工作质量考核的主要内容,分为进度监理、质量监理、费用监理、合同管理、安全和环保监理、总监工作 6 个方面。

(2)考核方法及评定等级

考核得分满分为 100 分,其中进度监理 15 分,质量监理 25 分,费用监理 15 分,合同管理 15 分,安全和环保监理 15 分,总监工作 15 分。监理机构的考核得分为考核小组所有组员评分的算术平均值。

监理工作质量考核按季度开展,对于首期考核,时间在两个月以上的按一个季度考核,不足两个月归入下一个季度考核;对于末期考核,时间在一个月以上的按一个季度考核,不足一个月不进行考核。

根据考核得分,考核等级分为优、良、中、差 4 个等级。考核等级评定办法如下:同类项目 90 分≤考核得分≤100 分的评为“优”;80 分≤考核得分<90 分的评为“良”;60 分≤考核得分<80 分的评为“中”;考核得分<60 分的评为“差”。

(3)考核结果运用

每个季度“优监优酬”考核基金总额为当季监理人员费用的 30%,由监理单位和业主各出具 15%共同组成。监理单位可获得的考核奖金根据业主对监理工作质量考核结果确定,如被考核为“优”,可获得考核基金总额的 100%;如被考核为“良”,可获得考核基金总额的 75%;如被考核为“中”,可获得考核基金总额的 40%;如被考核为“差”,获得考核基金总额的 0%。

5.5 灌河大桥工程招标管理启示

1)充分调研,提前规划

推行现代工程管理是一个新的理念,当前工程建设过程存在着部分和专项的相关理念,业主及承包商或多或少地将最先进的管理理念和生产方式应用到具体项目中,但缺乏对现代工程管理的系统性认知。为此,灌河大桥建设指挥部在前期对相关工程的标段划分、工程量清单及施工单位能力等多方面进行了系统调研,从而为后期的招标文件设计提供了现实基础。

2)注重契约精神,细化招标文件

从招标入手,精心研究招标方案、深化合同条款。在招标阶段,从标段划分、清单编制、专用合同条款到专项技术规范编制,着力体现施工标准化理念,从而有利于施工标准化现场实施的推进。系统研究了灌河大桥工程特点和推行现代工程管理的目标，推荐 2 个大标段招标方案，并将路面工程、伸缩缝、绿化一并纳入土建标段，减少协调环节。在清单编制上，把工地建设标准化细化为若干个独立计量的细目，如 102-1 工程管理项中，增加工程信息管理、施工现场监控、智能安全预警系统；104-1 承包人驻地建设项，细划为标准化驻地建设、标准化工地试验室建设、标准化拌和站建设、标准化钢筋加工场建设、标准化预制场地建设、标准化可视元素（含满足施工标准化要求的统一服装、鞋、帽等）6 项；把高速公路施工标准化技术指南的要求，有重点地细化到合同条款中。对建设过程中的第三方服务，提出大中心的概念，把以前分别招标采购的中心试验室、测量中心、安全环保中心整合为一个检测中心；在具体工作内容上更整合了沉降观测服务、路面施工技术报务、软土路基处理强检等工作，一次招标完成，在质监处、招标处的支持下，已经开始了尝试。对于工程环保监理，在招标时提出了环境监理资质要求，便于今后申办项目竣工的环保验收。工程变更、索赔是工程管理和工程审计中的难点，也是廉政风险防控的重点，在这方面汲取同类工程的经验教训，尽可能纳入招标合同条款，以期最大限度减少变更，降低廉政风险。

第6章 灌河大桥工程专业化管理

6.1 建设管理模式概述

建设管理模式是指围绕组织目标，界定组织中各主体的权力和职责边界，并且通过组织流程和制度来规范主体行为的体系结构。工程建设组织管理的首要目标是实现工程目标，主要包括质量、成本、进度、安全、环保等。与此同时，多主体之间的协调管理也是目标之一，重点在于明确工程多方角色，厘清各方责权利的边界，最大化地实现主要利益干系人目标，如政府作为公众委托代理人实现其“公益性”目标，承包商作为市场资源配置主体下的“价格指标”，建设管理单位的高绩效“管理指标”，社会公众对于工程“功能性指标”的预期，等等。由于上述目标之间存在必然的“对立、统一”关系，冲突解决和多目标协调成为工程建设中组织管理的重要问题。

工程管理模式的基本属性主要体现的是政府与市场在工程建设过程中的权责分配及所形成的相应组织结构形式和协调机制。存在的权力关系主要包括行政权、事权、财权、执行权。行政权是依照法律规定，组织和管理公共事务以及提供公共服务的权力，是国家权力的组成部分之一。工程建设的前期规划与立项决策主要表现为国家的行政权决策。事权，是指行政机关按照相关法律法规进行行政事务管理的权力，体现在工程建设过程中的具体事务管理，如各类行业规范、监督等；财权是指财政的支配权或财产的所有权，在工程建设中指对投融资阶段得来的资金进行具体管理和使用，如工程建设资金的批准与拨付；执行权主要是指工程建设过程中的建设主体对于工程建设具体实施的权力，例如指挥部、项目公司法人等对工程建设过程的现场管理与监督。

不同时期、不同地区下工程建设管理采取了不同权力配置方式，形成了不同组织结构关系，在人员配置上有专业化结构、非专业化结构，在形态上有指挥部、项目法人制、代建制等多种形式。

目前对政府性投资的建设项目主要有如下 3 种项目组织管理模式：

(1)自管模式。由建设管理单位统一负责项目建设管理的全部工作，自行组织监理。自管模式在改革开放初期运用较多，项目建设单位对工程全权负责，充分发挥高效整合资源、快速配置资源的作用，尤以政府临时组建的工程建设指挥部形式为典型。政府针对工程建设需要专门成立临时性的项目建设指挥部，招聘工程项目管理人员(在我国主要是从本系统各单位借调技术管理人员)，开展工程建设的组织管理工作，项目建成后指挥部解散。

(2)项目法人制模式。即建设管理法人对工程项目管理负总责。近年来全国各省长大桥梁建设均采用项目法人制，其主要内涵是指具有自主建设、自我经营、自我发展能力的法人，对自己所投资的建设项目，从设计、施工到营运养护，对工程质量、安全、进度和造价全过程开展组织、协调与控制等管理。

(3)代建制。项目出资人或建设管理法人没有足够的专业管理能力时，应通过招标等方式选择代建单位，签订代建合同，委托其承担建设管理工作。

6.2 江苏省桥梁工程建设管理模式

工程的组织管理模式构成要素核心是"人"，通过建立相应的平台和环境从而形成驾驭工程建设的系统能力。因此，在组织管理模式设计和选择时，要综合地看组织构成要素特性，采取合适的形态和结构来开展工程建设。江苏省桥梁工程建设一般采取了事业法人类型的指挥部模式，其中在人员构成方面主要是一支长期、稳定和专业化的建设队伍，在权力分配方面主要形成"省部协调领导、专家技术支持、公司筹措资金、指挥部负责建设"的管理模式。这类模式相继应用在江阴大桥、润扬大桥、苏通大桥、泰州大桥等重大工程建设中，并取得显著成绩。

另一方面，为了加快构建江苏省现代化综合交通运输体系，强化专业管理优势，完善投资主体、建设主体分工负责、密切配合的交通工程建设管理体制，江苏省政府在江苏省高速公路建设指挥部基础上组建江苏省交通工程建设局，由省交通运输厅管理。2009 年 2 月 16 日，江苏省交通工程建设局正式挂牌。2013 年，苏通大桥指挥部和江苏省长江公路大桥建设指挥部整建制并入江苏省交通工程建设局，从此江苏省长大桥梁建设由依靠江苏省长江公路大桥建设指挥部同期仅能主要建设一座桥，转变为借助江苏省交通工程建设局可以同时统筹多座公路桥梁工程的建设。这一转折标志着江苏省这支长期、稳定、专业化的长大桥梁建设队伍得到了进一步加强，有助于进一步提高专业化程度，对之后的长大桥梁建设也大有益处。

6.3 灌河大桥工程建设投资模式

江苏省公路工程建设的投融资一般分成两大类:对于高速公路工程建设，一般由省市共同筹集 35%左右资金作为项目资本金，其余部分银行贷款。近年，苏南、苏中、苏北的城市出不同比例的资本金，苏南一般出资本金的 30%，苏中 20%，苏北不出。也有特例，如南京、苏州等发达城市的高速公路且只涉及本市的也有自行出资的。针对国省干线工程的融资，以地方出资为主，省厅按公路等级进行定额补助。

灌河大桥的建设将连通临海高等级公路盐城段和连云港段，使临海高等级公路全线贯通，对策应沿海开发战略，实施沿海发展规划，加快构建沿海快速公路通道，促进灌河两岸及沿线经济发展具有十分重要的意义。作为政府全资建设的工程，通车后的灌河大桥不收取过桥费用，将成为一座为民服务的公益大桥。

根据省政府 2010 年第 26 号办公会议纪要、工可批复的资金筹措方案以及初步设计批复概算，灌河大桥项目总投资 15.43 亿元，由省财政厅和地方政府共同承担。其中省财政厅代表江苏省政府投入10亿元，省交通运输厅出资约4.98亿元，盐城市、连云港市人民政府负责征地拆迁费用约0.45亿元。灌河大桥工程资金分年到位计划，见表6-1。

灌河大桥工程资金分年到位计划 表6-1

年　度	资金安排(亿元)
2012	5.9(其中0.45亿征地拆迁费用由地方承担)
2013	4.4
2014	3.93
2015	1.2
合计	15.43

6.4 灌河大桥工程建设的管理模式

江苏省桥梁工程建设管理模式，主要存在“以省为主”和“以市为主”两种模式。“以省为主”模式是由省交建局组织成立项目办派驻工程一线负责现场的项目实施，负责工程质量、进度、投资、安全的管理和控制，该模式能充分发挥省交建局的专业化管理能力和技术支撑。“以市为主”模式则是以市行业主管为主成立项目办、省交建局派驻监管办，在省交建局统一领导下负责现场的项目实施，该模式能有效地发挥地方政府的积极性，有利于更好地协调征地、拆迁等问题。

考虑灌河大桥工程建设技术难度大，费用较高，且涉及两市，统一管理有利于工程建设，因此工程建设实行“省市共建、以省为主、县区配合”的管理模式。

(1)决策层：江苏省交通运输厅和临海高等级公路建设领导小组实行统一决策领导，协调筹措工程建设资金，组织开展项目开工的各种手续报批。

(2)实施层：江苏省交通工程建设局负责组建灌河大桥工程建设现场指挥部(见图6-1)，明确管理模式及制定总体实施大纲。指挥部设综合部、计财部、工程部和省厅纪检派驻组4个部门，具体负责大桥工程建设现场管理。

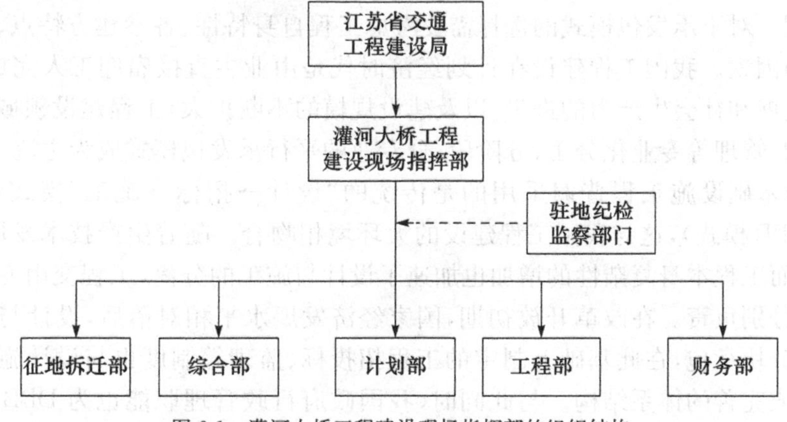

图6-1 灌河大桥工程建设现场指挥部的组织结构

(3)协调层:沿线地方政府全面配合国土部门开展规划选址、征地拆迁等土地手续报批,并负责沿线征地拆迁费用的筹措和征(用)地、拆迁、安置和地方矛盾协调等工作。

(4)支撑层:聘请常驻工程建设现场的桥梁领域专家,并不定期地组织专业领域专家参加技术方案审查和风险评估等工作。

省交建局组建灌河大桥工程建设现场指挥部,构建了"职能清晰、权责明确、界面合理、沟通顺畅"的组织架构,负责现场管理。

为了更好地提升现场组织管理的专业化水平,人员配置过程中严格按照要求配置,工程技术人员应当不少于总人数的70%,其高、中级以上专业技术职称的人员应当占工程技术人员的70%以上。主要专业人员配置应当满足具体项目的要求(见表6-2)。

人员配置要求　　表6-2

项目管理成员	资质要求
单位负责人	(1)具备高级以上专业技术职称; (2)2个以上高速公路建设管理经历
技术负责人	(1)熟悉掌握公路工程技术标准、规范和规程; (2)具有高级以上相关专业技术职称; (3)2个以上高速公路建设项目的相应技术管理经历
财务负责人	(1)熟悉掌握财经法规和财务制度; (2)具有中级以上相关专业职称; (3)具备1个以上高速公路建设项目的财务管理经历
综合、计划、工程部门	(1)主要管理人员应当具备相应岗位的专业技术和任职资格; (2)分别具备1个以上高速公路建设项目的管理经历

6.5 灌河大桥主体工程承发包模式

6.5.1 承发包模式概述

承发包模式作为工程组织管理的重要内容,关系到建设主体和实施主体之间责任、利益和风险的分配。对于承发包模式的选择需要考虑工程自身特性、各参建方特点、市场及政策环境等多方面因素。我国工程建设在计划经济时代是由业主直接雇佣工人完成,后来随着市场经济的发展和社会生产力的进步,以及建设规模的不断扩大,工程建设领域开始出现设计、施工、采购、管理等专业化分工,分阶段、分专业的平行承发包模式成为主流。

我国交通基础设施工程普遍采用的是传统的"设计→招标→施工"模式(Design-Bid-Build,简称DBB模式),这与我国工程建设的大环境相吻合。随着生产技术发展,社会化分工开始出现,而工程本身复杂性的增加也加速了设计与施工的分离,工程交由专业的设计机构、施工单位分别负责。在改革开放初期,国家经济发展水平相对落后,设计与施工企业实力不强,只能分块承包,在此基础上制定的工程招投标、监理等制度也与设计施工分离的模式相适应,形成完善的体系结构。与此同时,我国政府行政管理职能也为DBB模式的推行提供助力,政府合理统筹、协调设计和施工各部分之间的关系,使得各环节相互衔接与配合,充分保证了工程建设项目的高效运行。

通过对我国工程建设承发包模式的分析与总结，DBB 模式的优势主要体现在以下 3 个方面：

(1)工程项目的主要参与主体，即业主、设计机构与施工承包商三方在合同的约定下能够对项目参与各方的权、责、利进行明确清晰的划分，进而提高工程项目的建设效率。

(2)业主以施工图设计为基础通过招标选择施工承包商，对投标人的投标报价有依据可循，使其在开工前就有了较为明确的合同价，从而有利于业主对工程造价的早期控制。

(3)业主分别委托设计机构对工程进行初步设计以及对施工图开展设计，在此基础上施工承包商进一步开展施工组织设计，这种委托-代理关系能够有效地保障工程设计方案的独立性。

目前，随着市场上施工企业能力的提升和投融资模式的逐步改变，以及工程建设规模增加和建设环境日益复杂，DBB 模式在众多工程项目建设实践中也逐渐暴露出一些缺点与局限性。其主要体现在如下几个方面：

(1)对一些复杂的工程项目，设计单位缺乏对现场环境和承包商施工能力的充分把握，导致设计方案不完善，产生多次变更，不利于工程难题的解决。

(2)组织协调困难。设计与施工的分开使得在组织协调过程中产生多个接口和界面需要协调，但由于各主体利益不同，在协调过程中易产生运作冲突和利益冲突。

(3)对业主能力要求高。DBB 模式需要业主具备合理划分工程及其管理的各个界面和协调能力，并且能充分驾驭各阶段风险。

当前，国家在交通基础设施工程中积极推行设计施工总承包模式，相较于传统的 DBB 模式，设计施工总承包模式在我国桥梁工程领域起步较晚，还有待进一步的工程实践与经验总结。无论是传统的 DBB 模式，还是近年来试点的设计施工总承包模式，模式本身各有其特点与利弊，在对桥梁工程承发包模式进行选择时，不能只对承发包模式本身的优缺点进行选择，而是要依据工程项目自身和参与各方的特点来综合考虑。同时，各种不同的承发包模式也绝对不是对立的，在具体项目实践中，可结合具体情况综合应用各种模式，还有可能一个项目采用两种以上的承发包模式(如港珠澳大桥工程项目)，以取得更好的项目控制效果。

针对当前 DBB 模式实践效果，工程建设中一方面需要进一步推行包括设计施工总承包模式在内的工程试点，在工程实践中厘清不同模式的适应性边界，并加以总结和提炼，为今后工程承发包模式的选择打下基础；另一方面，需要对 DBB 模式本身进行修改完善，包括在工程实践中加强设计与施工的联动，设计阶段要求施工单位介入；强化业主的管理职能，充分协调各方利益与冲突等。

6.5.2 灌河大桥建设的承发包模式

灌河大桥在进行主体工程标段划分时，按照界面清晰、便于管理、费用可控、利于标准化施工以及大标段划分的原则，最终确定的施工、监理标段方案见表 6-3。

灌河通道主体工程标段划分一览表　　表 6-3

监理标段	施工标段	起 讫 桩 号	工程范围和内容
GH-JL1	GH-1	K12+000.000～K14+906.400	(1)临时工程，包括临时驻地、临时道路、临时栈桥、码头、施工平台等的修建、养护及拆除；临时供电的电力系统、临时电信系统及供水系统的配置、维护及拆除等。 (2)主桥基础、索塔施工。 (3)主桥钢结构(含钢主梁、钢锚梁、钢牛腿、钢护栏、检查车等)、斜拉索的卸货、保管、安装，以及为钢结构工地涂装提供协助和便利条件。 (4)跨中合龙段的安装和相关配套工程。 (5)桥面板预制、安装(含跨中合龙段)。 (6)主桥伸缩缝、支座、阻尼器安装。 (7)北引桥基础、上下部结构施工及伸缩缝采购、安装。 (8)北接线路基、桥梁、通道、涵洞。 (9)交通工程预留预埋，并为交通工程和路面施工、桥梁动、静载试验提供协助和便利条件等。 (10)绿化、线外工程及可能会发生的机电、供电工程等
	GH-2	K14+906.400～K19+643.615	(1)临时工程，包括临时驻地、临时道路、临时栈桥、码头、施工平台等的修建、养护及拆除；临时供电的电力系统、临时电信系统及供水系统的配置、维护及拆除等。 (2)主桥基础(含防撞设施)、索塔施工。 (3)主桥钢结构(含钢主梁、钢锚梁、钢牛腿、钢护栏、检查车等)、斜拉索的卸货、保管、安装，以及为钢结构工地涂装提供协助和便利条件。 (4)桥面板预制、安装。 (5)主桥全桥支座、阻尼器采购和跨中以南对应工程、主桥伸缩缝的安装。 (6)南引桥基础、上下部结构施工及伸缩缝采购、安装。 (7)南接线路基、桥梁、通道、涵洞。 (8)全线路面工程施工。 (9)交通工程预留预埋，并为交通工程和桥梁动、静载试验提供协助和便利条件等。 (10)绿化、线外工程以及可能会发生的机电、供电工程等

依据上述对工程施工标段划分，具有如下几方面的优点：

(1)标段间施工干扰较小。

(2)主桥由 2 家施工单位承担，便于竞争式管理。

(3)避免了跨界组织管理，人员、设备资源利用率较高，有利于施工组织。

(4)大标段利于推行现代工程管理和施工标准化。

灌河大桥工程建设指挥部基于对工程建设目标、业主自身管理能力及项目本身的复杂性程度的分析，最终选择了 DBB 项目承发包模式。

1)工程建设目标

灌河大桥工程建设目标，主要是安全、优质、高效、廉洁、环保、创新；特别是对工程进度、成本和质量具有明确要求。因此，省交建局驻现场指挥部必须采取强监管和控制手段来确保各项任务按照计划执行，保证目标实现。从这个层面上来说，DBB 的承发包模式给予业主较大的控制权。

2)业主的专业化管理能力

江苏省交通工程建设局作为省高速公路建设的核心力量，承担了全省 3/4 以上的高速公路建设管理任务，具有充实稳定的人才队伍、科学高效的项目组织方式及标准规范的制度体系，有能力对工程建设进行专业、集中、高效的管理。因此在具体界面划分、界面协调、风险研判、资源获取等方面具有较好优势，不需要将主要管理责任转移到总承包商那里，因此 DBB 管理模式更有利于指挥部专业化管理能力发挥。

3)工程复杂性

灌河通道工程是整个临海高等级公路的关键性、控制性结点工程。其水文地质条件复杂、技术难度大、管理要求高，如深水基础施工难度大、深水承台体量大、索塔高空作业、上部结构复杂、桥梁耐久性要求高等。

灌河大桥的技术和环境复杂性虽然带来了一些设计和施工方面的挑战，但对于建设单位、设计和施工单位来说是可辨识和可控制的。因此，DBB 模式通过多阶段控制更能有效地实现目标控制和降低不确定性因素而带来的成本。

6.6 灌河大桥工程组织协调管理

6.6.1 灌河大桥工程组织目标控制

工程建设过程中，灌河大桥工程建设指挥部通过合同、制度和文化的方式来约束和激励不同参建单位。监理单位根据合同要求对施工单位现场施工进行监督管理，设计单位及时做好设计后服务工作，相关行业主管部门做好监督管理工作。其工程建设管理流程，如图 6-2 所示。

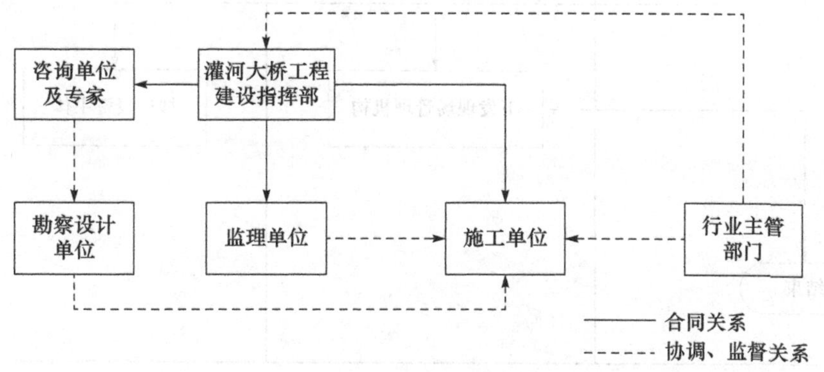

图 6-2 工程建设管理流程

灌河大桥工程建设指挥部为了实现工程进度、质量、安全、成本及环保等目标，制定了一系列业务流程来规范参建单位行为。

1)工程计划与进度管理

总计划编制的业务流程：省交建局计划部门根据现场管理机构上报的总体实施计划建议编制项目总体实施计划，会同工程部门与现场管理机构审核后，报局务会审定通过之后，下发给现场管理机构并抄送投资主体。

总体实施计划编制业务流程，如图 6-3 所示。

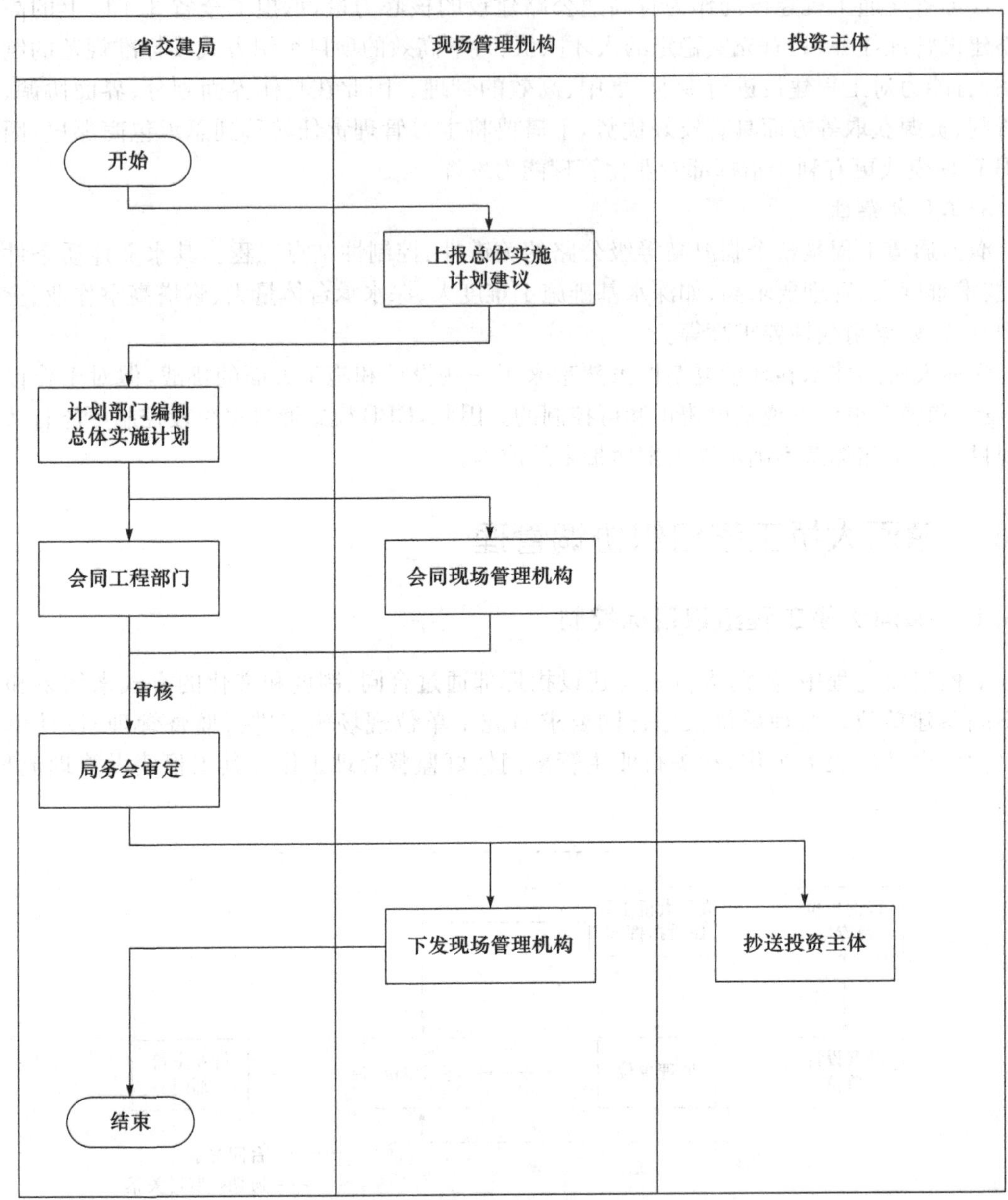

图 6-3 总体实施计划编制业务流程

2)工程质量管理

灌河大桥工程建设现场实行工程监理制和质量监督制的实施，对施工现场的工程质量、施工安全进行监督管理。施工质量控制程序的总业务流程，如图 6-4 所示。

总监办根据标准、规范、设计图纸、监理委托合同对施工全过程进行检查、监督和管理，消除影响工程质量的各种不利因素，使承包人所施工的工程项目达到监理工作目标。施工阶段工程质量监理工作程序，见图 6-4 所示。

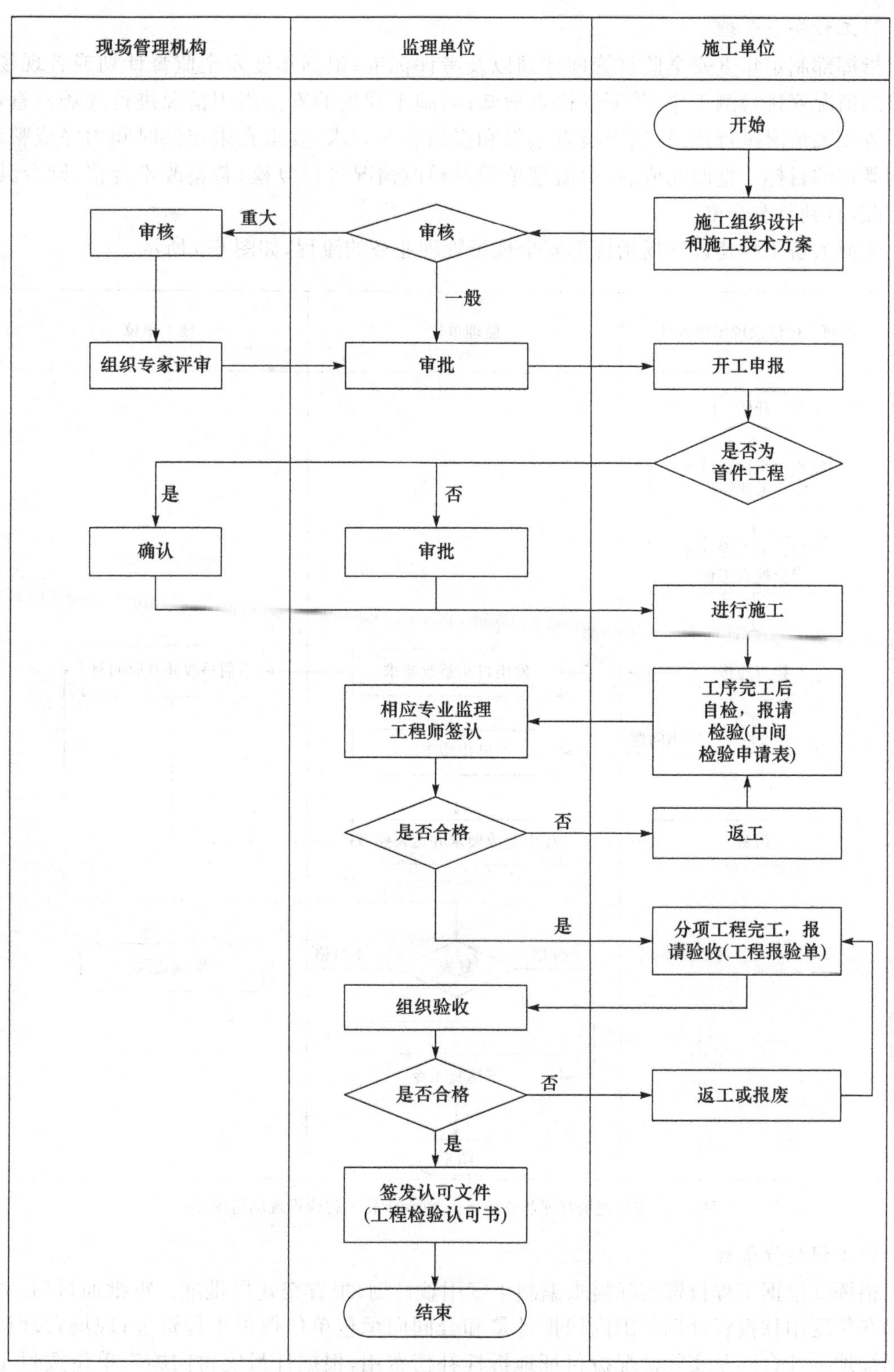

图 6-4　施工质量控制程序的总业务流程

3)工程安全管理

指挥部制定年度安全监督管理计划以及考评标准;根据年度安全监督计划或者现场具体检测情况安排检测工作,并下发检查通知;对施工现场的安全组织情况进行现场检查,并对检查相关情况进行记录;通报检查结果和提出整改要求,要求在限定的时间内完成整改,达到既定的目标。整改完成后,由监理单位对整改情况进行复检;若整改不合格,则令其继续整改,直到整改合格。

灌河大桥工程建设现场指挥部安全现场管理业务的流程,如图 6-5 所示。

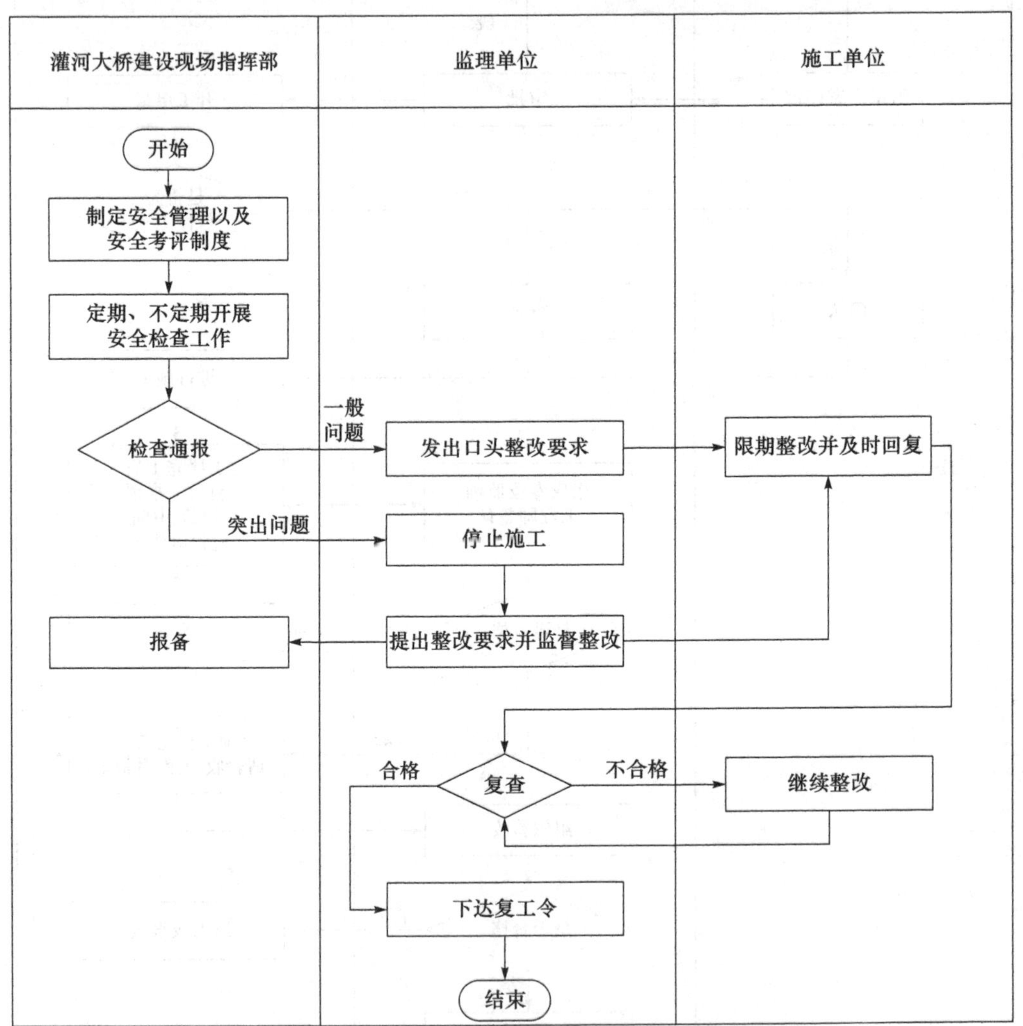

图 6-5 安全现场管理业务的流程(灌河大桥工程建设现场指挥部)

4)工程投资管理

指挥部根据工程投资实际需求编制年度用款计划,报省交建局批准。审批通过后,省交建局在年度用款投资计划范围内根据计量和合同向承包单位拨付工程资金;现场管理机构根据征地拆迁合同及实际情况拨付征地拆迁补偿费用,根据计量支付向施工单位拨付工程资金,同时对工程资金的使用进行监督。资金管理的业务流程即动态控制原理,如图 6-6 所示。

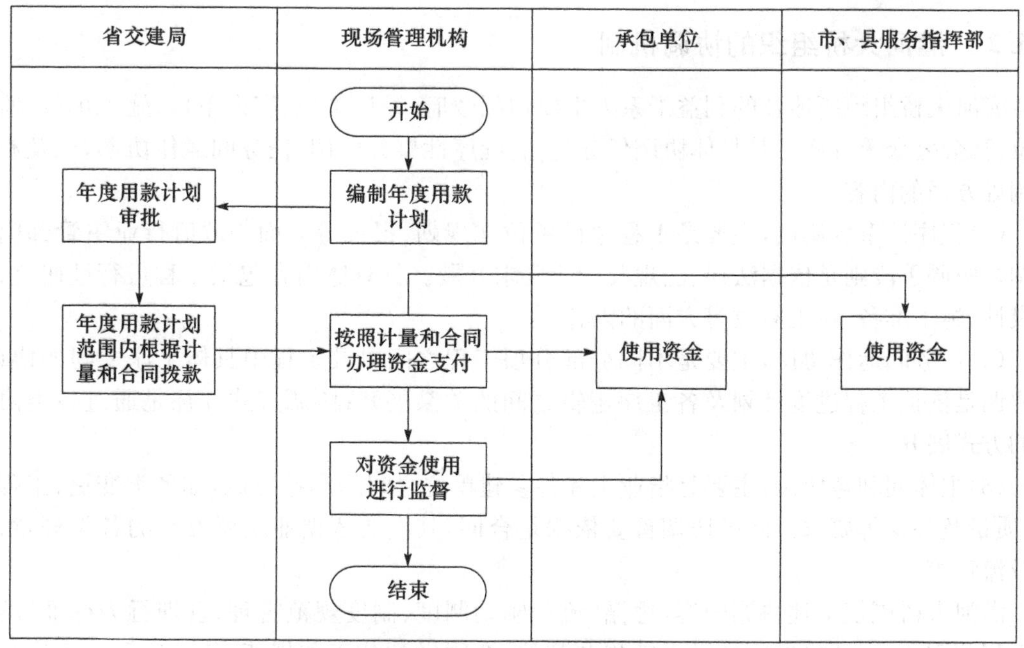

图6-6　资金管理的业务流程

总监办在工程进展的全程中进行投资控制的动态控制原则为指导，进行计划值与实际值的比较，发现偏差，及时采取纠偏措施加以控制，以确保投资目标的实现。

5)工程环保管理

环保监督管理业务流程，如图6-7所示。

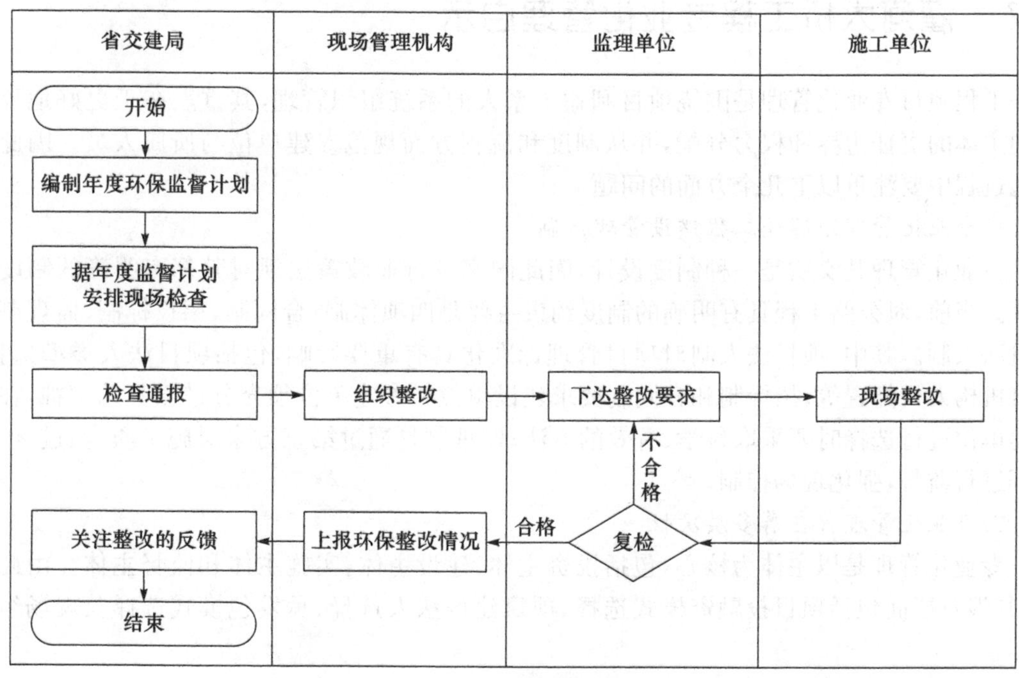

图6-7　环保监督管理业务流程

6.6.2 灌河大桥组织的协调机制

灌河大桥组织所涉及的利益干系人主要包括政府、设计单位、咨询单位、施工单位、监理单位、社会公众等方面。其具体协调任务包括:程序性事务协调、任务间运作协调,以及利益协调等方面的内容。

(1)程序性事务协调,主要是工程建设单位在规划、报批等方面与政府行业主管部门的协调。协调手段则是依据法律、法规及行业要求开展。其具体内容包括工程可行性研究、初步设计、施工准备、竣工验收等方面的内容。

(2)任务间运作协调,主要是不同分部分项工程之间以及工程中具体工序之间的协调。此协调是依据工程进度计划及各工序逻辑之间的关系展开;协调方式往往是通过各类协调会的方式展开。

(3)主体间利益协调,主要是指业主和各参建单位之间的利益协调,如各类变更、工程进度、质量及环保等要求。此类协调首要依据是合同,其次要依据业主所发布的各类规章、制度及流程等。

灌河大桥围绕上述协调内容,遵循“流程驱动制度、制度规范管理、管理行为标准”的现代工程管理要求,严格做到各类手续规范到位,合同做到公正和规范,使各项管理工作科学有序、有章可循、有法可依。同时,从文明工地建设、工装设备、原材料、环境保护、工地实验室、现场技术资料、质保体系和安保体系的有效运作、监督检查等方面制定具体的现场管理标准,提升工程建设的科学化、规范化和标准化管理水平,真正做到精心设计、精心施工、精心管理。

6.7 灌河大桥工程专业化管理启示

工程项目专业化管理是围绕项目利益干系人的系统组织管理,其重点在于更好地界定不同主体的责任边界和权力分配,并从制度和流程方面规范参建单位与所属人员。因此在实施过程中要注重以下几个方面的问题。

1)专业化管理须遵循工程建设管理体制

专业化管理其实质是一种制度设计,因此国家及行业政策法规对其都有明确的制度约束性。当前,对公路工程具有明确的制度约束主要是四项体制:合同制、招投标制、监理制及项目法人制。其中,项目法人制对项目管理标准化具有重要影响,包括项目法人类型选择、项目机构人员配置等;招标制和合同制要求建设单位和参建单位须充分遵循契约精神,在对参建单位进行选择时要采取科学、有效的方法;监理制是通过第三方来对施工质量、进度、安全等进行监督,强化现场控制。

2)专业化管理存在着多层次性

专业化管理是以主体为核心,包括投资主体、建设主体、实施主体和监督主体。由此可见,其涉及层面包括项目投融资模式选择、项目建设法人选择、承发包模式选择及现场组织管理。

(1)投融资模式层面的项目管理在于依据国家及行业规定,依法选择合适的投融资模式。

(2)项目建设法人选择要依据法律及行业要求，并根据本地区行业发展情况，来确定项目法人类型(如事业法人、企业法人等)，特别注重项目法人组织机构中的专业化人员配置。

(3)承发包模式选择在于匹配项目目标、建设单位能力、项目复杂性之间的关系，综合平衡和降低风险。

(4)现场组织管理在于根据任务分解，依据质量、安全、进度、成本等管控流程和制度，实施现场人、机、料、工、法的组织实施管理。

3)项目管理标准化是专业化管理的重要组成部分

工程建设项目管理标准化是通过“流程驱动制度、制度规范管理、管理行为标准”原则而展开，围绕着项目管理“职能域”来细化流程、制度和表单，这是提高工程专业化管理的重要内容。但管理标准化不同于设计和施工等标准化，它是一种偏软的规范，且以规范人的行为为目标的标准化。因此，不同地区、不同工程项目管理在项目投融资模式选择、项目法人类型及具体管理流程和制度设计时须遵守适应性原则，在具体开展管理过程中必须遵守“科学、有效、规范”原则来细化制度和流程。

7 Chapter Seven 第7章 灌河大桥工程施工标准化

7.1 施工标准化概述

施工标准化是针对工程质量通病和管理薄弱环节，依据高速公路建设规范要求，结合工程建设实际，对驻地建设、路基、路面、桥梁、隧道、绿化等工程建设，制定并执行统一的质量、安全、进度和环保等控制标准，并在同类项目中重复使用的规则。

施工标准化作为现代工程管理的主要内容之一，其具体要求体现了现代工程管理的精髓。其表现有如下两个方面：

1)施工标准化是推进现代工程管理的有效载体

通过规范各参建单位机构设置和人员配备，实现组织的专业化和人员的专业化管理；通过工地标准化建设和安全标准化管理，提高施工人员的生活水平，保障人员的生命安全，实现了人本化的要求；通过信息技术的应用，实现工程实时监控和动态管理，体现了信息化的要求；通过工艺工序的规范和细化，贯彻了精细化的要求。因此，通过施工标准化的平台将现代工程管理的各项措施逐步落实到位。

2)施工标准化是提高工程管理水平、提升工程建设质量的有效措施

施工标准化着重从工序、技术、工艺和管理的角度对现行标准、规范做进一步补充，以达到施工"工序科学、工艺规范、技术先进、质量优良、作业安全、施工文明环保、管理有效"的目的，旨在通过施工过程控制消除质量通病，提高施工管理水平，从而确保高速公路工程建设质量。

通过开展施工标准化活动，将施工标准化要求贯穿工程施工的各个环节，建立科学、系统的施工标准化体系，促进工程质量、管理水平进一步提高，实现工程质量优良率、耐久性、专业化、信息化、标准化体系建设，达到质量、安全管理水平、健康和环保水平领先的目标。

7.2 灌河大桥工程施工标准化体系

7.2.1 施工标准化内容

灌河大桥施工标准化包括工地建设、施工工艺、施工管理3部分。它贯穿工程施工全过程，涵盖规章制度、现场管理、人员培训、材料加工、施工工艺、试验检测、工程质量安全等各项内容。工地建设标准化是施工标准化的基础，规范了施工现场管理，保证了工程的质量。施工管理标准化则为施工标准化提供支撑，将技术标准、管理标准和作业标准落实到施工全过程，为工程的顺利实施提供保证。施工工艺标准化是施工标准化的核心，优化施工工艺，

严格工艺管理，是提高施工效率和实体工程质量的关键路径。如图 7-1 所示。

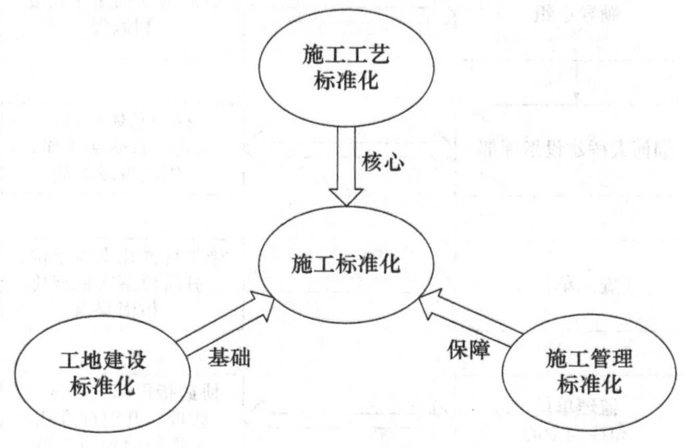

图 7-1　施工标准化

1）工地建设标准化

工地建设标准化主要包括驻地和施工现场的标准化。按照标准化管理实施意见建设施工、监理驻地和试验室及施工便道，改善生产生活环境，提高施工管理效率。按照标准化管理实施意见建设各类拌和站、预制加工场地和材料存放场地，实现混合料（混凝土）集中拌制，钢筋、碎石集中加工，构件集中预制，充分发挥集约化施工的优势，规范施工现场管理，保证工程质量。按照标准化管理指南实施意见规范施工现场安全防护设施、安全标识及其他各类临时设施设置，消除隐患，文明施工。

2）施工工艺标准化

按照规范要求，结合标准化管理实施意见，细化路基、路面、桥涵、隧道、绿化及防护等各项工程的施工标准化要求，优化施工工艺，严格工艺管理，提高施工效率和实体工程质量。规范质量检验与控制，强化各类验证试验和标准实验，做到检测项目完整齐全、检测频率符合要求、检测数据真实可靠。加强对隐蔽工程、关键工序的过程控制和验收，确保工程各项指标抽检合格率达到规范要求。

3）施工管理标准化

严格执行公路建设法律法规和强制性标准，按照技术标准、管理标准、作业标准对施工标准化开展严格考核，一方面要求参建单位按照合同要求完成工作内容，另外一方面要激励承包商更好地开展施工标准化工作，提升工程质量。

7.2.2　灌河大桥施工标准化实施组织与路径

灌河大桥施工标准化组织管理模式基本沿袭了江苏跨江大桥的建设管理经验，省厅、省交建局在政府层面给予指导和监督；指挥部作为总体单位，在项目层面上牵头负责，组织现场实施；施工单位作为施工标准化主体单位，分阶段落实标准化指南要求；监理和检测中心协助指挥部管理，开展标准化工作的检查和考核；科研院校及外聘专家等社会力量作为技术、管理的支撑和补充。为贯彻落实施工标准化的各项要求，灌河桥指成立临海高等级公路灌河大桥开展施工标准化（推行现代工程管理）活动领导小组。施工标准化领导小组下设办公室，日常工作由灌河桥指下的工程部承担。施工标准化组织，如图 7-2 所示。

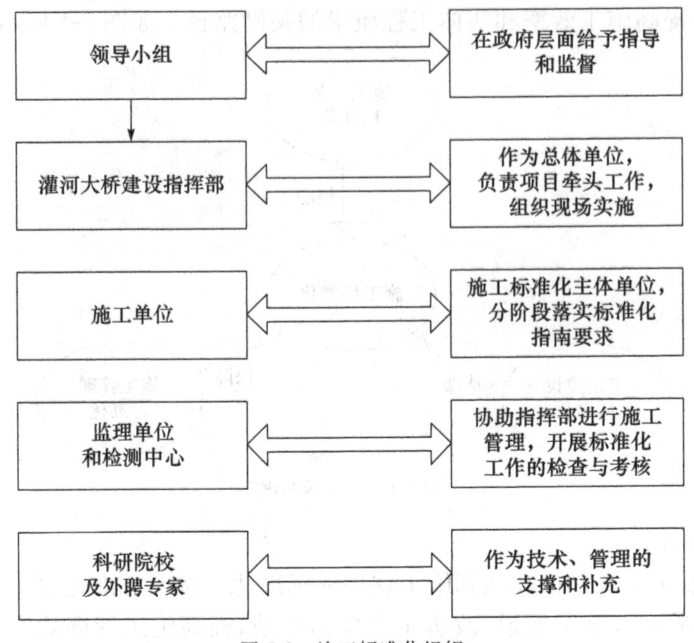

图 7-2　施工标准化组织

灌河大桥施工标准化实施，共分为 3 个阶段，即动员准备阶段、全面实施阶段和总结评比阶段。每阶段具体内容，如表 7-1 所示。

施工标准化阶段　表 7-1

施工标准化实施阶段	灌河桥指主要任务
动员准备阶段	(1)制定施工标准化活动实施方案、施工指南、考核办法及相关文件。 (2)召开动员大会，要求各参建单位加强领导、统一思想、落实各项保障措施。 (3)完成各项准备工作，主要包括各级组织机构建设、舆论宣传、各从业单位组织相关学习和培训等各项准备工作
全面实施阶段	(1)所有开展施工的内容在工地建设、桥梁、路基、生态环保以及安全标准化、管理标准化方面全部达到标准化的强制性基本要求。 (2)灌河大桥作为先行“示范工程”，在施工标准化方面应当大胆尝试、创新，做到更加全面、更加鲜明地反映项目特色和江苏特色。 (3)作为施工标准化以及探索研究其他现代工程管理的载体，为今后全面推广现代工程管理积累经验并做好必要的准备
总结评比阶段	(1)将标准化考核工作作为常效考核机制纳入各单位季度履约考核中。 (2)完成施工标准化活动总结工作并迎接交通运输部和省厅检查。 (3)对施工标准化活动成果进行汇编

7.3　灌河大桥工程工地建设标准化

按照推行现代工程管理、全面实施施工标准化的总体要求，工地建设超前谋划，按照《江苏省高速公路施工标准化指南(工地建设)》的指导意见，灌河大桥重点对驻地、水泥混凝土拌和站、钢筋加工场、预制场、工地试验室等建设内容进行规划，形成了灌河大桥“临建集约化、驻地社区化”的建设构想。

7.3.1　驻地建设标准化

根据现场情况，按照建设“灌河大桥工程项目社区”的理念，打造由施工单位、监理单位、质量安全环保中心、测量中心、监控中心等各参建单位组成的大社区，统一规划、统一实施、统一管理，使办公、生活、生产等各功能区域相对独立，实现驻地封闭式管理，营造大桥建设社区文化氛围。

7.3.1.1　驻地选址

根据现场实际情况，拟将项目部（见图 7-3）、总监办、检测中心、民工之家位置设置主线北侧 K16＋670～K16＋890 段处。此处东临黄海大道，南侧顺接施工便道，紧邻陈家港镇自来水管道，交通便利，是理想的办公生活地点。施工驻地总占地面积约为 2.36 万 m^2。其中项目部占地 9328m^2（标准化规定面积为 5500m^2）；活动中心占地面积为 1977m^2；民工之家占地面积 6624m^2，可同时容纳 280 人同时入住（按施工高峰期工人数的 70％考虑）。

图 7-3　项目部总体平面图

其中，项目经理部占地总面积 81.4×114.6＝9328m^2（标准化规定面积为 5500m^2），办公区由办公楼和实验楼两栋楼组成，房屋 34 间（面积根据功能大小不等），面积约 940m^2；宿舍 53 间（可同时容纳 100 名管理人员同时居住）面积约 2087m^2。整个经理部的绿化面积约 2500m^2，绿化率达 26.8％（标准化规定面积为 25％）。办公室内效果，见图 7-4；会议室实际效果，见图 7-5。

7.3.1.2　各设施具体要求

1）*房屋类型*

项目部办公区、生活区用房均采用单层彩钢板活动板房（阻燃材料），屋顶采用红色“人字形”双面坡，墙体为白色。办公区效果，见图 7-6；生活区效果，见图 7-7。

2）*房屋基础*

基础采用 240mm 宽×300mm（h）砖基础，基础内回填素土，夯实后浇筑 70mm 厚 C15 素混凝土垫层，抹平收面。

3）*地面*

室内及走廊、门厅地面铺贴 800×800mm 乳白色抛光地板砖。

图 7-4　办公室内效果

图 7-5　会议室实际效果

图 7-6　办公区效果图

图 7-7　生活区效果图

4)墙体

外墙及走廊墙壁均采用 75mm 厚彩钢板墙体，室内隔墙采用 50mm 厚彩钢板墙体。遮雨走廊宽度 1.5m。

5)办公区地面硬化

地面硬化除办公楼所占地面及花带，门卫室区域，场地平整后全部浇筑 150mm 厚 C20 素混凝土，抹平压光。

6)办公区围墙

办公区围墙砌筑 400mm 高 240mm 宽矮墙，上设 1450mm 高铁艺围栏。

铁艺围栏(见图 7-8)具体做法：

小立杆：20×20×1.0mm(壁厚)方钢管，白蓝色相间喷漆喷涂。

横杆：两道，40×40×1.2mm(壁厚)方钢管，间隔蓝喷漆喷涂。

小立杆间距：10cm；围栏高度：1450mm。

7)绿化

为美化项目办公环境，特在办公区围栏外宽度 1m 设置绿化带(见图 7-9)；在项目部内(见图 7-10)办公区大院及每排宿舍区前原土种植花木等。

图 7-8　铁艺围栏围墙实际效果

图 7-9　围墙外绿化图

图 7-10　项目部内绿化

8）旗台旗杆

在办公室大院绿化坪前设置旗台，旗台高 0.8m，上宽 0.3m，底部宽 0.5m，一边垂直，一边离地 0.2m 处与上边相连；旗台外面用红色大理石贴面，上边贴金色的中交标致，旗杆用直径 80～100mm，厚度不少于 0.8mm 的不锈钢，飘扬旗，中间挂国旗，左边挂中国交通建设旗帜，右边挂中交一公局旗帜。

9）卫生间

卫生间地面铺贴 300×300mm 防滑地砖，设置成品陶瓷蹲便器、小便池、洗手台、拖把池等。卫生间内蹲位之间设置 1.5m高、50mm 厚彩钢板墙体隔断。

10）排水沟

项目部围墙外围 1m 设置砖砌排水沟（见图 7-11），沟深 500mm，净宽 200mm，沟底浇筑 100 厚 C15 素混凝土。排水至围栏外排水渠。

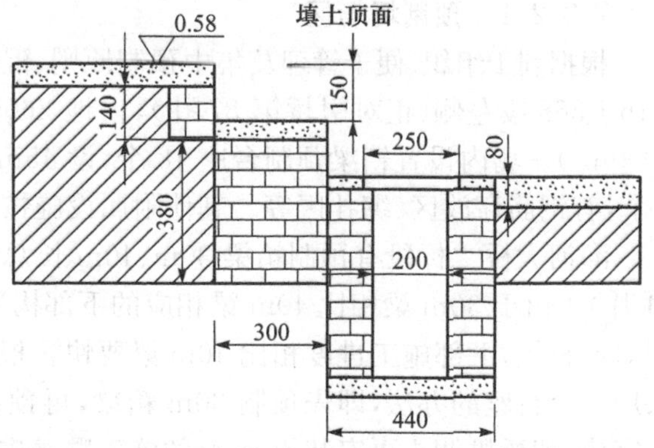

图 7-11　排水沟标准横断面图（尺寸单位：mm）

7.3.1.3　标识标牌

社区驻地入口设置欢迎牌，便道侧设置了标准化区域指示牌，标明社区内各区域位置。

社区门口设置了项目公示牌，对工程建设情况公示。项目部临建板房屋面上设置中交一局企业精神标语，标语内容为："自强奋进，永争第一"和"攻必克，战必胜，敢打硬仗，善打硬仗"；标语采用白底蓝字，喷绘广告牌焊接于标语架上。大厅门前设置工程简介、工程总平面布置图及工地剪彩等展牌(见图 7-12)。

图 7-12　展牌标准样板

7.3.2　场站建设标准化

结合现场实际情况，从预制梁安装的安全角度出发，并考虑混凝土运输和钢筋构件运输的方便性，项目部将预制场规划在 K16＋525.5～K16＋568 处，即正对引桥底 87 孔，该孔桥面高度距地面 17m 左右，适合龙门起吊喂梁、架桥机架梁。该区域建筑面积为 1.43 万 m^2(标准化指南规定面积为不小于 8000m^2)。拌和站、钢筋加工场以预制场为中心向两侧铺开建设。其中拌和站设置在 K16＋425～K16＋525.5 段，建筑面积为 1.01 万 m^2(标准化指南规定面积为 6700m^2)；钢筋加工场设置在 K16＋568～K16＋629 段，建筑面积为 1.09 万 m^2(标准化指南规定面积为 9500m^2)。

7.3.2.1　预制场场区

根据利于组织、便于管理及集中预制原则，混凝土箱梁预制场设置在路线 K16＋525.5～K16＋568 段左侧(正对引桥第 87 孔)，占地 260m(长)×45m(宽)＝11700m^2(标准化要求 8000m^2)。场内设置箱梁预制台座 18 个，设 45m 跨径 160t 龙门吊 1 个、45m 跨径 12t 龙门 2 个，有钢筋存放区、绑扎区等。其他附属设施按照相关标准化工地要求进行设置。

灌河大桥二标段有预制箱梁 30m、40m 长总计有 548 片(其中引桥 524 片，陈北支渠桥 24 片)。由于 30m 梁相比 40m 梁相应的下部构造立柱高度要矮，单个墩身的施工生产周期相对比较短，下部施工进度相比 40m 梁要快。根据这一特点，我部计划将 30m、40m 梁预制共用一个台座的办法，即先预制 30m 箱梁，再预制 40m 箱梁；箱梁安装也是先将 30m 梁安装完毕，架桥机调头再安装 40m 梁的施工顺序进行。

1)台座建设

台座长度按在生产 30m 梁时预先考虑 40m 梁来设置。台座与台座之间的净距为 4m，台座高出混凝土地面 30cm。为保证台座所需的承载力，台座基础下部全部采用 20cm 山皮土填筑夯实，其中台座端部换填 80cm 深山皮土夯实，其上浇筑钢筋混凝土扩大基础，台座顶面采用 7mm 钢板平铺，并且与台座预埋结构钢筋连接成整体。用 3m 靠尺检测平整度，偏差应控制在 2～5mm 以内，确保钢板接缝严密、光滑平顺；台座施工时注意预留模板对拉螺栓孔。

为防止不均匀沉降造成台座基础断裂现象发生，预制箱梁存放台座采用独立式存梁台座（见图 7-13）。

图 7-13　存梁台座

2）存梁区规划

为了保证箱梁的正常生产，存梁区长度设置为 136m，可暂时存储 80 片箱梁。为了防止枕梁在存梁过程中由于应力集中而产生的不均匀沉降，特将枕梁设置成 1.2m（长）×0.5m（宽）×0.5m（宽）的钢筋混凝土结构，其基础换填山皮石 1m 深。箱梁分别两层存放（见图 7-14），层间支点处全部采用方木进行支垫。

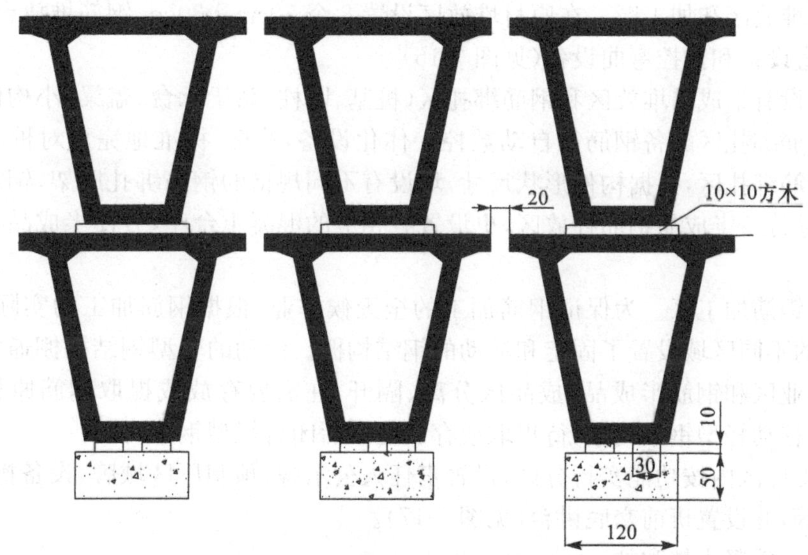

图 7-14　存梁区台座示意图（尺寸单位：cm）

3）梁场蒸汽养生

梁场夏季施工期间全部采用全自动、全天候机械喷淋方式进行混凝土养生，并用土工布进行覆盖，养生时间控制在 7～14d。冬季采用移动框架式养生棚进行蒸汽养生，地下埋设蒸汽管道，并利用专用的养生锅炉来控制施工温度，每个底座两端均设阀门，养生棚防潮、隔热、保温，配置温度计和湿度计，并及时填写现场观测记录，锅炉房位于箱梁区的北侧。

4)场地硬化及排水系统

厂区硬化采用原地表翻松 20cm 掺 6%石灰整平碾压，其上填筑 30cm 山皮土碾压密实，面层浇筑 15cm 的 C30 混凝土，场区道路浇筑 30cm 厚 C30 混凝土进行结构硬化。同时场区道路两侧以及底座两端设置矩形盖板 30cm 宽 40cm 深的排水沟并引至场区外，设置了 1%的排水坡与外部的水系相连通，以保证雨季预制场地排水系统畅通。整个场区采用封闭式管理，外围全部采用围栏进行维护，在预制场醒目位置设有项目工程简介、场地平面布置图、工艺流程图、进场须知、预制场安全生产领导小组、安全保证体系、质量保证体系、安全操作规程、管理人员名单及监督电话等公示牌。

由于预制厂养护用水量较大，在规划时，将厂内排水与养护用水结合考虑，整体实施。预制厂供排水系统的预置，如图 7-15 所示。

7.3.2.2　钢筋加工厂

钢筋加工厂建筑面积为 1.09 万 m^2(标准化指南规定为 9500m^2)。设置两套钢筋加工棚:其中 1 号棚 120m(长)×25m(宽)×11m(高)；2 号棚 60m(长)×25m(宽)×11m(高)。1 号棚内设一套 23m 跨径起重 12t 的跨中龙门；2 号棚设置一套跨径 23m 起重量 30t 的龙门(考虑后期将该生产区域改造成主桥预制板的生产线)。

钢筋加工厂内使用的设备均为钢筋自动数控加工设备。该钢筋加工厂纵向大致分为 3 部分:

(1)原材堆放区和加工区。在原材堆放区设置 8 个 50cm×30cm 钢筋堆放台座，并配备钢筋数控调直设备和数控弯曲设备(见图 7-16)。

(2)主要设有半成品堆放区和钢筋绑扎区(桩基、墩柱、系梁承台、盖梁、小构件绑扎区)。其中，桩基钢筋绑扎区配备钢筋笼自动数控一体化设备，快捷、标准地完成对桩基钢筋笼的加工；其余钢筋绑扎区，根据构件形状尺寸，均设有不同规格的钢筋绑扎胎架，钢筋骨架绑扎均在胎架上进行。半成品钢筋存放区，也设置有相应的混凝土台座，方便半成品钢筋的堆放及吊装。

(3)箱梁钢筋加工区。为保证钢筋加工的全天候作业，根据钢筋加工的实际情况，我们在钢筋加工的不同区域设置了固定和活动的钢结构棚。活动的轻型钢结构棚通常情况下是闭合的，使作业区和钢筋半成品、成品区分离、隔开，在需要存放或提取钢筋原材或钢筋成品、半成品时移动轻型钢结构棚，待提取或存放完毕后闭合轻型钢结构棚。

钢筋加工厂区内按功能实行分区，设置责任人公示牌、预制厂区域牌、设备操作规程牌、安全警示牌等，并设置班前交底讲台(见图 7-17)。

7.3.2.3　混凝土拌和站

考虑到安全、交通及管理等方面的因素，混凝土拌和站设置于路线左 K16＋425～K16＋525.5 段，建筑面积为 10230m^2，场内设置 HZS120 搅拌站 2 台，提供全线所有构造物的混凝土供应。其中料仓 3550m^2，设置不同粒径碎石仓 4 个，黄砂仓 2 个，能储存黄砂、碎石 9000m^3。

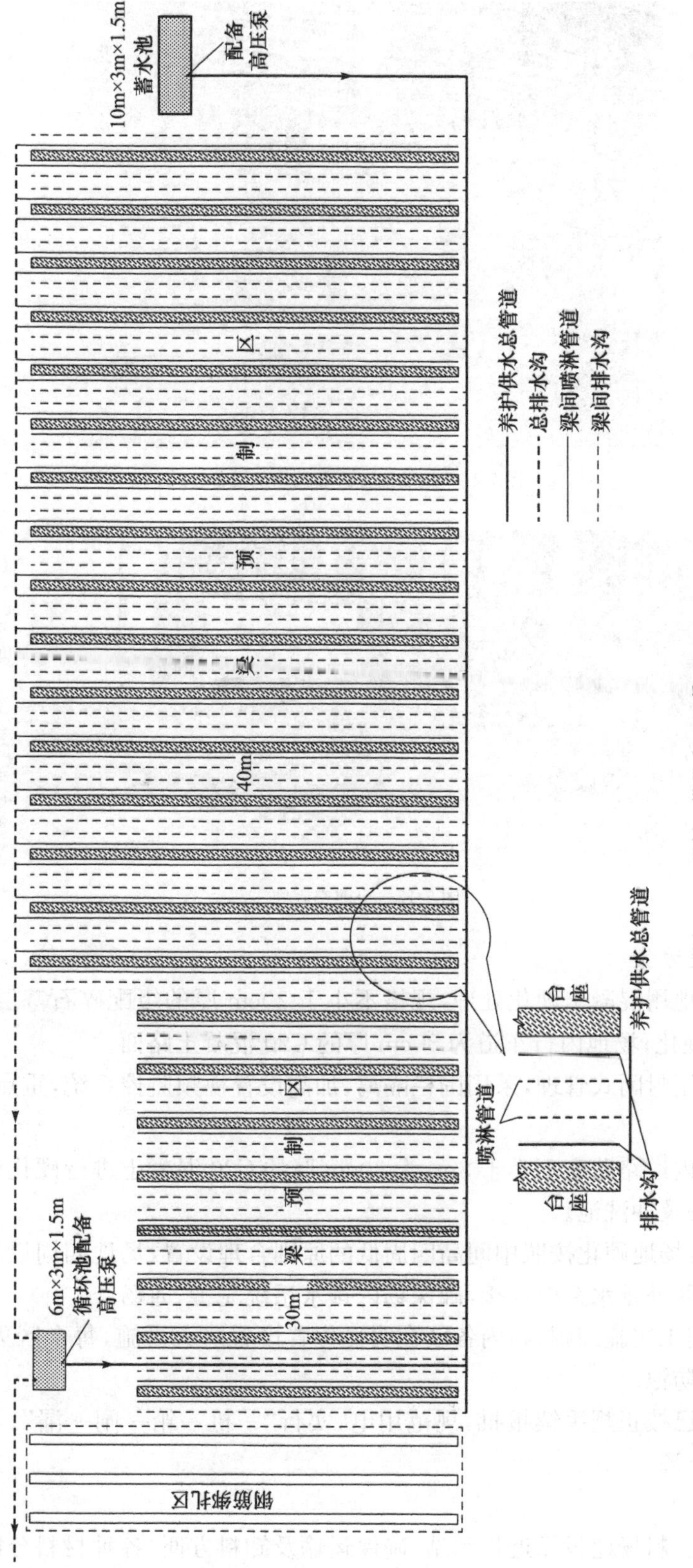

图 7-15　预制厂供排水系统布置图

图 7-16　钢筋加工厂数控加工设备

图 7-17　班前交底牌

1)拌和站建设方案

(1)拌和站场地用混凝土硬化处理,规格不小于 20cm 厚的级配碎石基层,不小于 15cm 厚的 C20 混凝土硬化;场地内行车道为 30cm 厚的 C20 混凝土路面。

(2)拌和站采用封闭式管理,采用围栏隔离、加高设置视频监控系统,重点监控拌和用料情况。

(3)拌和站场内道路路宽不小于 8m,为 30cm 厚的 C20 混凝土进行硬化处理,在进口处配备轮胎冲洗设备及冲洗池。

(4)场内排水:场地硬化按照中间高四周低的原则合理设置,场地四周设置排水沟,沟底用砂浆抹面,与场区外排水系统连接,确保场内排水系统完善、通畅。

按照标准化施工实施细则,站内各区在明显位置设置防火设施,每个区灭火器不少于 5 个,并设置 1 个消防池。

(5)临时用电已按正规手续报批,规范用电,实行"一机一箱一闸一漏"。场内配备与功率相匹配的备用电源。

2)料场建设

(1)料场规划。料场建设靠近拌和站,确保运输及卸料方便,各种材料分区存放,并设置明显的标志牌，堆放在硬化后的场地上；存放场留有足够宽度的通道；各种材料的堆放按照一头齐、一条线，砂石成堆，材料标识牌规范齐全；混凝土所用砂、粗集料全部采用全自动水洗设备，砂、石料的水洗、上料全部采用全自动的方式进行。拌和站单独设置排水良好的水洗区域，须有沉淀池、清洁池，循环用水须充分沉淀后方可使用，以节约用水。水洗后的砂、石料，按不同种类、规格存入料仓。

(2)场地建设：

①料场采用不小于30cm厚的C20混凝土硬化，所有料仓搭设轻型钢结构顶棚，顶棚高度不小于7m。

②料仓的容量应满足最大单批次连续施工的需要。

③场内排水：场内硬化按照里高外低的原则合理设置矩形盖板排水沟，沟底用砂浆抹面，并设不小于1.5%的排水纵坡，与场外的排水系统相连通，确保场内排水系统完善、通畅。

(3)存放要求。用于工程的砂石料按不同状态、规格和不同品种分仓堆放，并设置明显的标示牌；料仓分隔墙，高度为200cm。

灌河大桥拌和站场地用混凝土硬化处理，基础为20cm厚的级配碎石基层，不小于15cm厚的C20混凝土硬化；场地内行车道为30cm厚的C20混凝土路面。料仓、储料罐标识明显，料仓地面设置坡度，并设排水沟保证排水，隔离墙设置警示线。拌和站传送带、操作室、外加剂存放均在全封闭环境下操作，保证拌和质量。料罐顶设置防雷设施。拌和站设置了洗车区，配备砂石分离器，将混凝土残料有效分解，防止了污染，而且分离的黄砂、碎石可以重新作为混凝土原材料使用，环保节能效果明显。传送带护罩料仓，如图7-18所示。

图7-18 传送带护罩料仓效果图

7.3.2.4 工地试验室

工地试验室除了要有便利的交通条件、通电、通水、通电话之外，应具备信息化办公管理条件。因此，将工地试验室设置在办公区内，依托母体试验室进行试验检测工作。

试验楼同样为双层结构，占地面积417.5m²，一层主要为试验用房(见图7-19)，二层为办公用房。工地试验室根据危险源配备相应的灭火器和砂箱，合理分布在各功能室外，灭火器悬挂离地一定高度或置灭火箱。

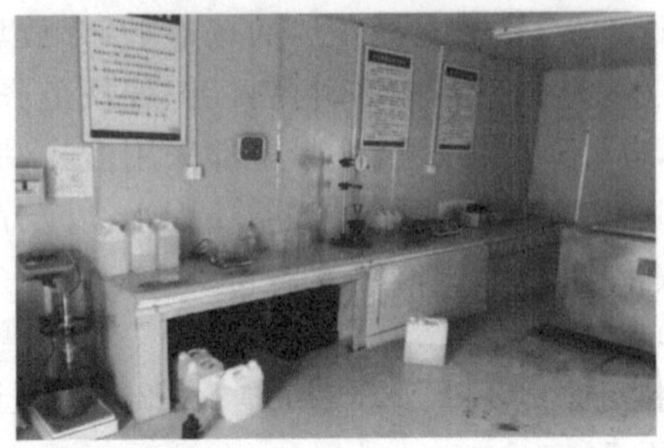

图 7-19　力学试验室、检验室

试验室建立安全、卫生管理制度，落实专人维护和保洁。室内在醒目位置悬挂了授权证书、岗位操作规程、试验人员职责。试验区域、有毒有害气体存放处所设立禁止、指令标志；消防设施存放处所设立提示标志；废旧物品存放区设置明示标志。操作规章图牌养护室，如图 7-20 所示。

图 7-20　操作规章图牌养护室

7.3.3　临时设施建设标准化

7.3.3.1　临时用电

按照临时用电专项方案和标准化施工要求，灌河大桥项目临时用电严格执行三级配电两级保护，实行"一机一闸一漏一箱"制。总分配电箱、开关箱施工用电线的布置，严格按照《施工现场临时用电安全技术规范》的规定。对配电箱、开关箱均实施编号、责任到人管理。变压器安全维护配电箱及警示标识，如图 7-21 所示。

图 7-21　变压器安全维护配电箱及警示标识

7.3.3.2　**便道、栈桥、作业平台及码头**

为了施工便利，施工主便道设在主线左侧，车道宽度为 7m，自栈桥起(K15＋340)向南至黄海大道 1600m 范围内道路结构为 26cm 水泥混凝土＋40cm 矿渣拌 5%灰土＋20cm 石灰土；其余引桥及接线范围临时道路结构为 40cm 矿渣拌 5%灰土＋20cm 石灰土；项目部办公、生活及生产区内支线道路结构为 18cm 水泥混凝土＋40cm 矿渣拌 5%灰土＋20cm 石灰土。

同时，为保证施工现场的安全，施工现场入口、平交路口以及栈桥入口处实施电子门禁系统。其中主桥刷卡进入施工现场，入口设置停车场，无关车辆不得进入水上作业区。栈桥两侧设置警示标志及救生设施。

为了解决码头被淹没或悬空的问题，且保证步梯踏步能始终保持平行，灌河大桥项目部自行设计了浮箱式自调节码头(见图 7-22)，使码头随着潮水涨落而上下浮动。事实证明，临时码头行人通道安全性高、稳定性好、行走舒适。

图 7-22　浮箱式自调节码头

另外，水上平台两侧设置防撞墩、夜间设施灯带、警示灯系统，保证平台安全；栈桥两侧设置安全警示标语、工程概况及施工工艺等标识标牌(见图 7-23)。平台一角设置流动厕所。

图 7-23　平台防撞墩及安全宣传牌

7.4　灌河大桥工程施工工艺标准化

7.4.1　桥梁工程施工工艺标准化要求

7.4.1.1　**桥梁工程概况**

灌河大桥将临海高等级公路连云港段和盐城段连接贯通，是整个临海高等级公路的关键性、控制性结点工程。

灌河大桥路线全长 7.644km，其中主桥为双塔双索面半漂浮体系钢与混凝土组合梁斜拉桥，桩基为钻孔灌注桩。其主桥跨径布置为 60.8m＋117.2m＋400m＋117.2m＋60.8m＝756m；两侧引桥长约 3.6km，其中北引桥长为 1820m，引桥上部结构采用 30m、40m 跨径装配式预应力混凝土组合箱梁，从引桥到主桥方向桥跨布置为 30×30m＋23×40m＝1820m；接线全长为 3.28km，其中北接线长 0.71km，设有灌南半岛互通。

北岸标段主墩设有 42 根 ϕ2.5m 的钻孔桩(其中系梁下 4 根桩长为 86m，其余 38 根桩长为 102m)；辅助墩设有 12 根桩长 75m 的 ϕ2.2m 的钻孔桩，过渡墩设有 12 根桩长 80m 的 ϕ2.2m 的钻孔桩。H 形索塔高为 167.5m，索塔两侧各布置 17 对斜拉索，斜拉索梁上采用锚拉板锚固，塔上采用钢锚梁锚固。其主桥布置示意图，见图 7-24 所示。

图 7-24　主桥布置示意图

7.4.1.2　工程特点

1)施工受潮水影响

本工程地处淮河流域下游沿海地区，潮汐影响明显，潮差大(最大潮差达 5m)，涨落潮流速大(在上游无洪水时，最大涨潮流速为 2.42m/s，最大落潮流速为 1.88m/s；在上游有洪水时，最大涨潮流速为 1.29m/s，最大落潮流速为 2.38m/s)，基础施工时钻孔钢平台的搭设和施工船舶定位困难。

2)主桥为双塔双索面半漂浮体系组合梁斜拉桥，对施工工艺要求高

主桥为双塔双索面半漂浮体系钢与混凝土组合梁斜拉桥。其主梁采用双边“工”字形边主梁结合桥面板的整体断面，全宽 36.5m，采用散拼法施工，单个构件吊装重量大，施工工艺较为复杂。

3)结构耐久性要求高

本工程地处淮河流域下游沿海地区，距入海口仅约 10km，因此混凝土采用高耐久性、良好工作性及较高强度的高性能混凝土。

7.4.1.3　重难点分析

1)主墩钻孔桩施工

北主墩位于河漫滩，设有 42 根 ϕ2.5m 的钻孔桩。其中最长桩长 102m，单根桩钢

筋笼最重达 42.5t，单根桩混凝土理论方量为 501.7m³，故主墩施工特点是：成孔难度大、钢筋笼沉放难度大及混凝土浇筑组织难度大。主墩钻孔桩施工是本桥施工的重点和难点。

2）主墩承台大体积混凝土施工

主墩承台方量为 10626m³，混凝土浇筑组织难度大；另外，主墩承台属于大体积混凝土，需采取有效温控措施防止承台混凝土开裂，故主墩承台施工也是本桥施工的重点和难点。

3）主塔钢锚梁施工

主塔为 H 形门塔，塔高 167.5m，上塔柱设有钢锚梁和钢牛腿，要求钢锚梁和钢牛腿采取整体吊装。单个钢锚梁和两端钢牛腿总重约 19.2t，且钢锚梁是斜拉索的主要受力构件，安装精确要求高，故钢锚梁的起吊、安装及精确定位也是本桥施工的重点和难点。

4）辅助跨梁段安装

北辅助墩位于河漫滩中，北过渡墩位于大堤外，这两个墩之间主梁梁段采用搭设支架，辅助跨梁段重量大，约为 5000t；安装高度高，达 50m。辅助跨梁段拼装临时支架设计、安装、辅助跨梁段体系转换施工难度大。辅助跨梁段安装也是本桥施工的难点。

5）主桥桥面板施工

主桥桥面板采用预制安装施工，横桥向以主梁中心线为对称布置 4 块预制板。内侧预制板和外侧预制板平面尺寸分别为 800cm×310cm 和 823cm×310cm，板厚为 28～50cm。28cm 厚预制桥面板最大吊装重量为 20.66t，50cm 厚预制桥面板最大吊装重量为 33.17t。在中跨 148.5m 范围内和两边跨各 82.45m 范围内设有纵向预应力，采用 15-12 钢束，全桥桥面板横向预应力采用 15-3 钢束。

由于桥面板面积大、重量重，故要采取有效措施防止桥面板因浇筑、起吊、存放、运输及安装措施不当而造成开裂。另外，因桥面板内设有纵、横向双向预应力，要求桥面板安装时须精确定位。所以，桥面板预制、安装施工也是本桥施工的重点和难点。

7.4.1.4　工艺标准化的要求

结合各项具体单位和分部工程要求，把握工程特点和难点，明确总体工艺流程，在此基础上给出具体分项工程施工步骤、关键参数及要求等。

7.4.2　钻孔灌注桩施工工艺标准化

7.4.2.1　概况

南主桥基础设计为钻孔灌注桩，位于灌河河道浅滩内。4 号主塔钻孔灌注桩 42 根，桩径 2.5m，两圆形承台下单根桩长 114m；中间系梁处 4 根桩基，单根桩长 86m，C35 混凝土 22995.2m³。5 号辅助墩钻孔灌注桩共 12 根，上下游各 6 根，桩径 2.2m，单根桩长 70m；中间系梁处无桩基，C35 混凝土 3202.8m³。6 号过渡墩钻孔灌注桩共 12 根，上下游各 6 根，桩径 2.2m，单根桩长 80m；中间系梁处无桩基，C35 混凝土 3658.8m³。

承台结构形式见图 7-25～图 7-28；其具体参数见表 7-2。

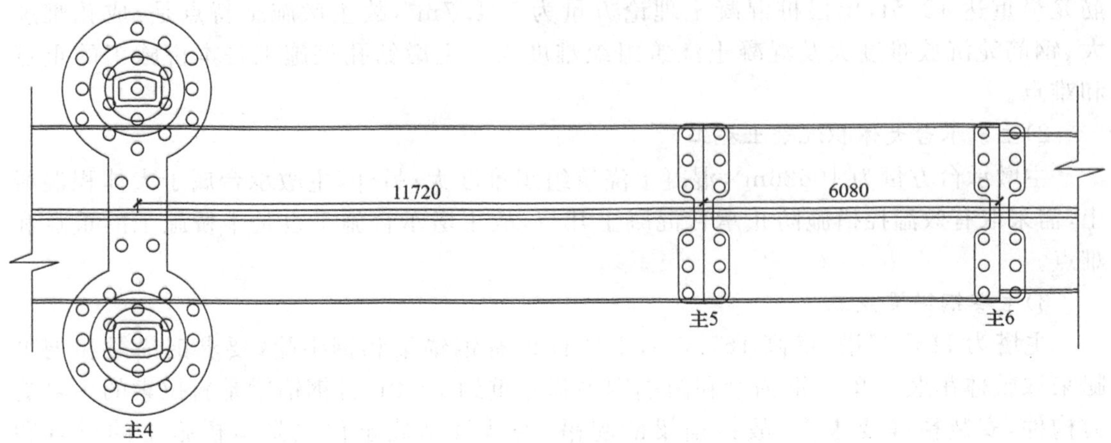

图 7-25　南主桥桥位布置图(尺寸单位:cm)

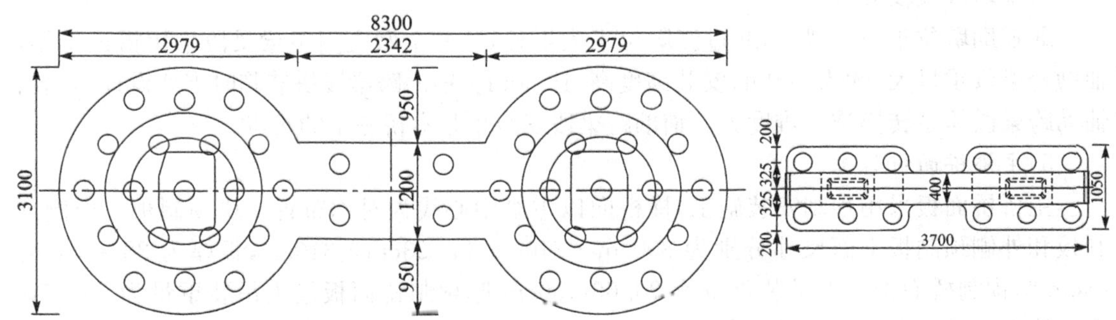

图 7-26　主、辅助墩桩位布置图(尺寸单位:cm)

7.4.2.2　施工工艺流程

灌河大桥钻孔桩施工结合国内类似工程钻孔桩的施工工艺,同时根据实际施工环境编制钻孔桩施工工艺流程。其具体施工工艺流程,如图 7-29 所示。

7.4.2.3　钢筋笼的制作安装

1)钢筋笼分节和接头的设置

由于钢筋笼长度较长,必须分成多节才能进行运输和现场的拼装连接,考虑到主筋的长度和布置位置,钢筋接头必须错开的距离(1.15m),以及现场的安装需要和龙门吊(履带吊)的起重能力限制,钢筋笼分节按 12(24)m 控制,同时考虑加密区钢筋笼的长度,加工时适当将钢筋笼长度进行调整。钢筋笼分节时,每个断面的接头数量不大于总数量 50%,相邻断面的间距按 1.15m 设置,由于各孔主筋的长度不一,在分节时考虑在钢筋变截面处上下 1.15m 的范围内不出现接头。

桩基钢筋笼最后一节的分节长度,将根据成孔后的标高进行加长或截短调整。

2)钢筋笼的制作

钻孔灌注桩施工时,钢筋笼加工设计专用胎架,采用长线法进行加工(见图 7-30),将 114m 桩长钢筋笼分节全部制作完毕,在胎架上将接头提前试拼。这样就保证了钢筋笼主筋位置准确,下放时保证了接头的对接精度。

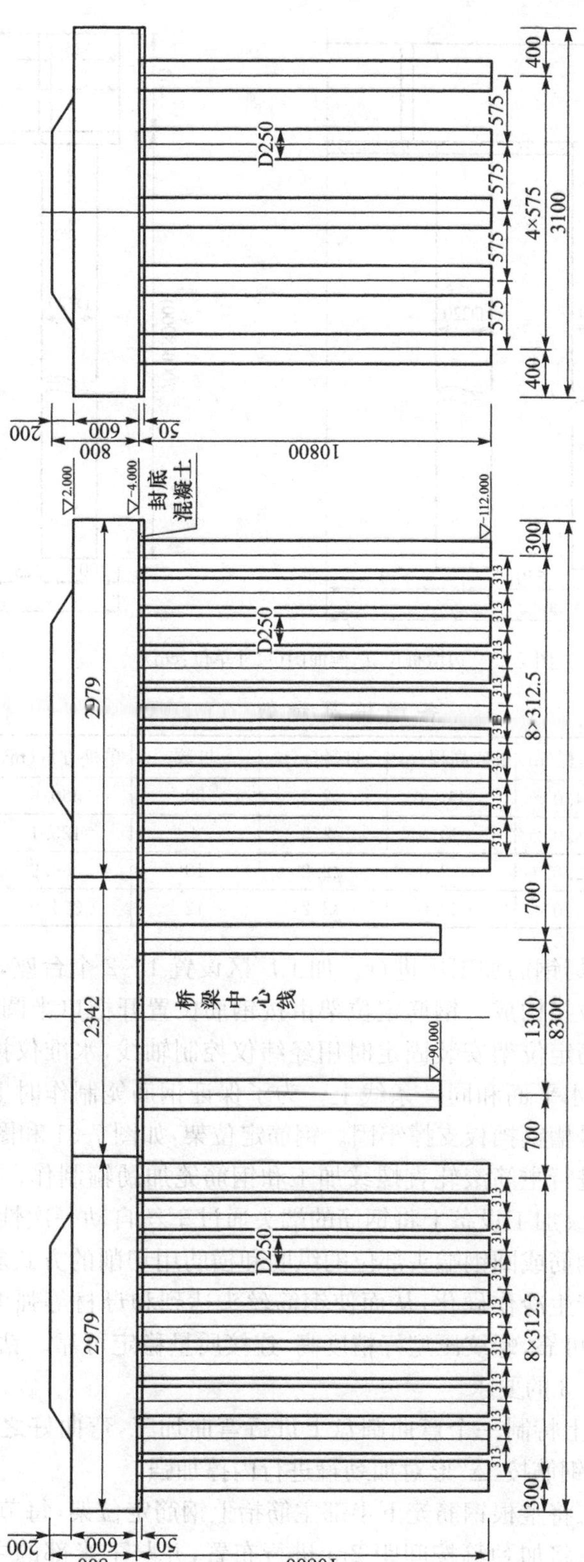

图 7-27 主墩桩位侧、立面图(尺寸单位:cm)

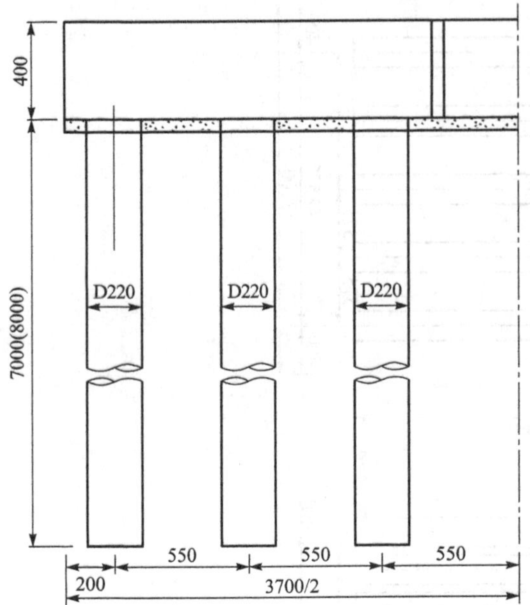

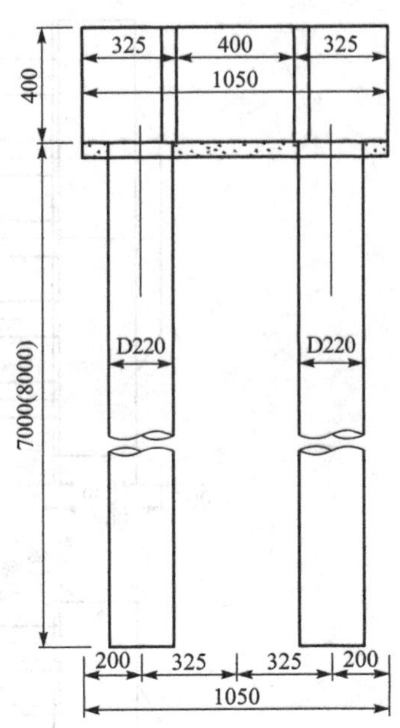

图 7-28 边墩桩位立、侧面图(尺寸单位:cm)

各墩桩基参数 表 7-2

墩号	桩长(m)	桩顶高程(m)	桩底高程(m)	桩径(m)	桩数	单桩方量(m^3)	合计方量(m^3)
4	114	−4.0	−118.0	ϕ2.5	38	560.6	21302.8
4(系梁)	86	−4.0	−90.0	ϕ2.5	4	423.1	1692.4
5	70	2.0	−72.0	ϕ2.2	12	266.9	3202.8
6	80	−2.0	−82.0	ϕ2.2	12	304.9	3658.8

钢筋笼加工制作在后场钢筋加工厂进行。加工厂区设置 1～2 个台座,台座由混凝土施工平台、小半圆形钢筋定位架构成。钢筋定位架由按钢筋位置开槽口半圆形钢板以及半圆形钢板支撑型钢组成,钢筋定位架安装固定时用经纬仪控制轴线,水准仪控制水平标高,保证钢筋定位架轴线在同一水平面和同一条线上。为了保证钢筋笼制作时上下断面的齐平,在定位架的一头设置 14 号槽钢挡板支撑牢固。钢筋定位架,如图 7-31 和图 7-32 所示。

钢筋笼制作之前,先进行主筋滚轧直螺纹加工和钢筋笼加劲箍制作。等强度滚轧直螺纹连接技术是在一台直螺纹加工设备上将钢筋的端头通过车丝自动一次性生成。这种工艺的特点是:一次性把螺纹钢筋或圆钢端头部位的纵肋和横肋用切削的方式剥掉,然后直接滚轧成直螺纹,使丝头部位产生冷作硬化,从而使钢筋丝头达到和母材等强度的效果;操作简便,加工工序少;接头稳定可靠,螺纹压型好精度高,连接质量稳定可靠。钻孔桩钢筋骨架的制作实测项目,要满足表 7-3 的要求。

加劲箍在钢筋弯曲机上特制一个弯曲圆盘上进行弯曲加工,弯曲好之后焊接成形。制作好的加劲箍内焊接 ϕ32 钢筋按"Δ"形对加劲箍进行内撑加强。

钢筋笼制作时,先人工将整根钢筋笼下半部主筋抬上钢筋定位架,每节钢筋之间用套管连接起来并将丝扣上到位;将加劲箍按间距 2m 进行布置,并与下半部的主筋焊接牢固;再将上半部钢筋按照钢筋的位置逐根进行焊接在加劲箍上并且每节钢筋之间用套筒连接起来。钢筋笼制作结束后进行螺旋筋的盘绕，每节钢筋笼接头断面错开 2.0m 的范围内暂不布置螺旋筋，等到施工现场钢筋笼沉放时二节钢筋笼连接好之后，再进行绑扎。整根通长的钢筋笼加工好之后，进行焊接加固。其焊接部位包括：主筋和加强箍连接部位、两根并排布置的主筋之间，以及三角撑和加强箍之间。

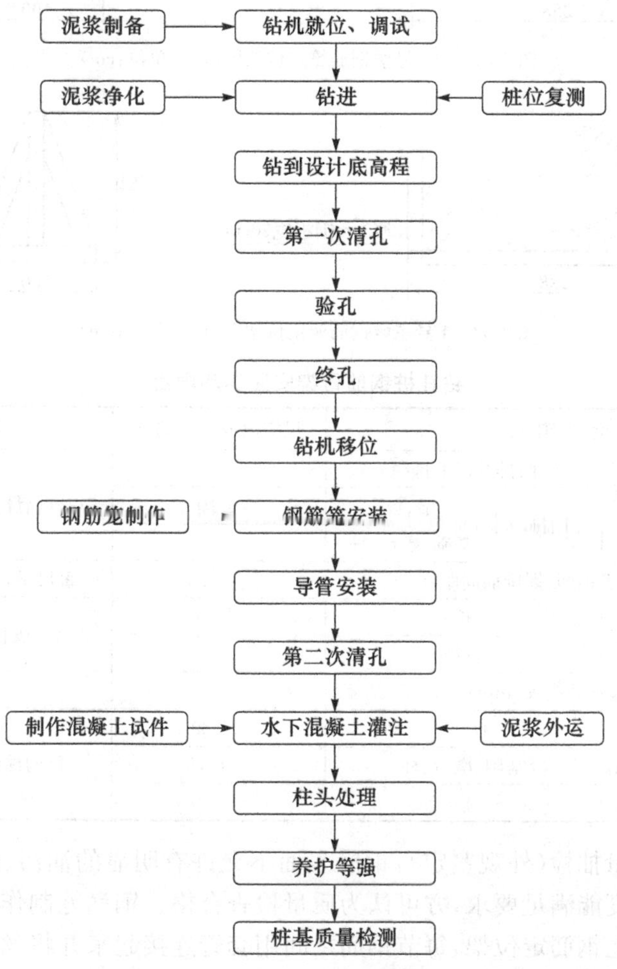

图 7-29 钻孔桩施工工艺流程

图 7-30 桩基钢筋加工胎架及钢筋笼长线法加工

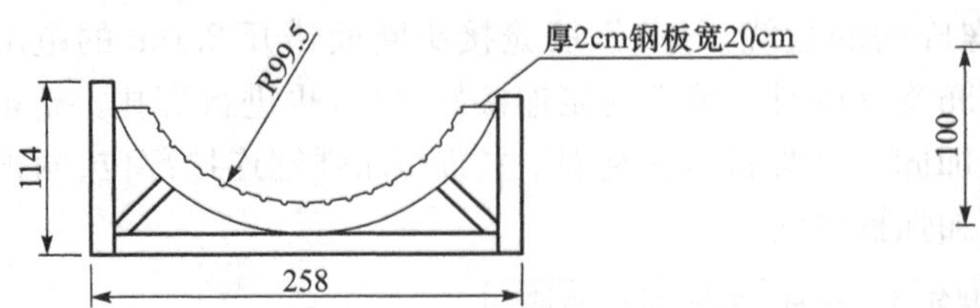

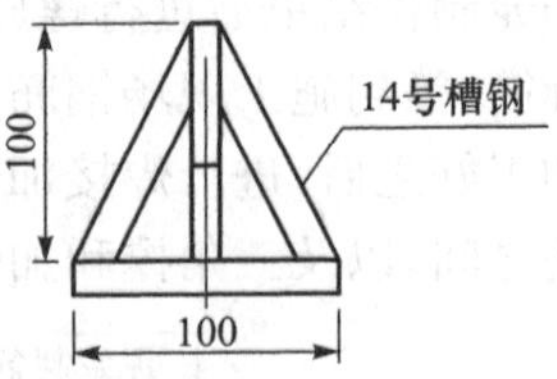

图 7-31　5、6 号墩钢筋笼定位架图(尺寸单位:cm)

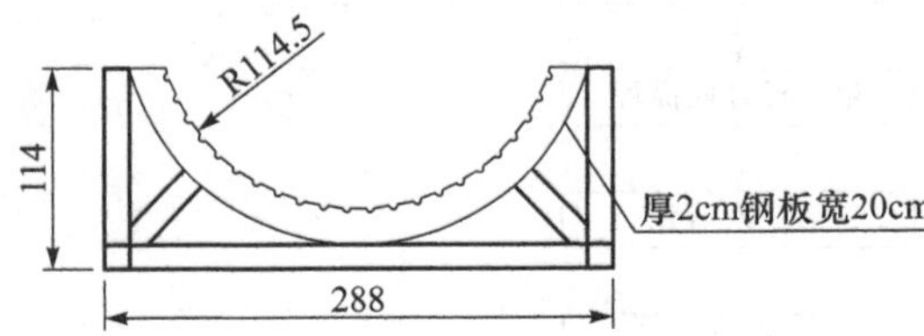

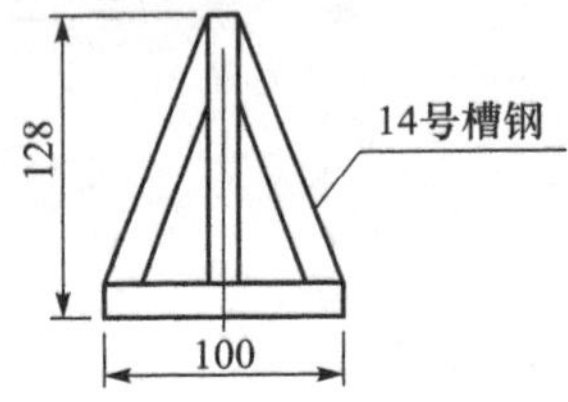

图 7-32　4 号主墩钢筋笼定位架图(尺寸单位:cm)

钻孔桩钢筋骨架安装实测项目　　表 7-3

<table>
<tr><th>项次</th><th colspan="3">检查项目</th><th>规定值或允许偏差</th><th>检查方式和频率</th></tr>
<tr><td rowspan="3">1</td><td rowspan="3">纵向受力钢筋间距(mm)</td><td colspan="2">两排及以上排距</td><td>±5</td><td rowspan="3">每尺量,每构件检查 2 个断面</td></tr>
<tr><td rowspan="2">同排</td><td>梁、板</td><td>±10</td></tr>
<tr><td>基础、墩台、柱</td><td>±20</td></tr>
<tr><td>2</td><td colspan="3">箍筋、横向水平钢筋、螺旋筋间距(mm)</td><td>0,−20</td><td>每尺量,每构件检查 5~10 间距</td></tr>
<tr><td rowspan="2">3</td><td rowspan="2">钢筋骨架尺寸(mm)</td><td colspan="2">长</td><td>±10</td><td rowspan="2">按骨架总数 30%抽查</td></tr>
<tr><td colspan="2">直径</td><td>±5</td></tr>
<tr><td>4</td><td colspan="3">弯起钢筋位置(mm)</td><td>±20</td><td>每骨架抽查 25%</td></tr>
<tr><td rowspan="3">5</td><td rowspan="3">净保护层厚度(mm)</td><td colspan="2">柱、梁</td><td>+5,0</td><td rowspan="3">每构件沿周边检查,每边 4 处</td></tr>
<tr><td colspan="2">基础、墩台、柱</td><td>+10,0</td></tr>
<tr><td colspan="2">板</td><td>+3,0</td></tr>
</table>

成品钢筋笼质量抽检(外观鉴定):钢筋表面不允许有明显的油污、焊渣;钢筋骨架没有明显不圆和施工刚度能满足要求,方可认为质量检查合格。钢筋笼制作时,先人工将整根钢筋笼下半部主筋抬上钢筋定位架,每节钢筋之间用套管连接起来并将丝扣上到位;将加劲箍按间距 2m 进行布置,并与下半部的主筋焊接牢固;再将上半部钢筋按照钢筋的位置逐根进行焊接在加劲箍上并且每节钢筋之间用套筒连接起来。钢筋笼制作结束后进行螺旋筋的盘绕,每节钢筋笼接头断面错开 2.0m 的范围内暂不布置螺旋筋,等到施工现场钢筋笼沉放时二节钢筋笼连接好之后,再进行绑扎。整根通长的钢筋笼加工好之后,进行焊接加固。其焊接部位包括:主筋和加强箍连接部位、两根并排布置的主筋之间,以及三角撑和加强箍之间。

成品钢筋笼质量抽检(外观鉴定):钢筋表面不允许有明显的油污、焊渣;钢筋骨架没有明显不圆和施工刚度能满足要求,方可认为质量检查合格。

3)钢筋笼内管道的安装

在钢筋笼制作好之后,在钢筋笼分解之前,进行声测管与保护层垫块的安装。声测管的总长度按顶标高+4.5m 控制,底标高与设计桩底标高相同考虑,如要考虑桩底压浆时其中一根声测管要超出桩底标高 20cm 左右,声测管的分节长度跟钢筋笼的分节情况一致。混凝土或塑料垫块每 2m 一个断面均布 4 个。为了保证在钢筋笼现场对接时声测管能够准确对准位置，钢筋笼内的每根管道对准安装位置，用 U 形卡固定限位在主筋上，每 3m 左右绑扎一道，并设置定位钢筋，管道与钢筋笼的绑扎要牢固，同时让管道可以在一定的范围内移动；注意严禁将声测管焊接在钢筋上，现场对接时先将管道对好，再调整管道的位置，保证管道顺畅再进行焊接连接。声测管接头位置设置在钢筋笼各节接头位置，管道的接长采用套管焊接，接头套管在后场先与管道的一端焊接好，在前场对接好后再与相连接的管道焊接，接头管长 10cm，相连的管道各占 5cm。焊接材料采用 J422ϕ2.5mm 焊条。焊接时采用小电流，防止管道烧穿，接头套管和管道的焊缝结实可靠无夹渣和孔洞现象。每焊接完一个断面接头后灌淡水检验是否漏气，确认不漏气后再接长下一节钢筋笼。

7.4.2.4　水下混凝土灌注

水下混凝土浇筑是钻孔灌注桩施工的主要工序，也是影响桩身质量的关键。灌注前须仔细测量沉渣，若混凝土灌注前沉渣超过设计要求，须进行第二次清孔，满足设计要求经现场监理工程师认可后，才能灌注水下混凝土。

南主桥桩基混凝土采用 C35 耐久性混凝土，混凝土均由岸上搅拌站供应，水下导管灌注法施工。

1）水下混凝土应具备的特点

南主桥距灌河入黄海口 9km，设计要求采用高性能耐久性混凝土。临近海洋环境下混凝土结构的耐久性，主要是由氯离子侵蚀引起钢筋锈蚀所导致的结构破坏，高性能混凝土因具有优异的抗氯离子侵蚀能力而逐步应用于大型海洋工程。相对于普通混凝土，这种混凝土主要有以下特点：

(1)高耐久性、高体积稳定性。

(2)较高的工作性能。

(3)高掺量、多组分外掺料。

(4)低水胶比。

(5)低水化热、较低的升温和降温速率。

2）提高高性能混凝土耐久性的途径

(1)原材料的选取：

①水泥采用强度等级不低于 42.5 级，且符合《硅酸盐水泥，普通硅酸盐水泥》标准要求。不得使用立窑水泥，应避免使用早强、水化热较高的水泥，且铝酸三钙含量宜控制在 8%以内。

②必须采用自然煤工艺的电厂的粉煤灰，选用粉煤灰应组分均匀、各项性能指标合格的低钙灰，烧失量不大于 8%，筛余量小于 16%，需水比不大于 100%，氯离子含量不超过 0.02%，三氧化硫含量不大于 2%。高炉矿渣粉的比表面积在 360～440m/kg，需水比不大于 100%，烧失量不大于 3%。

③耐久混凝土的细集料应符合现行标准《公路工程集料试验规程》二级配区要求的河砂，细度模数为 2.9～2.6。砂中的含泥量小于 2.0%，泥块含量小于 0.5%，水溶性氯化物折合氯离子含量不超过集料的 0.02%。本工程不得采用可能发生碱-集料反应(AAR)的活性集料。

④耐久混凝土的粗集料应符合现行标准《公路工程集料试验规程》要求，含泥量小于 0.5%，泥块含量小于 0.25%，坚固性质量损失小于 8%，水溶性氯化物折合氯离子含量不超

过集料的0.02%。本工程不得采用可能发生碱-集料反应(AAR)的活性集料。

⑤外加剂使用聚羧酸系高效减水剂,减水率大于25%。并加入适量引气剂,使得新拌混凝土中含气量控制在4%~6%范围内,硬化混凝土的气泡间隔系数小于250微米。

⑥混凝土拌和物中各原材料引入的氯离子总量应不超过胶凝材料总量的0.1%。

(2)优化混凝土配合比:

对于桩基混凝土,混凝土配合比应严格控制坍落度及其损失,确保混凝土的顺利灌注。

3)混凝土浇筑设备

(1)集料斗。根据首批封底混凝土方量的要求,选用$12m^3$集中大料斗和$2m^3$灌注小料斗能够满足混凝土浇筑的需要。

(2)混凝土浇筑设备。混凝土拌和设备、混凝土运输及泵送设备、混凝土原材料准备等各项灌注准备工作设专人负责,对设备定期检修,原材料库存量要保证2根钻孔桩的施工。各项灌注准备工作都要提前做好做足,特别是受环境影响较大,故须提前做好天气预报、原材料进场等工作。

4)混凝土配合比设计

桩身混凝土为C35水下混凝土,配合比按耐久性混凝土进行设计,并通过试配确定。混凝土除满足强度要求外,还应符合下列要求:

(1)粗集料采用级配良好的碎石,粒径5~25mm。

(2)细集料宜采用级配良好的中砂;粗细集料中含泥量分别低于0.5%和2.0%。

(3)胶凝材料不宜大于$500kg/m^3$。

(4)水泥强度等级不低于42.5,比表面积不宜超过$350m^2/kg$。

(5)混凝土具有良好的和易性、流动性、泵送性,掺入适量的矿物拌和料及外加剂。

(6)水泥的氯离子含量小于0.03%,碱含量小于0.6%,游离氧化钙含量不超过1.5%。

5)首批混凝土方量计算

按《公路桥涵施工技术规范》JTJ 041—2000规定,首批混凝土的方量应满足导管初次埋深≥1.0m和填充导管底部间隙的需要;设导管下口离孔底40cm,则参照规范JTJ 041—2000中的式(6.5.4)进行计算:

$$V \geqslant (\pi d_2/4)h_1 + (\pi D_2/4)(H_1 + H_2)$$
$$= (\pi \times 0.3052/4) \times 49 + (\pi \times 2.62/4) \times (1.0 + 0.40)$$
$$= 11m^3$$

式中:V——首批混凝土所需数量(m^3);

h_1——桩孔内混凝土面高度达到埋置深度$H2$时,导管内混凝土柱平衡导管外(或泥浆)压力所需的高度h_1(m);

即$h_1 = H_W \gamma_W / \gamma_C = 122.5 \times 10/25.0 = 49m$

H_W——孔内泥浆的深度(m),取118.6m,(120−0.4−1.0)=118.6m;

H_1——桩底至导管底的间距,一般取0.40m;

H_2——导管初次埋置深度,一般不小于1.0m;

D——桩孔直径(考虑扩孔10cm);

d——导管内径(m)。

首批混凝土方量计算简图(见图7-33):

按照计算,考虑富余加工集料斗容积为12m³,另加工一个2m³的小料斗,预制两只封板(一只备用),以及其他相关设备、工具。

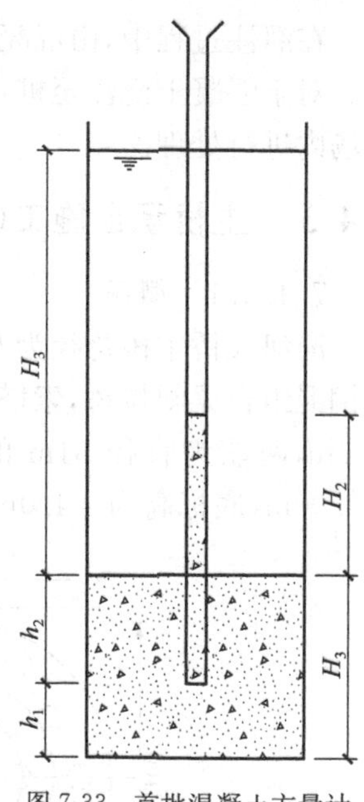

图7-33 首批混凝土方量计算简图

6)混凝土浇筑

单根钻孔桩的混凝土最大方量561m³,预计10h左右浇注完成。

混凝土由2套120m³/h拌和站供应,混凝土罐车输送至施工场地,由HBT90型地泵泵送至料斗中进行灌注。

混凝土输送至平台集料大料斗,料斗门放料,经流槽进入小料斗和导管进行灌注。混凝土灌注示意图,见图7-34。

混凝土封底灌注采用隔水栓(15cm厚泡沫板制作)拨球法,即在漏斗底部导管的顶口安装泡沫隔水栓,再用塞子(塞子下面用螺栓上一块隔水胶皮)封住导管口。塞子通过钢丝绳挂在起重设备吊钩上,漏斗也通过另一套钢丝绳挂在起重设备吊钩上,两根钢丝绳长度不同,导管封底时可提升塞子一定高度而小料斗不受影响;当混凝土堵塞导管时可提升漏斗从而提高导管悬空,增大压差便于混凝土下落。当集料斗内混凝土方量达到12m³(经计算,首批混凝土的灌注量为11m³)后,开启集料斗料门通过溜槽给漏斗供料;当漏斗内灌满混凝土后立即吊出塞子,使混凝土沿导管下落,同时保持集料斗的储料不间断地通过漏斗和导管灌注至水下,从而完成首批混凝土的灌注。封底成功后,随即转入正常灌注阶段。混凝土经泵送,不断地通过集料斗、浇筑料斗及导管灌注至水下,直至完成整根桩的浇筑。正常灌注阶段导管埋深控制在4~6m,且每7~15min测量一次混凝土面标高,测点为2个;当测点出现较大的高差时,应及时调整导管埋深,同时混凝土在护筒刃脚以下时须保持护筒内泥浆面高于水位1.5m左右。当混凝土灌注临近结束时,核对混凝土的灌入数量,以确定所测混凝土的高度是否准确;当确定混凝土的顶面标高到位后,停止灌注,及时拆除灌注导管。灌注完成时,混凝土面应超灌不小于设计桩顶标高1m以上,以保证桩头混凝土质量。

图7-34 桩基混凝土灌注示意图

在灌注过程中,由混凝土置换出来的孔内泥浆经连通管引流至其他待钻护筒内回收利用。对于混凝土浇注至桩顶部分含水泥浆的废浆用泥浆泵泵送至运渣驳上,然后运送到处理场内进行处理。

7.4.3 主桥承台施工(围堰)工艺标准化

7.4.3.1 概况

灌河大桥主桥跨径为 60.8m+117.2m+400m+117.2m+60.8m 双塔双索面半漂浮体系钢混组合梁斜拉桥,索塔为 H 形索塔,塔高 167.5m。索塔承台(4 号墩)为哑铃形结构,高度 6m,两端为直径 31m 的圆形结构,中间系梁宽 12.0m,长约 23.4m。承台顶标高为 +2.00m,底标高为 −4.0m。采用双壁钢套箱围堰施工。承台示意图,见图 7-35 和图 7-36。

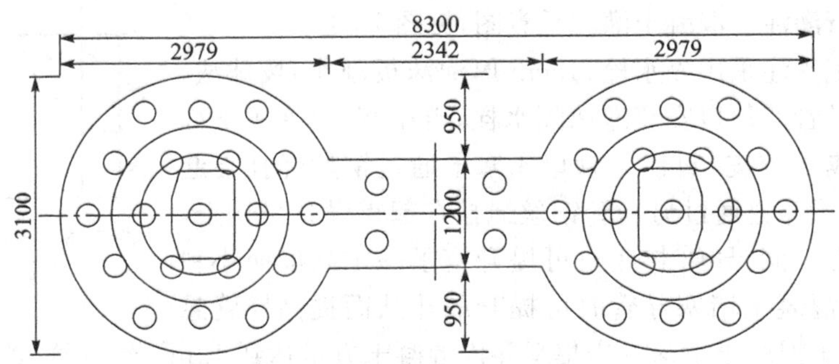

图 7-35 主 4 号墩承台平面示意图(尺寸单位:cm)

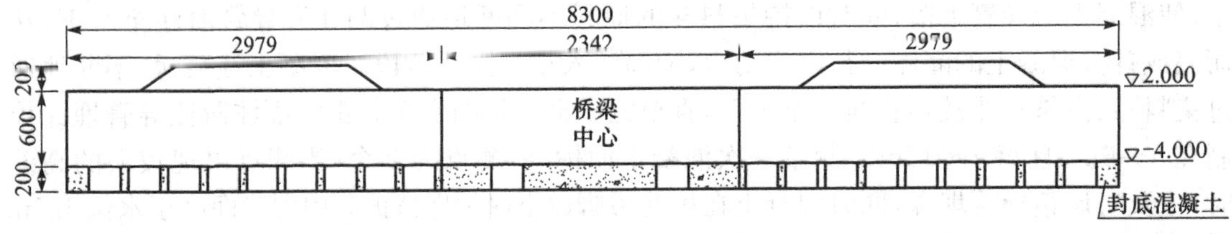

图 7-36 主 4 号墩承台立面图(尺寸单位:cm)

主 4 号墩承台共有 HRB400C32mm 钢筋 776.6t,HRB335B25 钢筋 112.4t、B20 钢筋 49.4t、B16 钢筋 28.5t、B12 钢筋 17.1t,混凝土方量 10627m^3,为 C35 混凝土。

7.4.3.2 施工工艺流程

主桥承台的施工工艺流程,如图 7-37 所示。

7.4.3.3 钢筋工程

承台钢筋主要采用 ϕ32、ϕ25、ϕ20 和 ϕ16 钢筋,钢筋总用量 986.14t;塔座主要采用 ϕ25 和 ϕ20 钢筋,钢筋总用量 95.8t。承台、塔座钢筋种类繁多,所有钢筋在钢筋加工厂加工成半成品,编号并分类进行堆放,使用前按照安装顺序运至施工现场进行绑扎。

1)钢筋半成品制作及运输

(1)承台、塔座钢筋采取滚轧直螺纹连接(直径为 ϕ32mm)或绑扎连接(直径为 ϕ20 与 ϕ16mm)。钢筋的滚轧、套丝及螺纹套筒的一端套接均在钢筋加工厂完成。对于两端都滚轧、套丝的钢筋,一端套上螺纹套筒,另一端用塑料保护套对端头进行保护。为了保证钢筋连接的顺利进行,加工好的钢筋在运输及吊装过程中均须加强保护。

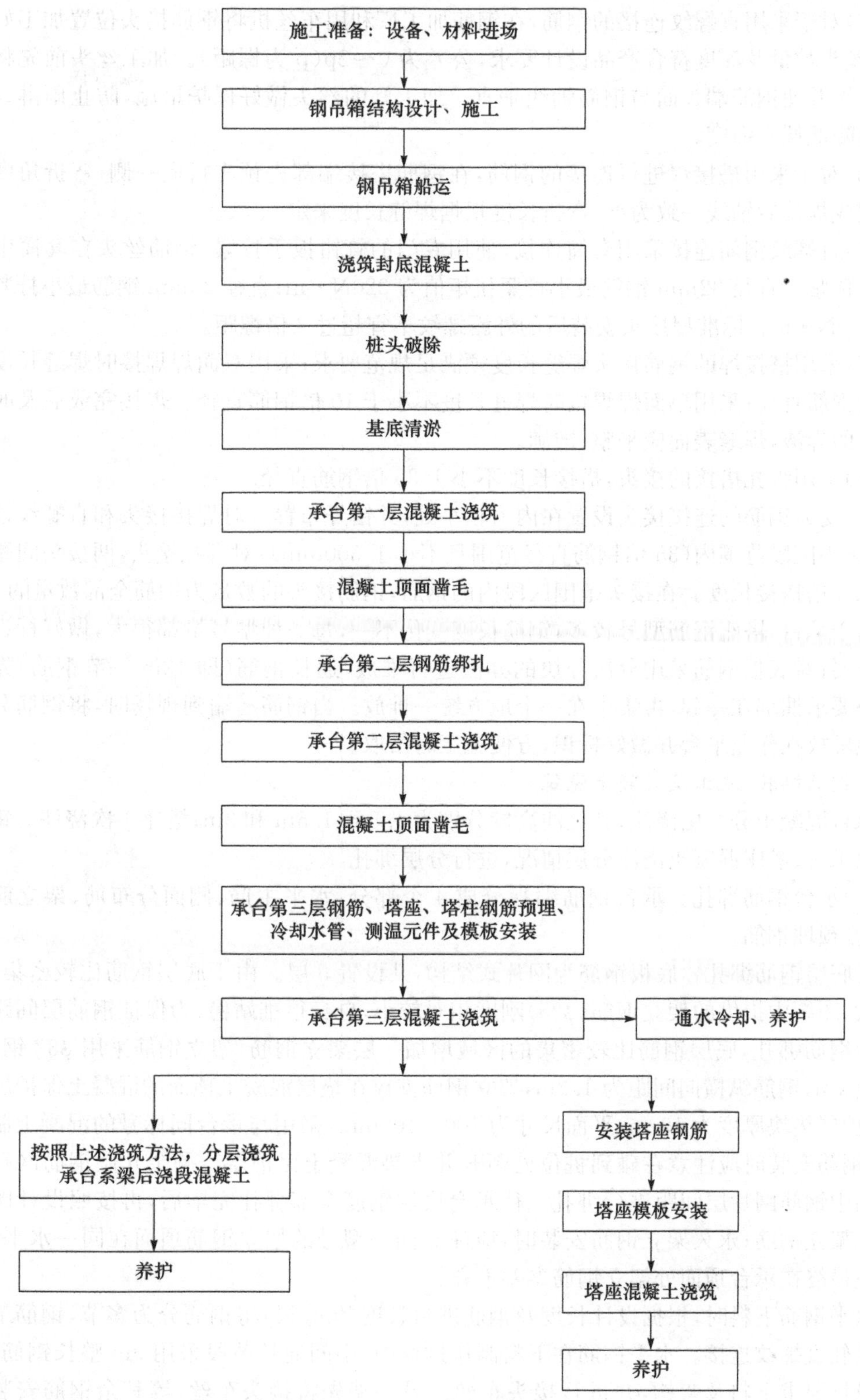

图 7-37 主 4 号墩承台的施工工艺流程

(2)对于采用直螺纹连接的钢筋，在钢筋加工厂利用车丝机将钢筋接头位置加工好连接丝头，丝头数量及深度符合产品设计要求，公差为0～2p(p为螺距)。加工丝头前先将钢筋端部切平并使钢筋端头面与钢筋轴线垂直。加工好的丝头做好保护措施，防止雨淋、沾污、损伤而降低接头强度。

(3)对于采用搭接焊进行连接的钢筋，在钢筋搭接端部先预先折向一侧；弯折角度以两钢筋完成焊接后轴线一致为准，弯折长度根据焊缝长度来定。

(4)直螺纹钢筋连接采用套筒连接，使用专门的管钳扳手拧紧，钢筋丝头在套筒中央位置相互顶紧。直径32mm钢筋最小拧紧扭矩值为320N·m；直径25mm钢筋最小拧紧扭矩值为260N·m。标准型接头安装后的外露螺纹不宜超过2倍螺距。

(5)采用搭接焊的钢筋接头焊缝长度须满足规范要求；采用双面焊焊接时焊缝长度不小于5倍钢筋直径；采用单面焊焊接时焊缝长度不小于10倍钢筋直径。焊接完成后及时敲除焊缝上的焊渣，焊缝表面应平整、饱满。

(6)采用绑扎搭接的接头，搭接长度不小于35倍钢筋直径。

(7)受力钢筋的连接接头设置在内力较小处，并错开布置。对焊接接头和直螺纹连接接头，在接头区段范围内(35倍钢筋直径范围且不小于500mm)；对绑扎接头，两接头间距离不小于1.3倍搭接长度。在接头范围区段内的钢筋，钢筋接头的数量为钢筋全部数量的一半。

由于承台、塔座钢筋型号较多，钢筋长度变化不一，每一种型号量都很大，做好标识显得特别重要；对底板钢筋采用分层分块的办法进行堆放，通长钢筋(即12m一节钢筋)先按分层分块要求捆绑在一起，再集中在一个地方统一堆放。当钢筋运输到现场时，将钢筋分区域整齐地堆放在作业平台并做好标识，方便施工时吊取。

2)钢筋绑扎、施工及混凝土浇筑

承台混凝土分3层浇注，其浇注高度分别为1.5m、1.5m和3m；塔座1次浇注。钢筋绑扎按照承台、塔座混凝土浇注分层情况，进行分层绑扎。

(1)承台钢筋绑扎。承台钢筋绑扎分成4个部分：水平主筋、侧面分布筋、架立筋及塔柱、塔座预埋钢筋。

①底层钢筋绑扎。底板钢筋为网片式结构，共设置5层。由于底层钢筋比较密集，重量比较大，图纸中提供的架立钢筋(ϕ25)刚度相对较小，自身很难站稳，为保证钢筋层间距准确及方便钢筋绑扎，底层钢筋比较密集的区域增加一层架立钢筋，架立钢筋采用ϕ32钢筋，单根长度1m，钢筋纵横向间距为1.2m，架立钢筋支撑在垫层混凝土顶面的混凝土保护层垫块上(保护层垫块厚度为10cm，平面尺寸为100×100mm，采用与承台同标号的混凝土制作而成)。钢筋安装时应注意在碰到桩位处断开并支垫混凝土保护层。剩余几层钢筋网片按照施工图中钢筋网片层间距进行绑扎。待承台底层钢筋全部绑扎完毕后，再按照设计图纸安装永久架立钢筋；永久架立钢筋安装时，应注意同一型号的架立钢筋顶面在同一水平面上，以避免最终在承台顶面处架立钢筋参差不齐。

水平钢筋下料时，根据设计长度及钢筋进料长度(9m/根)将钢筋分为多节，钢筋节段间采用滚轧直螺纹连接。水平钢筋在下料制作过程中，中间通长节段采用9m整长钢筋，一端根据设计要求下料及弯钩，并进行接头车丝。另一端先将接头车丝，等其余钢筋安装到位后，实际测量该端钢筋实际需要长度，根据测量数据将事先已完成接头车丝的钢筋进行切割及弯头，最后进行安装，以保证承台四周保护层尺寸准确。

②侧面分布钢筋及架立钢筋绑扎。在底板钢筋绑扎完成之后，进行侧面分布钢筋的绑扎；侧面分布钢筋绑扎与架立钢筋采取同时绑扎，连接成整体施工方法。

由于承台垫层混凝土顶面存在高差，在第一层架立钢筋安装时，需对架立钢筋进行调平。调平方法为：以已绑扎好的底层钢筋作为参考，在承台每个圆内四周布置 20 根定位钢筋。其中 10 根定位筋根据 2m 的高度找平，另外 10 根定位筋根据 3m 的高度找平。然后在相同高度的定位筋上带线找出架立钢筋安装面。然后根据带线高度进行架立钢筋的安装。

架立钢筋安装时，先将钢筋按照设计要求位置摆放到位，然后观察架立钢筋与定位筋带线标出平面的相对关系。如超过平面就将架立钢筋底端适当截断；如低于平面就将架立钢筋适当抬高。通过带线安装确保架力钢筋在第一层安装时即调整平。每根架立钢筋标高调整到位后，立即与承台底层钢筋焊接固定。

③上层钢筋绑扎。上层钢筋采用架立钢筋进行固定，当第一层承台混凝土浇筑完成后，按照施工图纸安装第二层承台钢筋，安装完成后浇注第二层承台混凝土。

④塔柱及塔座预埋钢筋施工。塔柱预埋钢筋伸入承台 3m，其固定是通过定位钢筋来实现的。其具体做法如下：在第二层承台施工时，在承台混凝土上测量出塔柱在 −1.0m 的断面尺寸，并埋设部分钢筋作为塔柱预埋钢筋骨架。当第三层承台施工时，在第三层承台顶面测量出塔柱在标高 +2.0m 处断面尺寸，并在标高 +2.0m 采用∠50mm×5mm 角钢制作塔柱钢筋骨架。在第三层承台顶层钢筋施工过程中预留人孔，用于塔柱预埋钢筋安装。当顶层钢筋安装基本到位后，将塔柱预埋钢筋根据定位筋位置安装到位，并与定位筋焊接。

(2)预埋钢筋及预埋件施工。在承台钢筋绑扎过程中完成相应位置的预埋件安装，预埋的主要有承台防雷接地钢筋、塔柱钢筋、塔座钢筋、防撞设施预埋件、塔吊预埋件、电梯预埋件、索塔下横梁支架预埋件。

(3)塔座钢筋施工。塔座钢筋伸入承台 2m，其固定通过定位钢筋来实现。其具体做法如下：在第三层承台第二层钢筋与最顶层钢筋上，测量放出塔座在 +4m 处与 +5.4m 处断面尺寸，并根据此断面尺寸进行塔柱预埋钢筋定位筋安装，同时将定位筋与承台架立钢筋焊接。定位筋采用 ϕ25mm 钢筋。在第三层承台顶层钢筋施工过程中预留人孔，用于塔座预埋钢筋安装。当顶层钢筋安装基本到位后，将塔座预埋钢筋根据定位筋位置安装到位，并与定位筋焊接。承台及塔座钢筋绑扎，如图 7-38 所示。

图 7-38　承台及塔座钢筋绑扎

(4)混凝土浇筑。主4号墩承台属于大体积混凝土浇筑。现场采取了罐车包裹、料罐遮阴、拌和水加冰降温等措施进行温度控制(见图7-39)。浇筑完成后,及时进行混凝土养护。

图7-39 夜间混凝土浇筑拌和水加冰现场测温

混凝土共分7次浇筑,第一至四次浇筑方量均为1310m^3,第五、六次浇筑方量均为2621m^3,后浇段方量为144m^3。

承台混凝土强度等级为C35,混凝土采用两台HZS120型搅拌机集中拌制,通过罐车运输至施工现场,利用汽车泵进行浇筑。

浇筑第一层混凝土时,在距承台底部1.9m的钢筋上铺设5cm厚的活动脚手板,施工人员在脚手板上进行混凝土的布料及振捣工作。浇筑第二层时,在距承台底部3.9m的钢筋上采用同样的方法进行第二层的浇筑。

浇筑第一层及第二层时,由于浇筑高度均为1.5m,且上面钢筋的间距较大,混凝土直接通过汽车泵的泵管输送到位;浇筑第三层时,由于顶部钢筋间距小(仅仅15cm),泵管无法穿过钢筋伸入承台,顶板钢钢筋绑扎时分布浇筑点先不进行绑扎,浇筑时将浇筑点钢筋向两侧掰移,泵管直接伸入1.5m进行浇筑。

浇筑前根据每层浇筑高度在钢吊箱侧壁上做好标记,中间位置采取挂线的方式确定浇筑位置并在竖向钢筋上做好显著标记。

每层钢筋安装前对上层混凝土表面进行凿毛,以露出新鲜石子为准,确保清除掉混凝土表面浮浆,保证新老混凝土的接缝质量。混凝土浇筑之前对凿毛面进行充分的清理及清洗,对与所浇混凝土接触的各表面进行充分润湿。

混凝土采用分层浇筑,沿顺桥向方向推进浇筑。每层浇筑厚度为30~40cm,一层振捣完成后才能浇筑下一层,振捣采用插入式振捣器振捣,插入式振捣器的移动间距不超过振动器作用半径的1.5倍,与侧模保持5~10cm的距离。振捣时间为20~30s,以混凝土停止下沉、不出现气泡、表面呈现浮浆为度。由于底部共有5层钢筋,钢筋间间距较小,钢筋比较密,不易振捣密实,施工时工人直接下到下面的钢筋上进行振捣施工,确保各处振捣到位。

为保证保护层内混凝土的匀质性,侧面主筋与钢吊箱之间单独进行布料。同时加强振捣,确保保护层范围内混凝土密实。

每层混凝土浇筑完成后表面应平整,在混凝土强度达到2.5MPa后进行凿毛处理;顶部最后一层浇筑完后,只对塔座范围内进行凿毛处理,凿毛处理的浮浆及石子及时清理出来,防止凝固在混凝土表面。在最后一层完成浇筑后，还需对顶部混凝土进行压浆收光，保证承台表面外观质量。

混凝土浇筑期间，安排专人对预埋钢筋和其他预埋件的稳固情况进行检查，如有松动、变形、移位等情况，及时将其复位并固定好。

7.4.4　引桥墩柱（高墩）施工工艺标准化

7.4.4.1　概况

南引桥位于盐城市响水县陈家港镇蟒牛村，其里程桩号为 K15＋282～K17＋075.6，路线走向为南北走向。南引桥共 52 个墩台，53、54 号墩位于大堤外侧池塘内，其余位于大堤内侧平地。南引桥 53～92 号墩墩身为双柱式结构，中间用系梁连接；93～104 号墩墩身无中间系梁；其中 101～103 号墩右幅都为三根立柱结构，104 号墩为肋板结构，左幅 3 根肋板，右幅 4 根肋板。53～103 号各墩墩身及系梁参数，见表 7-4。

53～103 号各墩墩身及系梁参数　　表 7-4

墩　号	墩　身					系　梁	
	墩身长宽尺寸	墩身高度(m)				系梁截面尺寸	系梁长度
	cm×cm	左幅 H1	左幅 H2	右幅 H1	右幅 H2	cm	cm
53	260×200 拐角 R20	42.745	42.615	42.745	42.615	220×200 拐角 R20	450
54		41.745	41.615	41.745	41.615		
55		41.745	41.615	41.745	41.615		
56		39.745	39.615	39.745	39.615		
57		38.745	38.615	38.745	38.615		
58		37.585	37.455	37.585	37.455		
59	240×200 拐角 R20	37.545	37.415	37.545	37.415	200×180 拐角 R20	450
60		35.845	35.715	35.845	35.715		
61		34.945	34.815	34.945	34.815		
62		33.945	33.815	33.945	33.815		
63		32.745	32.615	32.745	32.615		
64		31.285	31.155	31.285	31.155		
65		30.545	30.415	30.545	30.415		
66		30.445	30.315	30.445	30.315		
67	220×200 拐角 R20	28.445	28.315	28.445	28.315	180×160 拐角 R20	450
68		26.645	26.515	26.645	26.515		
69		25.645	25.515	25.645	25.515		
70		25.085	24.955	25.085	24.955		
71		24.645	24.515	24.645	24.515		
72		23.745	23.615	23.745	23.615		
73		22.745	22.615	22.745	22.615		
74		21.673	21.585	21.645	21.515		
75		20.55	20.518	20.485	20.355		

续上表

墩号	墩身					系梁	
	墩身长宽尺寸	墩身高度(m)				系梁截面尺寸	系梁长度
	cm×cm	左幅 H1	左幅 H2	右幅 H1	右幅 H2	cm	cm
76	170×150 拐角 R20	20.627	20.638	20.535	20.405	140×130 拐角 R20	500
77		19.905	19.958	19.785	19.655		
78		19.282	19.378	19.135	19.005		
79		18.555	19.685	19.385	18.255		
80		17.805	17.935	17.635	17.505		
81		18.855	18.985	18.685	18.555		
82		16.008	16.138	15.838	15.708		
83		15.381	15.511	15.211	15.081		
84		14.776	14.906	14.606	14.476		
85	150×130 拐角 R20	14.091	14.221	13.921	13.791	120×110 拐角 R20 120×110 拐角 R20	520
86		13.428	13.558	13.258	13.128		
87		12.787	12.917	12.617	12.487		
88		12.167	12.297	11.997	11.867		
89		11.765	11.895	11.595	11.465		
90		10.965	11.095	10.795	10.665		
91		10.365	10.495	10.195	10.065		
92		9.765	9.895	9.595	9.465		
93		9.165	9.295	8.995	8.865	无系梁	无系梁
94		8.565	8.695	8.395	8.265		
95		7.965	8.095	7.705	7.665		
96		7.465	7.595	7.295	7.165		
97		6.865	6.995	6.695	6.565		
98		6.265	6.395	6.095	5.965		
99		6.065	6.195	5.895	5.765		
100(左幅)		4.465	4.595				
101(左幅)		3.165	3.295				
102(左幅)		3.665	3.795			墩身高度 m	
103(左幅)		3.065	3.195			右幅 H3	
100(右幅)				4.467	4.313		
101(右幅)				3.18	3.09	3	
102(右幅)				3.694	3.59	3.486	
103(右幅)				3.107	2.99	2.873	

7.4.4.2 施工工艺流程

引桥墩柱(高墩)施工工艺流程,如图 7-40 所示。

7.4.4.3 钢筋安装

本项目自行设计的高墩整体装配式钢筋操作平台(见图 7-41),采用钢管焊接,三层施工平台,每层施工平台设护栏,安装在模板上口,采用螺丝连接。移动式钢筋脚手架空间大,施工作业人员行走方便。可以一次性把立柱墩身钢筋吊放在脚手架四周,方便工人施工,大大提高了工作效率,节省机械台班。

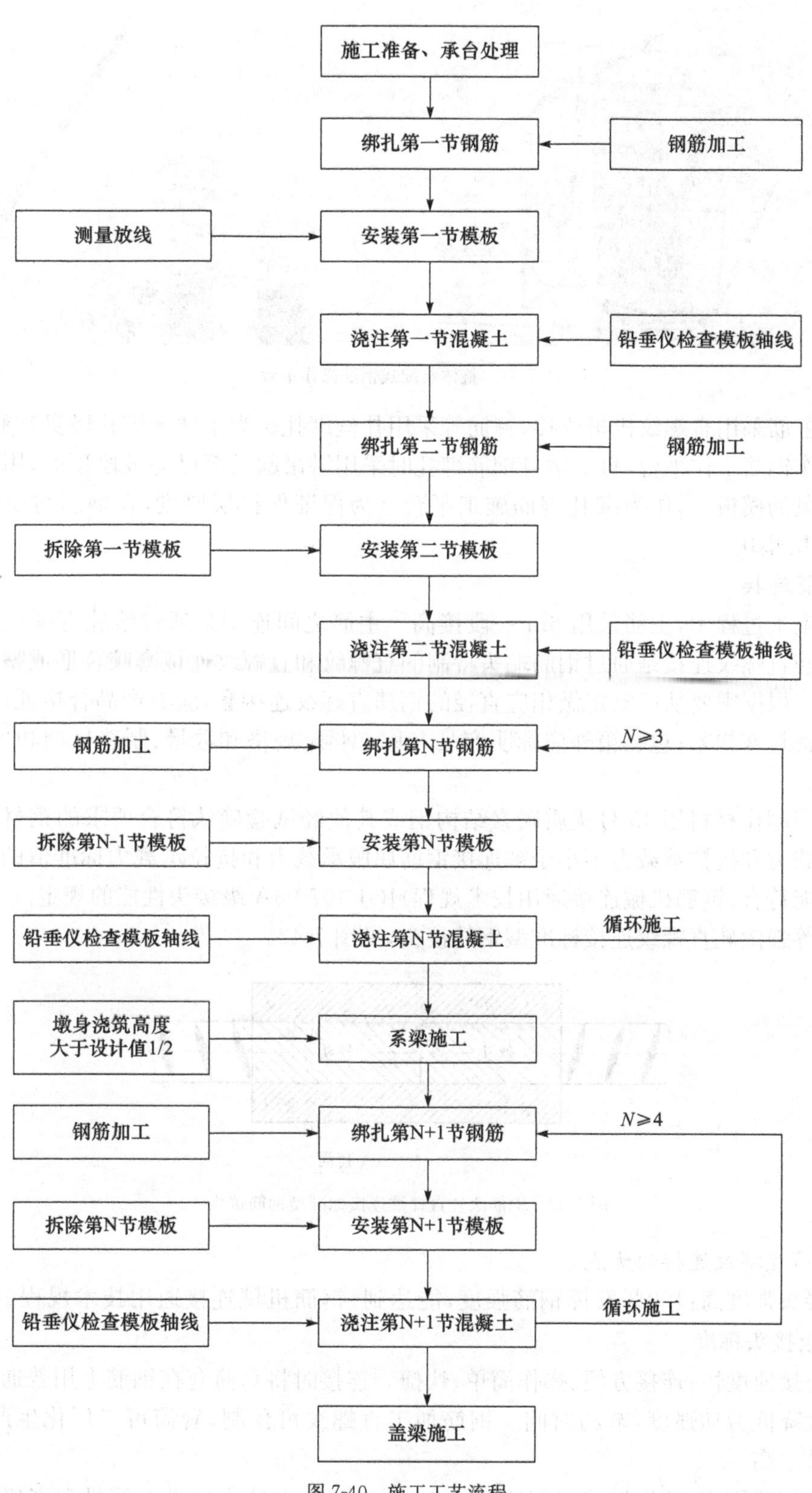

施工准备、承台处理
绑扎第一节钢筋
钢筋加工
测量放线
安装第一节模板
浇注第一节混凝土
铅垂仪检查模板轴线
绑扎第二节钢筋
钢筋加工
拆除第一节模板
安装第二节模板
浇注第二节混凝土
铅垂仪检查模板轴线
钢筋加工
绑扎第N节钢筋
N≥3
拆除第N-1节模板
安装第N节模板
铅垂仪检查模板轴线
浇注第N节混凝土
循环施工
墩身浇筑高度
大于设计值1/2
系梁施工
钢筋加工
绑扎第N+1节钢筋
N≥4
拆除第N节模板
安装第N+1节模板
铅垂仪检查模板轴线
浇注第N+1节混凝土
循环施工
盖梁施工

图 7-40　施工工艺流程

图 7-41　整体装配式钢筋操作平台

墩身主筋采用直螺纹机械连接，箍筋等采用扎丝绑扎。为了便于绑扎墩身钢筋，预先在地面上制作钢筋工作平台，每节墩身钢筋绑扎时采用塔吊起吊至已完成段顶面，用螺栓固定在已完成段的模板上，作为绑扎钢筋施工平台。为保证保护层厚度，在钢筋与模板间设置PVC保护层垫块。

1）主筋连接

墩身施工过程中，主筋采用 6m 一段接高。主筋之间连接是通过滚轧直螺纹技术进行连接。钢筋直螺纹连接是通过钢筋端头特制的直螺纹和直螺纹连接套咬合形成整体的一种连接方式。根据需要从厂家定做相应直径的钢筋直螺纹连接套，应有产品合格证；套筒两端应用塑料密封塞扣紧；包装箱外应标明产品名称、型号、规格和数量、制造日期和生产批号、生产厂名。

连接套制作材料用 45 号优质碳素结构钢或其他经试验确认符合要求的钢材。连接套的屈服承载力和抗拉承载力不小于被连接钢筋屈服承载力和抗拉承载力标准值的 1.10 倍。接头的性能符合《钢筋机械连接通用技术规程》JGJ-107-96A 级接头性能的规定。

钢筋等强滚轧直螺纹连接标准型钢筋接头，见图 7-42。

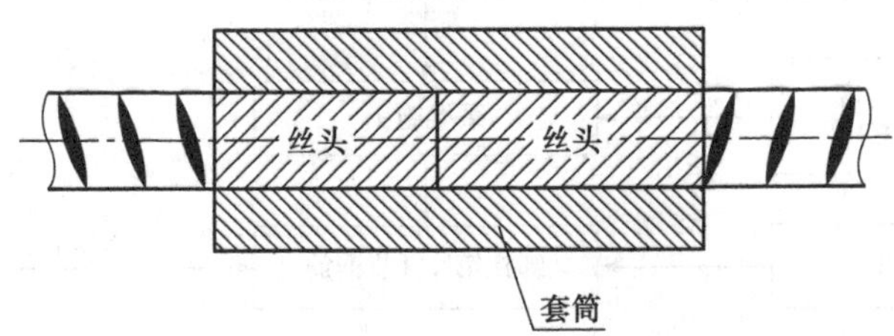

图 7-42　钢筋滚轧直螺纹连接标准型钢筋接头

2）钢筋直螺纹连接的优点

（1）接头强度高：100％发挥钢筋强度，能达到《钢筋机械连接通用技术规程》（JGJ-107-96）中 A 级接头标准。

（2）连接速度快：连接方便、操作简单、快捷。连接时将套筒套在钢筋上用普通扳手拧紧即可，大大降低劳动强度，节约时间。钢筋加工直螺纹可预制，套筒可工厂化生产，不占工期，加工效率高。

（3）应用范围广：适用钢筋任何位置与方向的连接，在狭小地带钢筋排列密集处也均能灵活操作。

(4)适用性强：接头质量可靠，现场施工时，风、雨、停电状态，水下、超高环境均适用。

(5)节材、节能、经济：在同等级的钢筋连接中，比传统焊接节省连接用钢材60%左右。

(6)适应环保要求：施工连接时不用电、不用气、无明火作业、无漏油无污染，在易燃、易爆、高处等施工条件下尤为安全可靠，可全天候施工。

3)钢筋直螺纹连接工艺

等强度滚轧直螺纹连接技术是在一台直螺纹加工设备上将钢筋的端头通过轧丝自动一次性生成。这种工艺的特点是：一次性把螺纹钢筋或圆钢端头部位的纵肋和横肋用切削的方式剥掉，然后直接滚轧成直螺纹，使丝头部位产生冷作硬化，从而使钢筋丝头达到和母材等强度的效果；操作简便，加工工序少；接头稳定可靠，螺纹压型好精度高，连接质量稳定可靠。

4)加工连接操作要点

(1)钢筋下料要求端部平整，不得有马蹄形或挠曲。可用砂轮锯或切断机下料，切断机宜用弧形刀具以改善钢筋端面平整度。

(2)滚轧丝工人均应相对固定，经培训合格后持证上岗。轧丝工人应逐个目测检查轧丝的质量，并抽检10%，用螺纹量规进行检查。

(3)加工钢筋丝头时，应采用水溶性切削润滑液，当气温低于0℃时，应有防冻措施，不得在不加润滑液的情况下轧丝，且润滑液应经常更换。

(4)加工的钢筋丝头的直径和长度应用螺纹量规检查，保持在规定的波动范围内。

(5)现场连接钢筋时，应用管钳扳手拧紧，应使两个丝头在套筒中央位置相互顶紧，并保持套筒的居中位置。拼接完成后，两端外露丝扣不超过一个完整丝扣。加长型接头的外露丝扣不受限制，但应另有明显标记以检查进入套筒的丝头长度是否满足要求(见表7-5)。

丝头质量检验要求　　表7-5

序号	检验项目	检验方法	检验要求(P为螺距)
1	外观质量	目测	牙形饱满、牙顶宽超过0.6mm的秃牙部分累计长度不超过一个螺纹周长
2	外形尺寸	卡尺或专用量具	丝头长度(见图7-43)应满足图纸要求，标准型接头的丝头长度公差为+1P
3	螺纹大径	光面轴用量规	通端量规应能通过螺纹的大径，而止端量规则不应通过大径
4	螺纹中径(见图7-44)及小径	通端螺纹环规	能顺利旋入螺纹并达到旋合长度
		止端螺纹环规	允许环规与端部螺纹部分旋合，旋入量不应超过3P

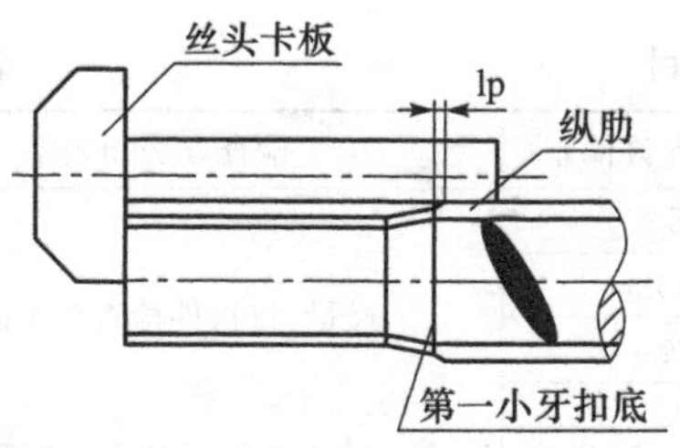

图7-43　丝头长度检查示意图

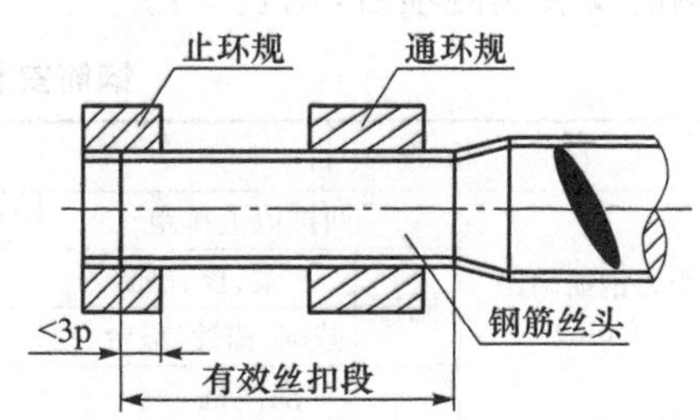

图7-44　丝头中径检查示意图

加工人员加工时逐个目测丝头的加工质量。每加工10个丝头应用相应的环规和丝头卡板检测1次，并剔除不合格产品。

①自检合格的丝头，再由质检人员对每种规格加工的丝头随机抽样检验，以一个工作班生产的丝头为一个检验批随机抽样10%，且不得少于10个。若有一个丝头不合格，应加倍抽检；复检仍有不合格丝头时，则应对该批全数检查。不合格的丝头应切去重新加工，经再次检验合格后方可使用。

a. 检验合格的钢筋丝头，立即将其一端套上同规格的连接套，另一端加盖塑料保护帽，存放整齐备用。

b. 连接套：连接套表面无裂纹和其他缺陷，外形尺寸包括连接套内螺纹直径及连接套长度应满足产品设计要求。

c. 连接：连接是要确保丝头和连接套的丝扣干净、无损。被连接的两钢筋断面应处于连接套的中间位置，偏差不大于1个螺距，并用扳手拧紧，使两钢筋端面顶紧。

接头位置宜相互错开。当多根钢筋的机械接头位于不大于35倍钢筋直径范围内时，视为接头处于同一连接范围。该范围内有接头的受力钢筋截面面积占受力钢筋总截面面积的百分率不宜超过50%。

②其他钢筋连接：

a. 箍筋用扎丝进行绑扎，末端应向内弯曲。

b. 钢筋在场地上加工好后用塔吊配合人工运送至墩身上后再进行绑扎。

7.4.4.4 钢筋加工与安装质量控制

1)外观要求

(1)钢筋的级别、直径、根数和间距均应符合设计要求，绑扎钢筋网和钢筋骨架不得变形、松脱。

(2)钢筋表面应无浮皮及铁锈。

2)实测项目

(1)钢筋加工检查项目，见表7-6。

钢筋加工检查项目 表7-6

项次	检查项目	规定值或允许偏差(mm)	检查方法
1	受力钢筋顺长度方向加工后的全长	±10	按受力钢筋总数30%抽查
2	弯起钢筋各部分尺寸	±20	抽查30%
3	箍筋、螺旋筋各部分尺寸	±5	每构件检查5~10个间距

(2)钢筋安装实测项目，见表7-7。

钢筋安装实测项目 表7-7

<table>
<tr><th>项次</th><th colspan="3">检查项目</th><th>规定值或允许偏差</th><th>检查方法和频率</th></tr>
<tr><td rowspan="4">1Δ</td><td rowspan="4">受力钢筋间距(mm)</td><td colspan="2">两排以上排距</td><td>±5</td><td rowspan="4">尺量：每构件检查2个断面</td></tr>
<tr><td rowspan="2">同排</td><td>梁、板、拱肋</td><td>±10</td></tr>
<tr><td>基础、锚锭、墩台、柱</td><td>±20</td></tr>
<tr><td colspan="2">灌注桩</td><td>±20</td></tr>
<tr><td>2</td><td colspan="3">箍筋、横向水平钢筋、螺旋筋间距(mm)</td><td>±10</td><td>尺量：每构件检查5~10个间距</td></tr>
</table>

续上表

项次	检查项目		规定值或允许偏差	检查方法和频率
3	钢筋骨架尺寸(mm)	长	±10	尺量:按骨架总数 30%抽查
		宽、高或直径	±5	
4	弯起钢筋位置(mm)		±20	尺量:每骨架抽查 30%
5Δ	保护层厚度(mm)	柱、梁、拱肋	±5	尺量:每构件沿模板周边检查 8 处
		基础、锚锭、墩台	±10	
		板	±3	

7.4.4.5 翻模模板制作、安装及翻升

1)模板高度选定

因墩身较高,综合考虑节段施工时间、机具长度及钢筋配料和减少施工缝数量等方面的因素,每套翻模模板设计高度为 6m。施工时,每次翻升 1 节模板,浇筑混凝土 6m。

2)模板构造设计

为保证混凝土外观质量,墩身模板采用拉杆式组合钢模板。钢模板面为 6mm 钢板,横边框为 14mm 钢板,横肋为 6mm 钢板,纵肋为 10 号槽钢,纵边框为 14mm 钢板,背楞为 16 号槽钢,吊钩为 20mm 圆钢,边框采用 20mm 螺栓连接,企口式接缝,上口为母口,下口为子口。

3)模板翻升方法

翻模施工时,拆模后需要将模板向外移出再利用塔吊向上翻升。每次翻升保留上面一层模板,把下一层模板拆开并移出,利用塔吊将模板吊起,并放置于上层模板相应位置上,进行模板组装并将本层模板与下层模板连接。

4)模板定位

模板定位时,高程用水准仪、边线用全站仪、垂直度用激光铅直仪控制。

垂直度控制为高墩施工的重点控制项目,由于墩身较高以及分节段施工,其竖直度控制不同于普通墩柱施工。高墩施工测量控制除按正常施工放样以外还需进行以下控制:

(1)平面施工放样采用全站仪坐标放样法。放样时放样视距控制在 200m 以内,并分别选用与墩身上下段高程接近的控制点进行控制,以消除因测量仪器俯仰角过大而引起的误差,并选用两点复核以减小失误,从而提高控测精度。选用的全站仪测角精度≤2″。

(2)桥墩高程控制采用水准仪配合校准的钢尺进行控制。选用墩身双向测量进行控制复核,在高度至墩顶时采用水准仪进行精测控制。高程误差:±2mm。

(3)墩身垂直度采用全站仪进行控制。测站依墩身高度选择合理位置安放,并沿路线方向和垂直路线方向分别进行控制,来保证墩身的整体垂直。选用的全站仪测角精度≤2″。

5)模板校正、支撑稳固

模板拼装好后,安装 4 根钢丝绳做缆风绳,上端拉住模板,下端固定在地面上的预埋钢筋桩上。预埋钢筋采用 $\phi28$ 的螺纹钢制作,打入地下 2m,每根钢丝绳上设置手拉葫芦以紧固钢丝绳,调整模板垂直度。先采用吊锤球法进行模板调整,然后利用全站仪进行精确放样定位。在测量组的指挥下,调节缆风绳上的手拉葫芦使模板垂直,最后用脚手架钢管撑紧模板。

7.4.5 钢梁吊装施工(上部结构安装)

7.4.5.1 概况

灌河大桥南引桥及陈北支渠大桥上部结构为预应力混凝土箱梁。桥梁上部结构为先简支后连续梁桥,灌河大桥南引桥共52孔,其中跨径40m梁23孔,预制箱梁共230片,为先简支后墩梁固结的连续梁结构;30m梁跨径29孔,预制箱梁共296片,为先简支后连续结构。陈北支渠桥跨径为30m+40m+30m=100m,30m箱梁16片,40m箱梁8片。全线预制箱梁共550片,40m箱梁共238片,30m箱梁共312片。C50混凝土共27544m³。

7.4.5.2 施工工艺流程

清理底模、施工放样→绑扎底、腹板钢筋→安装预应力管道→侧模、端头模板拼装→安装内模→绑扎顶板钢筋→浇筑梁体混凝土→拆模→凿毛→梁体养生→张拉、压浆→梁端封锚、堵头混凝土→移梁。

7.4.5.3 外侧模安装

模板采用大块定型钢模,由专业生产箱梁模板厂家生产。箱梁外模一节长度为5m,侧板用6mm厚的钢板,横筋采用8号和10号槽钢,片架采用12号槽钢、拼接筋采用16mm厚钢板、加劲板采用5mm厚钢板,焊接牢固,接缝严密,无变形,具有足够的强度、刚度、平整度及稳定性,能可靠地承载施工过程中可能产生的各项荷载。40m箱梁外模单块模板(见图7-45)理论重量为1.63t;30m箱梁外模单块模板(见图7-46)理论重量为1.37t。

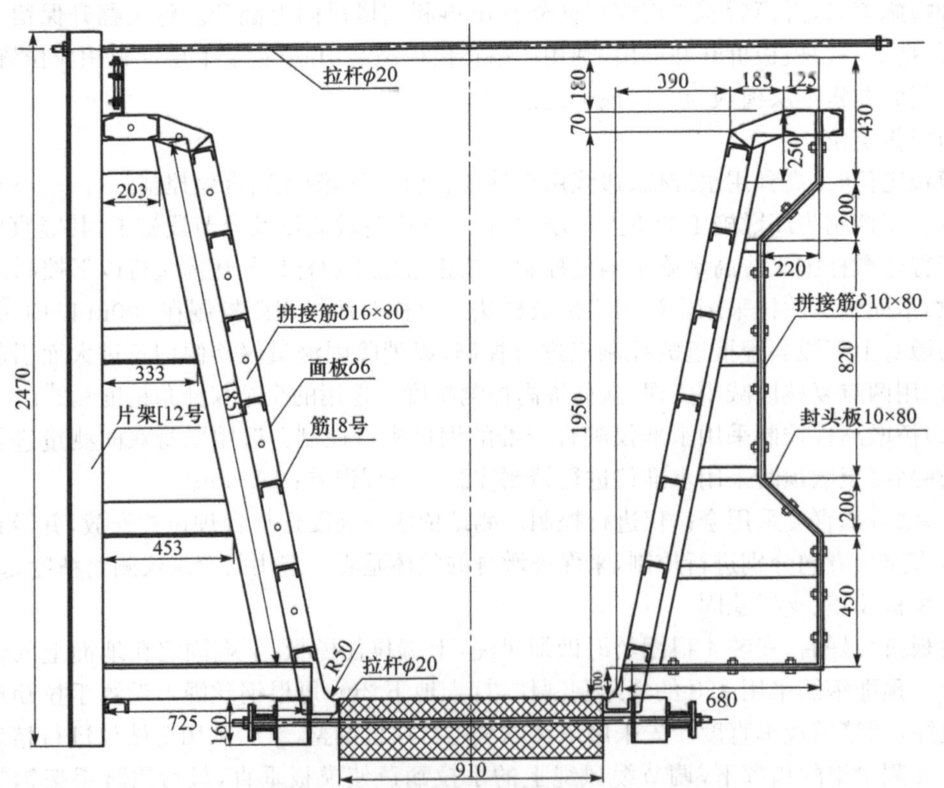

图7-45 40m箱梁外模模板示意图(尺寸单位:cm)

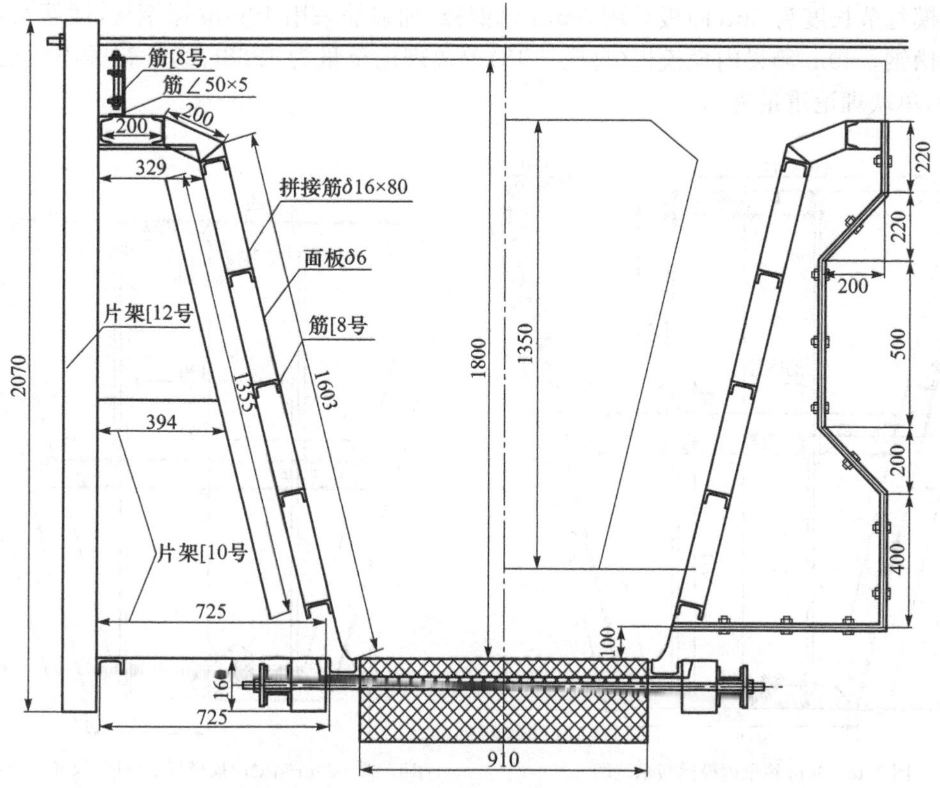

图 7-46 30m 箱梁外模模板示意图(尺寸单位:cm)

模板安装前在场地上清理侧模表面浮浆,用钢丝刷打磨,清理干净,包括翼缘板边缘侧板、端头模板的清理。模板安装采用 25t 龙门吊吊装人工配合安装,模板安装接缝平顺、严密,无错台,模内长、宽、高尺寸符合设计图纸及施工规范的要求,对拉螺杆齐全、紧拉,支撑稳固。横隔板位置准确。侧模与底模之间,侧模与侧模之间接缝不严密处用透明玻璃胶填补,确保模板接缝不漏浆。涂抹脱模剂,脱模剂涂抹均匀,无积油以免污染钢筋。

7.4.5.4 安装内芯模

箱梁芯模采用拉拔式芯模(见图 7-47),提高了生产效率。为保证箱梁外观质量,模板外侧设置了附着式振捣器。

图 7-47 拉拔式芯模

内模每节长度为 3m,面板采用 5mm 厚钢板,加强筋采用 10mm 厚钢板,横筋及竖筋采用 8 号槽钢。40m 箱梁内模模板(见图 7-48)单块理论重量为 1.68t;30m 箱梁内模模板(见图 7-49)单块理论重量为 1.54t。

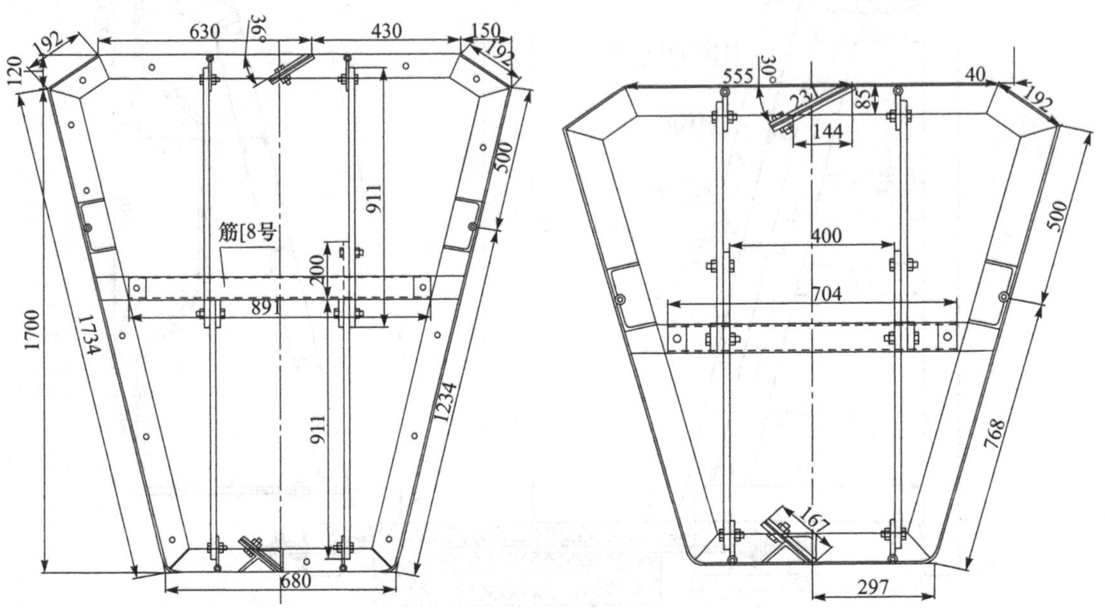

图 7-48 40m 箱梁内模模板示意图

图 7-49 30m 箱梁内模模板示意图(尺寸单位:cm)

安装内芯模前首先检查底板上的预埋钢板、通气孔是否按图纸布置,端头的锚垫板及锚下钢筋是否进行了安装。待这些预埋件全部安装完成后再进行内模安装。

按照内模模块编号及内模骨架编号在场外拼装内模。内模模块及骨架拼装时,按照设计的螺栓孔用螺丝相互连接,不得少丝,不得放大螺丝间距。内模拼装完成后,检查其尺寸必须符合设计图纸及规范要求,以保证箱梁底板及顶板混凝土厚度,内模接缝平顺,清除模板表面混凝土浮浆,在模块接缝处,用胶带密封,以防漏浆。然后涂抹脱模剂,脱模剂涂抹均匀,不得有积油现象。

安装内模前要清理、冲洗底模及侧模表面的灰尘及杂物,同时设立支撑内模钢筋,以保证底板混凝土及其保护层厚度。用龙门吊起吊安装内模。

7.4.5.5 **混凝土浇筑**

(1)混凝土拌和。箱梁混凝土均为强度等级 C50 混凝土。混凝土在预制场西侧的拌和站集中拌制,通过混凝土罐车运输至预制厂。

(2)混凝土浇筑。混凝土采用龙门吊吊装料斗进行浇筑,一次性浇筑底板、腹板和顶板混凝土。施工中不得间断,浇筑从一端开始到另一端,先浇筑底板混凝土,然后拉坡浇筑腹板、横隔板及顶板混凝土。如此向前推进至混凝土浇筑完成。

浇筑过程中为防止芯模上浮,除采取传统的顶部压杆措施外,还应利用箱梁底板通气孔,通过拉杆在内模中压杆,效果显著(见图 7-50)。

混凝土振捣以附着式高频振捣器为主,30 型和 50 型插入式振捣棒配合振捣。附着式振捣器安装在模板两外侧,距梁段 50cm 上下各布设一个,中部间隔 2m 在侧模底部布设一个,以便振捣均匀。波纹管密集处,以附着式振捣器为主,振捣时间一般为 90s 左右。钢筋密集处采用 30 型振动棒配合振捣，腹板上部和顶板采用50型振动棒配合振捣。振动棒振捣时避开波纹管，每次振动时间以混凝土不再下沉，无气泡上升，表面出现薄层水泥浆并有均匀的外观和水平面为止。

图7-50 预埋底板拉杆内芯模压杆

(3)混凝土浇筑过程中的注意事项：

①严格控制混凝土配合比及其坍落度，混凝土坍落度控制在8～10cm；不能满足施工要求的混凝土不得使用，确保混凝土的外观质量。

②在梁的两端位置钢筋较密，用30型插入式振捣棒加强振捣，确保锚下混凝土的密实。

③腹板宽度较小，在有预应力管道的地方，混凝土不易下落，用30型插入式振捣棒将混凝土送到预应力管道处，使预应力管道处填充满混凝土；然后通过高频附着式振捣器振捣密实，在浇筑混凝土施工过程中如发现管道偏位应及时调整。浇筑完腹板混凝土后，附着式振捣器不得再使用，也不得再对底板进行振动以防止混凝土捣空，应连续浇筑顶板混凝土。

④混凝土浇筑完成收浆后，要进行第二次抹面收浆避免局部出现龟裂，并进行拉毛，清除浮浆，最后用土工布盖好，同时进行养生。

⑤在混凝土浇筑过程中安排模板工、钢筋工值班，在施工中出现的问题应及时处理。同时，每间隔15min将管道内塑管抽动一次，防止波纹管漏浆堵塞预应力管道。

⑥为防止混凝土浇注时芯模上浮，须采取以下措施进行防治：在预制台座中间打设一排地锚(见图7-51)，每3m设置1道，地锚下部采用1m×1m×0.3m的混凝土，埋入地下80cm，混凝土上设置锚固钢筋，锚固钢筋比地面高出8cm，箱梁钢筋顶面采用工字钢压住内芯模(见图7-52)，工字钢通过拉杆或拉丝与锚固钢筋相连，以防止浇筑过程中芯模上浮。

7.4.5.6 拆模及养护

侧模在混凝土抗压强度达到2.5MPa后拆除；芯模在混凝土强度能确保顶板表面不发生塌陷或裂缝现象时方可拆除。模板拆除时动作要轻，防止碰撞混凝土造成缺棱掉角。

模板拆除完后，立即对翼缘板侧面、横隔板侧面、堵头板位置、端头腹板进行凿毛处理，确保以后混凝土相接时的连接质量。

箱梁养护采用喷淋养护(见图7-53)，养护时间不少于10d。

箱梁台座两侧设置了喷淋管道(见图7-54)，夏季施工时采用喷淋养生，顶板采用覆盖土工布洒水养生(见图7-55)。冬季施工时采用钢管专门制作了养护罩，箱梁施工完成后整体吊放并进行蒸汽养护(见图7-56)。

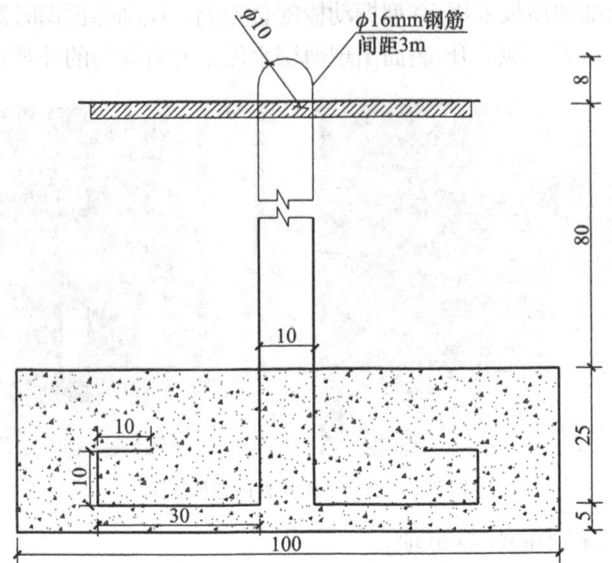

图 7-51 地锚断面图(尺寸单位:cm)

图 7-52 芯模顶横向压杆

图 7-53 箱梁喷淋养护照片

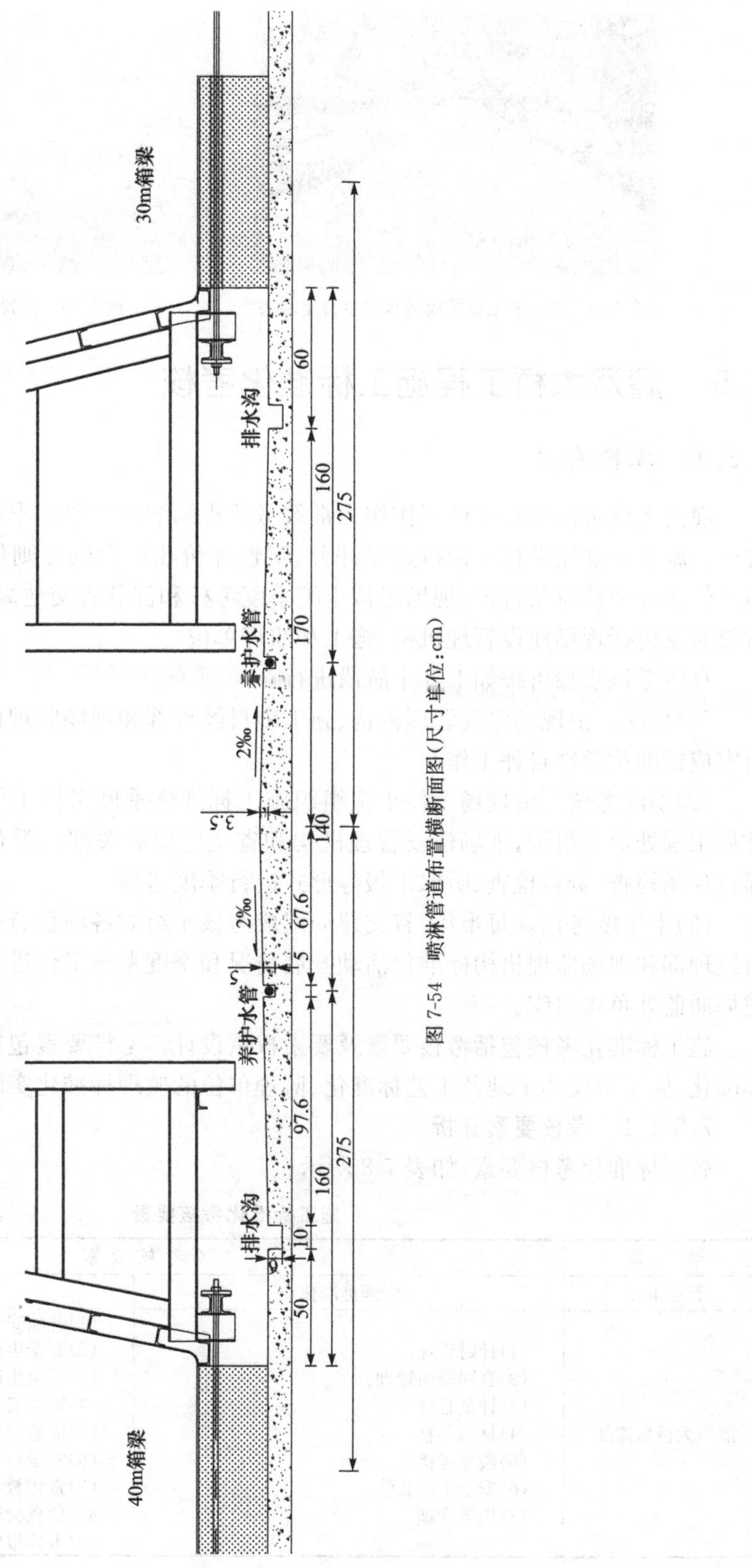

图 7-54 喷淋管道布置横断面图(尺寸单位:cm)

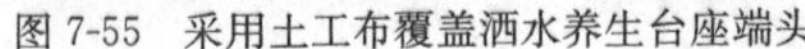

图 7-55 采用土工布覆盖洒水养生台座端头

图 7-56 设置蒸汽管道

7.5 灌河大桥工程施工标准化考核

7.5.1 考核方案

灌河大桥将标准化考核工作作为常效考核机制纳入各单位季度履约考核和阶段劳动竞赛中。施工标准化考核工作按定量评分、定性评价相结合的原则集中进行。施工标准化考核工作实行考核对象自评、现场考核小组季度考核和江苏省交建局半年度考核的工作制度。考核对象包括现场建设管理机构、施工和监理单位。

具体考核步骤可按如下 3 个阶段进行：

(1)自评。由现场建设管理机构、施工项目经理部和现场监理机构根据标准化考核表各自完成标准化日常自评工作。

(2)季度考核。由现场考核小组组织施工标准化季度考核工作。现场考核小组由省交建局工程处负责组织，现场建设管理机构和省交建局有关部门派代表参加。现场考核小组通过现场检查、资料检查、听取汇报等形式进行季度考核。

(3)半年度考核。每半年，省交建局组成考核小组对各项目、现场建设管理机构、施工项目经理部和现场监理机构标准化活动开展情况和季度考核工作进行抽查。考核小组由省交建局质监处负责组织。

施工标准化考核包括考核要素及要素权重设计。考核要素包括对管理单位的项目管理标准化、施工单位的工地及工艺标准化、监理单位的监理标准化实施考核。

7.5.1.1 考核要素分析

施工标准化考核要素，如表 7-8 所示。

施工标准化考核要素　　表 7-8

单　位	考核要素	
管理单位	管理标准化	安全标准化
灌河大桥指挥部	(1)计财管理。 (2)合同履约管理。 (3)计量管理。 (4)材差调整。 (5)质量考核。 (6)安全生产监管。 (7)档案管理	(1)各项安全生产监管制度建设。 (2)安全生产管理组织机构。 (3)安全生产监管活动记录。 (4)审查安全专项施工方案。 (5)应急预案编制。 (6)安全经费使用监管。 (7)宣传教育。 (8)信息交流。 (9)事故报告与处理

续上表

<table>
<tr><td>单　位</td><td colspan="3">考 核 要 素</td></tr>
<tr><td>施工单位</td><td>工地建设标准化</td><td>桥梁结构物施工标准化</td><td>安全标准化</td></tr>
<tr><td rowspan="5">中交二航局 GH-1 标、中交一公局 GH-2 标</td><td>(1)施工驻地。
(2)水泥混凝土拌和站。
(3)钢筋加工厂。
(4)预制厂。
(5)工地试验室。
(6)优秀业绩</td><td>(1)机具设备。
(2)施工工艺。
(3)工序管理。
(4)施工效率。
(5)质量检验。
(6)实体工程质量</td><td rowspan="5">(1)安全生产管理资料(各项安全生产制度建设、安全生产组织机构、安全检查记录、编制安全专项施工方案,组织安全技术交底、应急预案编制及演练、合理使用安全生产费用及办理保险、教育培训、安全管理资料建立)。
(2)现场检查(人员安全操作、设施与设备管理、作业环境安全)</td></tr>
<tr><td>路基施工标准化</td><td>软基处理施工标准化</td></tr>
<tr><td>(1)机具设备。
(2)施工工艺。
(3)工序管理。
(4)施工效率。
(5)质量检验。
(6)实体工程质量</td><td>(1)换填土法施工。
(2)排水固结法施工。
(3)水泥土搅拌法施工。
(4)预应力薄壁管桩施工。
(5)碎石桩施工。
(6)强夯法施工</td></tr>
<tr><td>路面标准化</td><td>绿化标准化</td></tr>
<tr><td>(1)机具设备。
(2)施工工艺。
(3)工序管理。
(4)施工效率。
(5)质量检验。
(6)实体工程质量</td><td>(1)机具设备。
(2)施工工艺。
(3)工序管理。
(4)施工效率。
(5)质量检验。
(6)实体工程质量</td></tr>
<tr><td>监理单位</td><td colspan="2">监理标准化</td><td>安全标准化</td></tr>
<tr><td>中铁武汉大桥工程咨询监理有限公司</td><td colspan="2">(1)监理驻地。
(2)工地试验室。
(3)施工准备阶段监理工作。
(4)施工阶段监理工作。
(5)文件与资料管理。
(6)监理记录管理</td><td>(1)各项安全生产制度文件建设。
(2)安全生产管理组织机构。
(3)安全检查旁站记录。
(4)审查安全专项施工方案。
(5)应急预案编制。
(6)安全生产专项经费的审核。
(7)教育培训。
(8)监理档案建立</td></tr>
</table>

7.5.1.2　要素权重的确定

现场建设管理机构、施工项目经理部和现场监理机构考核满分为 100 分。施工项目经理部考核分为工地建设标准化和施工标准化两个部分,各占 50 分。施工标准化考核得分为各单位工程考核得分与安全标准化考核得分的平均值。

工程建设项目季度考核得分由各现场建设管理机构、现场项目经理部、现场监理机构季度考核得分平均值加权得出。其中,现场建设管理机构权值为 0.4,现场项目经理部权值为 0.3,现场监理机构权值为 0.3。

工程建设项目、现场建设管理机构、施工项目经理部和现场监理机构半年度考核得分由省交建局半年度考核得分与现场考核小组季度考核得分加权评定。省交建局半年度考核得分权重为0.6,现场考核小组季度考核均分权重为0.4。

半年度考核得分=省交建局半年度考核得分×0.6+现场考核小组季度考核均分×0.4

7.5.2 考核标准

工程建设项目、现场建设管理机构、现场项目经理部、现场监理机构年度考核得分由半年度考核得分取平均值计算。考核结果将作为优质优价、履约考核的重要依据。省交建局将依据考核结果进行奖惩。现场建设管理机构、现场项目经理部、现场监理机构考核得分评定等级:≥90分为优;≥80且<90分为良;≥70且<80分为中;<70分为差。

省交建局根据考核评分结果及工程管理、质量、安全状况,评选"达标项目"和"先进单位"。

1)"达标项目"评选标准

(1)工程建设项目年度考核得分大于90分。

(2)现场建设管理机构年度考核等级为优。

(3)所有现场项目经理部、现场监理机构年度考核无差等级。

2)"先进单位"评选标准

(1)认真开展施工标准化活动的宣传教育,形成浓厚的施工标准化活动氛围,贯彻落实交通运输部、省厅有关施工标准化活动的精神,积极开展施工标准化活动,推行现代工程管理理念。

(2)施工标准化活动的开展有领导、有计划、有内容、有成效。成立有施工标准化活动领导小组和具体办事机构,并正常有效运转,制定了施工标准化活动的实施方案及分年度实施细则,在活动开展的各个阶段采取有力措施认真贯彻省厅提出的指导性意见,取得突出成效。

(3)现场建设管理机构:同一现场建设管理机构半年度考核等级连续为优或两个(含)以上不同现场建设管理机构半年度考核等级为优,且现场建设管理机构半年度考核无中或差等级。

(4)施工、监理单位:同一现场项目经理部或现场监理机构半年度考核连续为优或两个(含)以上不同现场项目经理部或现场监理机构半年度考核等级为优,且现场项目经理部或现场监理机构半年度考核无中或差等级。

7.6 灌河大桥工程施工标准化启示

灌河大桥施工标准化实施总体情况按照预期情况展开,业主、施工单位、监理单位及行业主管部门各负其责,工程进度、成本、质量、安全等总体受控。总结其施工标准化实施经验,有如下启示:

1)有效规划施工标准化内容

施工标准化活动内容包括工地标准化、工艺标准化和管理标准化,3个部分缺一不可。工艺标准化是关键,也是主攻方向,围绕实体工程质量和结构耐久性,认真找出问题、解决问题,研究每一个工艺环节如何改进。工地标准化是重要的基础工作,包含专业化机构设置、人本化关怀、集约化生产和文明施工 4 个方面的要求。管理标准化是现代工程管理的实施保障。

2)正确把握标准化技术要求

施工标准化一项主要内容是确定标准体系和技术要求，主要包括建立设计标准化体系、施工图设计优化等。建立施工质量安全管控体系，形成施工标准化工作水平的新工艺、新设备和新的施工组织方案，细化分部、分项工程标准化实施手册等。在此过程中，地区行业主管和建设单位须根据工程技术标准、投资规模、施工单位能力做好具体标准和技术指南的制定和发布工作。

3)明确各方职责和考虑施工标准化持续改进

施工标准化推行主要涉及业主、施工单位、监理单位及行业主管部门。在推行施工标准化过程中，行业主管部门负责制定相关政策及考核要求；业主要明确施工标准化的标准和技术要求，做好系统规划，从设计源头上为施工标准化创造条件，将对施工标准化的要求纳入招标文件。在实施过程中，业主要强化对施工标准化的工作指导，开展对施工标准化的考核工作，考核结果作为履约考核、优质优价评比和信用评价的重要依据；施工单位是施工标准化的实施主体，在遵循行业主管部门要求及业主规定技术上，进一步将施工标准化落实到作业层面，并通过开展“新技术”“新工艺”和“新材料”的创新与运用进一步提升施工标准化水平。

第8章 灌河大桥工程精细化管理

8.1 工程精细化管理概述

灌河大桥在实施工程建设精细化管理方面，做了两项工作：一是围绕工程组织建设、制度建设、奖惩机制设计、责任落实等方面构建灌河大桥工程精细化管理体系；二是围绕具体工程施工过程落实精细化管理方案。

实施精细化管理方案，主要包括如下4个方面：

(1)精细化建设最根本是要体现建设过程的专业化。专业化在灌河大桥建设过程中主要体现专业化的技术、专业化的人才、专业化的装备。具体来说，即：灌河大桥采用专业化的人才队伍进行施工过程中的环境监护；运用专业化的技术进行施工监控，确保施工精度控制在误差范围内；在主桥施工进行工地连接时，通过专业化的高强螺栓施工工艺确保连接质量。

(2)工厂化、流程化制造使粗放式生产向精益化制造方向转变，自动化的实现大大提高了生产精度，将人从烦琐的劳动过程中解放出来。流程化制造是由于关键技术、装备、工艺等方面在工程建设过程中得到应用而产生的，新技术的应用提高了生产效率、生产精度，对工程建设全过程精细化的实施起到了关键的作用。在灌河大桥开展工厂化、流程化制造方面，主要体现在钢结构的流程化制造、钢吊箱的工厂化生产以及塔柱液压爬模施工。

(3)定量化是工程精细化生产过程中最基本的要求，定量化使工程建设有规可循、有量可观、有度可测。建设流程化到定量化的转变、装备精度定量化、定量化采集分析建设过程中的数据、设计生产规范中的定量化要求等方面都是实施定量化所必需的。

(4)精细化不仅仅强调规范化、一般化，更要反映工程中的定制性，也就是工程个性化。对于工程个性化的理解即按照工程独特特点进行管理模式、方法与手段的定制，从而使工程管理对象的特殊需求无遗漏，并得到相应的有针对性的解决。灌河大桥在工程个性化方面，结合自身的实际情况进行创新，对于工程建设中面临的普遍问题，灌河大桥有针对性地采取了不同于一般工程的措施，具体表现在对混凝土的外观质量制定了新的分级评定标准，在预制梁厂创新性施工方面有大跨径小箱梁抽拔式芯模、小箱梁施工拉杆式抗浮技术、独立式存梁台座、环保式混凝土砂石分离器，南引桥高墩身无支架翻模施工等。

工程建设精细化管理的内涵，即"注重细节、立足专业、科学量化"。"注重细节"是指在工程建设全寿命周期过程中考虑到每一个细节，由于工程建设过程具有高度关联性，每一个细节对每道工序、每个分部分项工程乃至整体工程的质量、进度、成本等方面都会产生直接或者间接的关系，因此注重细节体现在工程建设的细微之处；"立足专业"是指对现代工程建设过程中的关键问题和薄弱环节需要依靠专业人才、专业技术设备以及专业信息手段等进行协调和解决，这是保证工程建设质量的关键；“科学量化”是指在工程精细化建设过程中主要体现在两个方面：其一在考核时严格按照量化的指标进行，做到定量准确、考核及时、奖惩兑现，其二在施工过程中，对精准、精细信息通过采集、观测、检查、处理等手段将分析后的数据用于指导施工的进行或者按照相关规定的量化指标进行工程施工。

公路建设工程精细化管理注重整体目标实现和综合效益最优，通过对各工程系统、各工程阶段、各工程参与方实施一体化管理，将各项管理工作高效集成，实现各工程阶段的有效衔接，改善工程管理工作的绩效。工程建设精细化管理内容在“建设”层面表现为组织机构建设精细化、管理制度建设精细化以及责任体系建设精细化；在“控制”层面表现为工程质量控制精细化、工程成本控制精细化、工程进度控制精细化、生产安全控制精细化；在“管理”层面表现为现场管理精细化、生产要素管理精细化、工程质量管理精细化、合同评价管理精细化、沟通协调管理精细化、廉政建设管理精细化、工程交(竣)工验收精细化、项目信息管理精细化。

公路建设作为一种特殊的项目活动，具有施工点多、施工线长、涉及单位多、工程技术及建设环境复杂和工程周期长等特征，其管理具有对象复杂、协调难度大、控制动态性强等特点。美国系统工程专家霍尔为解决大型复杂系统的规划、组织、管理等问题提供了一种三维结构的思想方法。三维结构是指时间维、逻辑维和知识维。参照霍尔的三维结构，高速公路建设工程的精细化管理可以从 4 个维度进行分析——目标维度、组织维度、过程维度以及技术维度。目标维度是工程建设项目精细化管理的前提，在目标层面主要明确工程项目产品的标准和要求；组织维度是工程建设项目精细化管理的基础，在组织层面主要是针对目标的精细化分解进行相应的组织机构设置；过程维度是工程建设项目精细化管理的关键，在过程层面主要是基于工程的全寿命周期的思想，纵向包括工程从策划、设计、施工到验收运营，横向主要包括合同管理、质量管理、进度管理、投资管理、HSE 管理等方面；技术维度是工程建设项目精细化管理的保障，在技术层面主要是指能够保障整体工程顺利进行的各个细分技术工程，如勘察工程、路基工程、通信工程、施工监控工程等技术活动。公路建设项目精细化管理四维度，如图 8-1 所示。

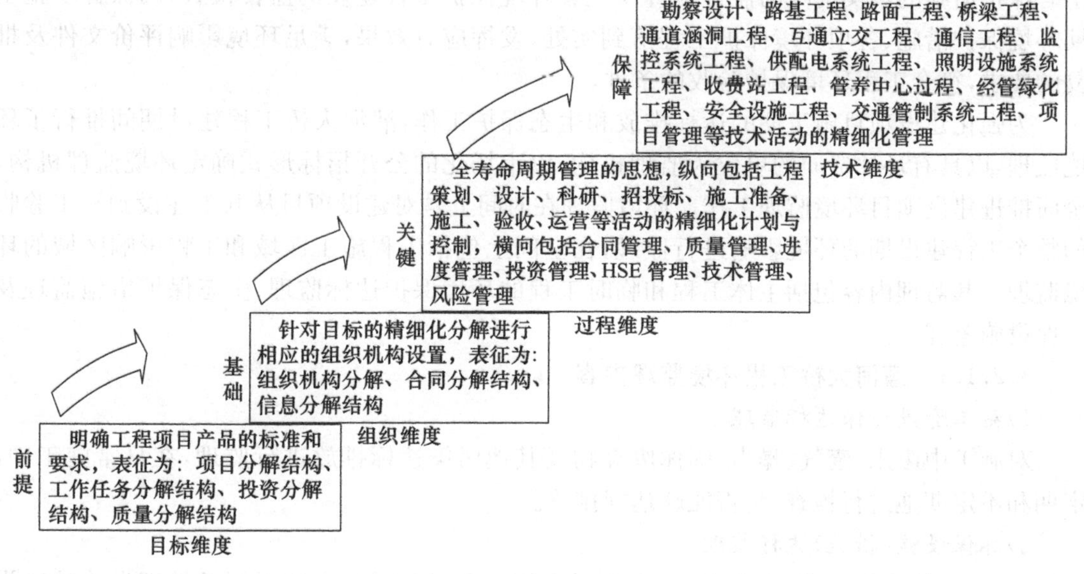

图 8-1　公路建设项目精细化管理四维度

8.2 灌河大桥工程专业化技术

灌河大桥工程施工的精细化管理一方面体现在建设单位或参建单位对建设任务及其目标更加明确,并在具体细节任务的分解上更加明确,参建单位具有专业化的建设、管理、监督等能力。灌河大桥工程建设中,进一步突出环境保护,突出对工程施工过程中的数据监控,强化对施工细节的控制。

8.2.1 灌河大桥工程环境监理

国家相关行业主管部门一直努力在促进环保监理发展。1995 年我国首先在世行贷款大型项目——黄河小浪底工程中引进了工程环境监理管理模式;2002 年国家环保总局、铁道部等六部委联合发出通知,要求青藏铁路、西气东输管道工程等 13 个国家重点工程进行环境保护监理试点。2004 年《关于开展交通环境监理工作的通知》(交环发〔2004〕314 号);2012 年中华人民共和国环境保护部办公厅印发了环办函[2012]5 号文件《关于进一步推进建设项目环境监理试点工作的通知》。

临海高等级公路灌河大桥项目位于连云港和盐城两市交界的灌河下游,西距沿海高速公路 28km,东临入海口约 7km,是临海高等级公路控制性的节点工程,工程建设过程中对环境保护、减少施工对河流的污染是其一项重要社会责任。传统的施工监理主要侧重于对施工现场的质量、安全、进度、成本等进行监督和管理,缺乏对环境保护监理,其中原因主要有政策法规的不完善和监理单位缺乏环境监理的能力及资质。

建设项目环境监理是指具有相应资质的监理企业,接受建设单位的委托,承担其建设项目的环境管理工作,代表建设单位对承建单位的建设行为对环境的影响情况进行全过程监督管理的专业化咨询服务活动。它包括主体工程和临时工程实施过程中的污染防治措施、生态保护措施的落实情况的监督检查及配套环境保护工程建设的监督检查,确保各项施工期环境保护措施、各项环境保护工程落到实处,发挥应有效果,满足环境影响评价文件及批复的要求,符合工程环境保护验收的条件。

为强化建设项目施工期的达标排放和生态保护工作,灌河大桥工程建设期间推行了环境监理,以具有环评资质的单位为监理机构,以市场化的公开招标形式确定环境监理机构,全面推进建设项目环境监理工作。环境监理在时间上是对建设项目从开工建设到竣工验收的整个工程建设期的环境影响进行监理,在空间上包括工程施工区域和工程影响区域的环境监理。其监理内容包括主体工程和临时工程的环境保护达标监理、生态保护措施监理及环保设施监理。

8.2.1.1 灌河大桥工程环境监理内容

1)施工阶段环保达标监理

对施工中废水、废气、噪声、固体废弃物及其他污染达标排放进行监理,在日常施工中,定期和不定期地进行检查,是否能够达标排放。

2)环保设施(措施)达标监理

(1)污水处理措施:对生产废水、生活污水的来源、排放量、水质指标及处理设施的建设过程、沉淀池的定期清理和处理效果等进行检查、监督，并根据有资质的监测单位的水质监测结果，检查废(污)水是否达到排放要求。

(2)废气处理措施:对施工和生产过程中产生废气和粉尘污染空气的状况进行监控，要求各施工单位进入施工现场的各种机械设备必须达到环保设计文件规定的废气排放要求，检查并督促施工单位是否按设计要求采取措施，减少和控制各工区废气、粉尘等对施工人员和周围环境的影响。

(3)噪声控制措施:为防止噪声污染，环境监理将对产生强烈噪声或振动的污染源，督促施工单位按设计要求进行防治，要求施工区及其影响区的噪声环境质量达到环保设计的要求。

(4)固体废弃物的处理措施:本工程主要的固体废弃物是生活垃圾和工程废料等。对施工区固体废弃物(包括生产废料和生活垃圾)的处理是否符合报告书的要求进行监督，对施工场地产生的固体废弃物应及时处理，严禁随处堆放;对不符合环保要求的行为要求限期整改，以满足施工区环境安全和现场清洁整齐的要求。

(5)生态保护措施:为防止生态失衡，施工期施工现场应合理安排施工，尽量减少土石方开挖，以免破坏生态环境，造成生态失衡。且对开挖的地表种植土，应合理安排存放，用于后期的开挖恢复或用作其他生态恢复等。

(6)野生动物保护措施监理:对本工程建设过程所涉及的珍稀动植物，环境监理将要求、监督各施工单位按环评报告书中拟定的保护措施对其进行保护，针对环评报告书中尚不具体的保护措施，环境监理将视实际情况提出细化保护措施。

(7)人群健康保护监理:为了保护施工区人员身体健康，环境监理要监督已制定的保护措施落实情况，督促施工单位建立必要的医疗卫生保障机制，定期开展卫生防疫活动;监督保护水源地和消毒处理，加强对生活饮用水的监测工作，确保生活供水符合国家生活饮用水标准，保证施工区有良好的工作和生活环境。

3)生态保护措施监理

(1)在施工中尽量做到清洁生产，对施工产生的废水、废物、废渣等污染物应及时妥善处置，使本项目施工不影响灌河水环境。

(2)加强施工作业面防治水土流失的措施。在施工堆场地及道路边界设置排水沟，科学规划施工场地布局，合理安排施工时段，避免在暴雨期间进行开挖、填筑等对土壤扰动较大的施工活动。施工结束后及时对裸露地表进行绿化，恢复自然景观，确保工程范围内道路全部硬化。

(3)加强弃土堆放的临时水土保持措施，减少施工期弃土场的水土流失影响。应在弃土场的边界做好开沟排水和边坡防护工作，应在弃土场边界设置围堰和排水沟，采用1:4的比例减缓堆土边坡并定期洒水，暂时硬化堆土的坡面，减缓水土流失。尽可能缩短弃土堆放的时间，尽快运走弃土;减少弃土堆放的数量，待临时堆放的弃土全部运走后应尽快在弃土场及周围采取平整和绿化等生态恢复措施，及时植树种草可以大大降低水土流失的影响。

(4)施工结束后及时恢复植树绿化，建立绿化隔离带，吸收有害气体，滞尘减噪，净化环境和调节气候。

(5)钻孔桩施工应合理安排在枯水期施工,减少对灌河水生生态的影响。

4)环境管理监理

(1)协助业主和施工单位建立和完善环境保护管理体系,涉及环保工作小组,环保规章制度、重大污染事故应急处理、施工人员环保培训和环保宣传等。

(2)加强施工期环保宣传和教育,尤其是提高管理人员和施工一线人员的环保意识,要求施工单位根据制定的环保培训和宣传计划,分批次、分阶段地对职工进行环保教育。

(3)采用关键节点旁站控制和不定期的巡查模式,对施工过程中的环境污染问题进行监督和管理,发现施工过程中不合理的环境污染问题,应及时制止并通知相关责任人员。

(4)协助业主召开环境保护方面的专题会议,并配合环境保护主管部门的验收检查。

5)检查项目临时用地选址的合理性

施工临时用地包括临时施工道路、临时材料堆放场和临时取、弃土场,以及拌和场和预制厂、临时运输码头、生活和办公区域及试验室。对照环评文件要求检查以上临时用地是否设立在环境保护的重点区域,是否有必要的恢复措施和环保措施。

(1)临时施工道路对环境的影响和环境监理的要点。临时施工道路的开辟和修筑对地表植被,包括周边的生态环境等都有一定的影响。在施工初期,应规划好临时道路的走向,以减少植被破坏为首要原则,尽量利用现有道路,且对于新修筑的临时道路应明确边界,选址避开各种生态敏感区。环境监理对临时施工道路的检查包括选址是否合理,有无临时防护措施,环境破坏是否严重,日常运行中有无保护环境的措施,以及施工结束后,是否有恢复用地的措施和安排。

(2)临时材料堆放场地的环境监理要求。临时材料堆放要合理地选择固定的场所堆放,尽量避开生态敏感点(区)。环境监理要检查临时材料堆放场地是否做硬化处理,是否设置遮挡措施;材料堆放方式是否合理,对产生的环境污染是否有防护措施和方案;以及施工结束后是否有恢复用地的措施和安排。

(3)拌和场和预制场的环境监理要求。拌和场和预制厂主要的环境影响是扬尘、废水、噪声、固体废弃物等。环境监理要求检查施工单位对各种废弃物是否有妥善的处置办法,是否存在乱排、乱放的情况,包括拌和场地和预制场地本身的临时占地;施工结束后是否有恢复用地的措施和安排。

(4)取、弃土场的环境监理要求。按照工程环境影响报告书的要求,结合实地踏勘,对取、弃土场选址和范围进行识别和确认,并检查剥离的表层土是否有适当的处置方式;对于可用于恢复的临时用地,环境监理会同建设单位对初始的地形地貌进行文字描述和影音记录,并建立完整的档案,以作为将来恢复的依据和参考。

(5)临时办公生活区的环境监理要求。对照工程环境影响报告书的要求,检查项目部生活相对集中区域是否设置有化粪池及生活污水处理池,位置是否合适,运转是否正常;出水是否回用于农田。

8.2.1.2 环境监理工作程序

针对灌河大桥工程项目的实际情况以及环保管理的相关制度规定,制定灌河大桥工程项目环境监理工作程序(见图 8-2)。

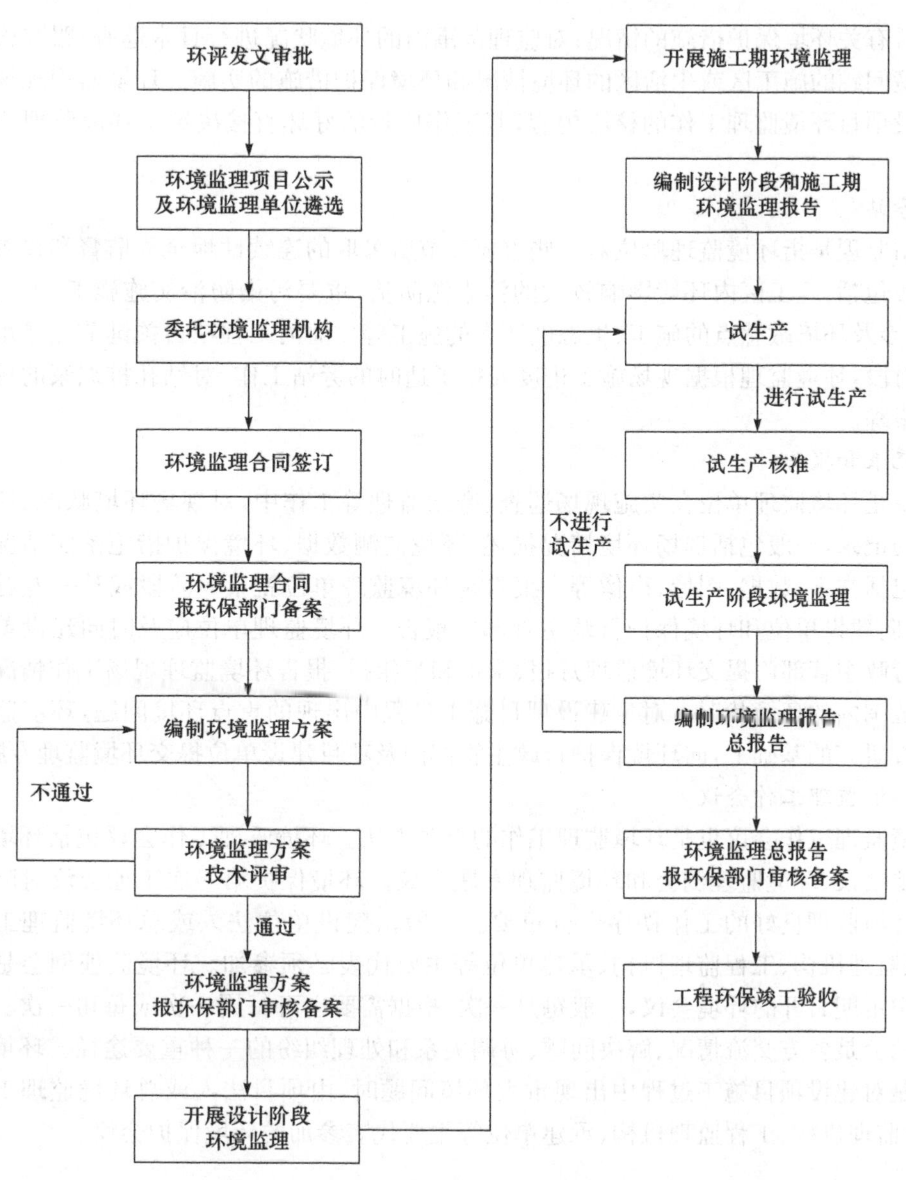

图 8-2　环境监理工作程序

8.2.1.3　环境监理工作方法

环境监理工作方法选择和确定的基础是：充分了解建设项目环境影响评价文件及其批复文件的内容；认真考察建设项目建设地点周围的环境特点，特别是环境敏感目标；核对工程设计文件和施工组织设计文件。环境监理应结合工程建设环境保护的特殊性，采取不同的环境监理工作方法，主要包括现场巡查、环境监测、旁站、记录和报告、发布文件、审阅报告、跟踪检查、环境监理工作会议、公众参与等方法。本项目采取的环境监理工作方法如下：

1）现场巡查

现场巡查是指环境监理单位对监理范围内的环境和环境保护工作进行定期和不定期的日常监督、检查，这是环境监理的主要工作方法。现场巡查的内容主要包括：检查承建单位落实项目有关环境保护措施的情况;对监理范围内的环境状况进行日常巡查;跟踪检查存在重大环境问题的施工区或生活区的环境情况和环境保护措施的实施。环境监理现场巡查工作是建设项目环境监理工作的核心内容,其工作质量的好坏直接决定了环境监理的效用和价值。

2)旁站

旁站监理是指环境监理单位对一些重要环节所采取的连续性地全程监督和检查。重要环节一般包括:施工区内环境影响较大的污染源防治、重要污染防治实施施工、重大环境问题处理、涉及环境敏感点的施工、生态破坏大的施工等。灌河工程项目关键节点是水下钻孔桩施工时段,环境监理根据现场施工进度安排了适时的旁站工作,对钻孔桩泥浆的排放进行了全程跟踪。

3)记录和报告

记录是环境监理单位在实施现场巡查、旁站监理等工作中,对现场环境状况、环境保护等情况的记录,一般包括现场环境情况描述、环境监测数据、环境保护措施落实情况等。记录形式包括文字、数据、图像、声像等。报告是环境监理单位就某一阶段或某一专题环境监理情况,向建设单位和环境保护行政主管部门报告。环境监理单位应及时向建设单位及环境保护行政主管部门提交环境监理月报、季报和半年报,报告环境监理现场工作情况以及环境监理范围内的环境状况。对于建设项目施工过程中出现的重点环境问题,环境监理单位应在调查研究的基础上,向环境保护行政主管部门及项目建设单位提交环境监理专题报告。

4)环境监理工作会议

环境监理工作会议也是环境监理工作的重要方法。环境监理工作会议包括环境保护第一次工地会议、环境监理例会和环境监理专题会议。环境保护第一次工地会议对顺利启动并建立环境监理良好的工作秩序十分重要。一般由建设单位法人或总环境监理工程师主持,环境监理机构、工程监理机构、承建单位等主要代表必须参加。环境监理例会是项目施工过程中定期召开的环境会议,一般每月一次,根据需要也可每周一次或每旬一次。环境监理工作例会是各方交流情况、解决问题、协调关系和处理纠纷的一种重要途径。环境监理专题会议是对建设项目施工过程中出现重大环境问题时,由项目法人或总环境监理工程师主持,环境监理机构、工程监理机构、承建单位等主要代表参加的环境保护会议。

8.2.2 灌河大桥工程施工监控

8.2.2.1 灌河大桥工程施工监控总体规划

为保证大桥工程施工期间的质量和安全,为该桥运营监测提供基础资料,必须有效地进行施工控制。施工控制是大桥关键技术之一,涵盖全桥整个施工过程,涉及计算分析、预制、现场安装控制等各个环节。采用制造、安装的全过程控制,并以主梁线形控制为主、结构内力调控为辅的方式进行,即基于几何控制法的大跨度结合梁斜拉桥的自适应控制体系,其目的是尽量使成桥结构线形、内力的大小和分布与设计目标相吻合。

结合灌河大桥的特点,对该桥施工期间的线形、索力及应力等内容进行有效的控制和调整,保证实际结构在逐段施工过程中的受力和变形始终处于可控、安全及合理的范围内;并且由这些施工状态逐步演化到成桥后,结构内力和线形均符合设计要求并且与理论期望值的误差最小。

1)灌河大桥工程施工监控的特点

(1)主梁结构跨度较大、刚度小、变形大,非线性效应有一定影响。

(2)结合梁安装工序复杂、可调整余量较钢箱梁小,施工工期长,温度影响较大。

(3)桥面混凝土板节段数量多、斜拉索安装时需多次张拉,误差累积容易造成结合梁线形与内力失控。

(4)需要监测的内容多,各测点距离较远。

2)灌河大桥工程施工控制内容和总体流程

施工控制内容主要分为计划阶段、制造阶段、安装阶段 3 个阶段。

(1)计划(计算分析)阶段施工控制的内容:

①全桥施工过程模拟分析,各结构物(钢主梁、斜拉索)无应力尺寸确定,提供各节段的加工尺寸。

②各施工阶段安装分析,确定各阶段理想目标线形,校核最不利状态下结构物的安全。

③设计参数或误差因素敏感性分析,确定主要施工误差因素,从而确定施工监控的主要参数。

(2)制造(节段预制或建造)阶段施工控制的内容:

①评估和确认制造过程的可靠性和正确性。

②检查和验收预制节段,分批进行误差分析,及时更新和纠正后续节段加工尺寸。

(3)现场安装阶段施工控制的内容:

①建立现场几何监测系统。

②对索塔安装过程施工控制提出建议。

③主梁特殊梁段安装施工控制。

④斜拉索及结合梁安装过程中的施工控制。

3)灌河大桥工程施工控制的对象

(1)索塔几何位置(主要是塔偏)。

(2)索塔索套管定位。

(3)主梁无应力线形及成桥线形。

(4)主梁安装的几何位置。

(5)斜拉索无应力长度。

(6)拉索塔端锚点和梁端锚点的位置。

(7)斜拉索施工阶段索力及成桥索力。

(8)施工阶段及成桥的索塔应力。

(9)施工阶段及成桥的结合梁(钢主梁、混凝土桥面板)应力。

8.2.2.2 灌河大桥施工监控组织

结合灌河大桥施工的实际情况和施工控制工作的具体技术内容,成立“灌河大桥施工控制工作领导组”,由大桥的现场建设指挥部、施工单位、设计单位、监理单位、制造商和监控单位的负责人组成。领导组负责施工控制工作实施过程中的总体协调工作。同时建立“灌河大桥施工控制工作组”,成员由参加大桥施工控制任务的技术人员组成。工作组负责施工控制具体任务的实施。其组织机构,如图8-3所示。

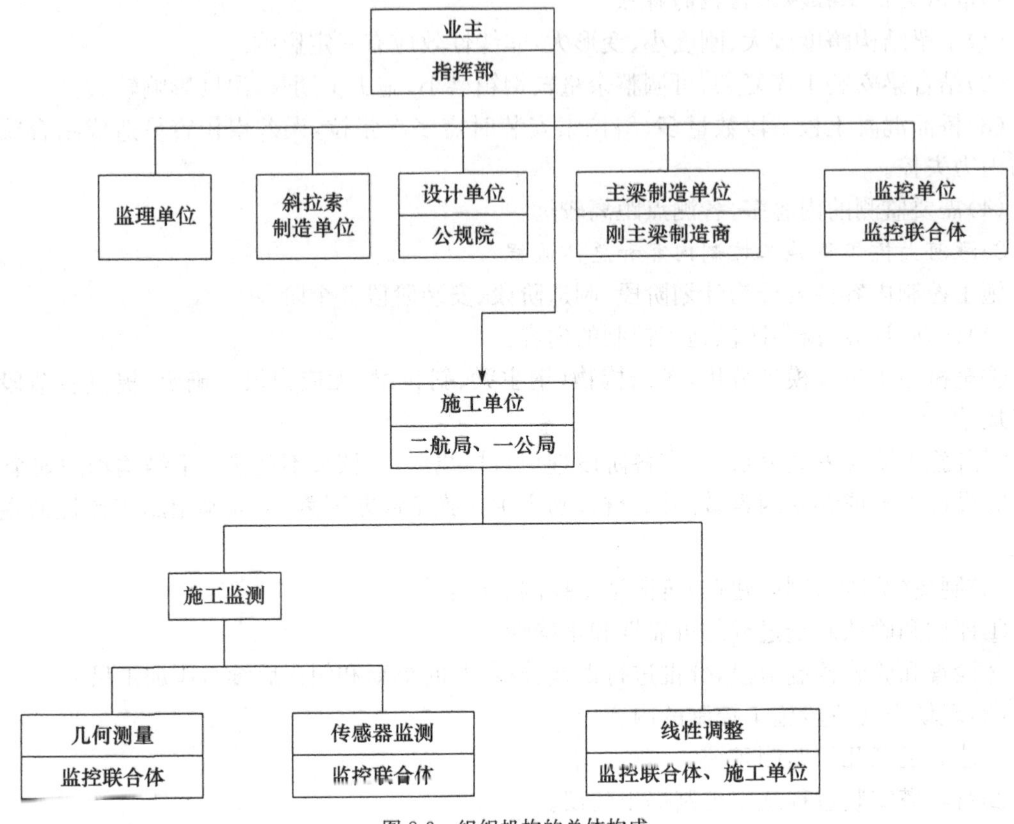

图8-3 组织机构的总体构成

现场施工控制主要由二航局和一公局负责实施,同时监控联合体全面协调现场的施工控制工作。二航局、一公局以及监控联合体的具体职责,如表8-1所示。

现场施工控制组成单位职责划分 表8-1

组成单位	工作界面
二航局、一公局	(1)编制总体施工方案。 (2)编制、审核关键施工技术方案,组织施工。 (3)负责组织施工控制方案实施。 (4)提供施工阶段线性测量。 (5)负责保护施工现场布设的监测传感器的安全。 (6)负责临时结构物的设计
监控联合体	(1)编制与结合梁安装相关的施工控制方案。 (2)负责施工过程总体计算分析,以及相关的计算更新。 (3)协助监理全面协调现场施工控制工作。 (4)与施工单位共同负责组织施工控制方案实施。 (5)现场测试和几何监测

8.2.2.3 灌河大桥工程施工控制工作

1)计划阶段工作

施工控制计划阶段的工作,是整个施工控制工作的基础。这一阶段的工作必须尽可能地接近实际施工状态，使理论分析和实际施工状态间的误差减少到最小，这是保证采用几何控制法实现控制目标的关键。在计划阶段做好如下两方面工作：

(1)确定成桥控制目标、建立力学模型的原则及计算边界条件的确定。

(2)做好模拟计算分析，其主要包括斜拉索施工张力计算、主梁制造线性计算、主梁安装线性计算、主塔及临时结构计算，同时还需要考虑非线性问题、计算参数的敏感性分析以及进行设计计算的校核与施工控制预测计算。

2)施工阶段工作

灌河大桥主桥钢主梁节段及斜拉索制造是实现全桥几何控制的重要环节。灌河大桥的施工控制与以往桥梁施工控制的不同点，即为了能够实现施工现场高精度的几何控制，将“控制”的概念引入到构件加工制造阶段，除了现场的几何监测外还需要对工厂加工精度进行监测，并且利用这些监测信息建立数字化模型以供现场控制时使用。为了保证在容许范围内实现设计目标线形，控制主梁每个钢梁节段按确定的无应力尺寸、斜拉索的无应力长度制造非常重要。在容许误差范围内实现无应力尺寸，精确地制造和拼装梁段及安装斜拉索是实现最终线形的重要保证。

(1)制造过程的几何控制

制造过程中的几何控制要针对制造商确定采用，并已获批准的施工工艺进行，如钢主梁采用多节段连续匹配组装、拴接和预拼装同时完成的施工工艺等。由于存在不确定因素，无应力尺寸的制作可能会出现误差。制造过程的几何控制将会监测出误差并及时作出调整，根据对已造桥梁构件的误差分析，可在后续批次的钢主梁制造中采取进一步的改进措施减少这些误差。

制造过程的几何控制重点：组装、拴接及预拼装胎架刚度及线形的控制，拼接板及拴接螺孔制造精度及安装的控制，锚拉板制造精度和安装的控制，检查制作几何线形和监测误差，斜拉索无应力长度的控制，分析误差情况并提供修正措施。在这个过程中，要把握几何控制的主要参数，包括锚固点组件的位置和方位、锚固点位置、已拼装梁段间的夹角、已拼装梁段的纵向累加无应力尺寸、已成梁段横截面无应力尺寸、已成梁段重量、斜拉索实际制造长度、斜拉索重量和弹性模量。

(2)主梁制造与拼装

主梁制造与拼装是保证大桥按几何控制法实现的重要环节，其精度控制是关键所在。钢主梁的制造主要分为如下3个阶段：

①在工厂内进行板件下料、制孔。对于这一阶段的工作，制造环境、设备条件均较好，对保证制作精度比较有利，重点应该是钢锚拉板的三维尺寸的放样、下料、锚管角度的确定、各类拼接板外形尺寸的精确控制、拼接螺栓开孔位置的精确定位、横梁预拱的设置。需特别强调的是，本桥主梁为螺栓连接，拼接板外形尺寸、拼接螺栓孔的定位精度对于主梁线形至关重要；还要注意的是，无应力尺寸是指在基准温度20℃的值，在不同温度下制作必须考虑温度补偿。

②在胎架上进行板件的拼装和焊接。对于这一阶段，制造环境相对比上一阶段要差，不确定因素增多，焊接变形的控制、胎架的线形和支撑刚度应是控制重点，尤其应注意控制梁段间拼接区域(拼接螺栓孔区域)、纵梁与横梁间拼接区域的板件平整度。主梁梁段变形的测量应在锚拉板、锚管与主梁焊接完成后进行。

③梁段组拼和多梁段预拼装。对于此阶段，控制的重点应是胎架的线形和支撑刚度以及预拼线形的测量。钢主梁的几何形状监测主要对钢主梁在总拼现场的实际拼装位置、隔板、轴线的位置、锚拉板的位置及相邻梁段接缝宽度等进行监测。钢主梁的几何形状监测主要对钢主梁在总拼现场的实际拼装位置、隔板、轴线的位置、锚拉板的位置及相邻梁段接缝宽度等进行监测。

(3)索塔索套管安装控制

灌河大桥索塔高达167.5m，在高空中进行索套管安装、调位难度较大，安装过程应严格按控制要求进行。斜拉索无应力长度对结构线形控制非常重要。根据几何控制的要求，对索套管安装过程控制的建议，包括容许误差范围、测点位置、测量的方式及精度、数据的收集与传递要求等。索套管安装过程及塔柱竣工时各索套管位置的所有测试数据填入专门设计的表格，经监理签字后提交给指挥部、监理单位及监控组。

(4)斜拉索制造控制

斜拉索无应力长度对结构线形控制非常重要。因此，斜拉索的制作必须严格按照确定的制作方案和在规定的误差范围内进行。一般来说，斜拉索制造控制的流程：在规定张力条件下对每根标准丝进行标定测量，并进行温度修正；对每根编制成的斜拉索进行弹性模量测定，其中测力必须由测试精度高于0.1%级的锚索计进行测量；按规定程序进行斜拉索长度测量，根据测定的斜拉索弹性模量和温度修正确定斜拉索的实际长度，并进行标记；对每根成品索进行称重，此外在斜拉索锚杯安装前需测量锚杯的重量；将所有测试数据填入专门设计的表格，经监理签字后提交监理并转监控组。

3)安装阶段工作——主塔安装

桥塔的几何控制有两个主要的内容，塔柱线性控制以及拉索锚点坐标、索套管倾角控制。在桥塔的施工过程中，要根据几何控制的施工监测安排对每一个步骤和增加的节点进行几何测量，每次几何测量都要同时测量温度。

(1)塔柱线性控制

对于塔柱线形主要是控制塔偏。由于塔柱在其施工过程中结构体系较为简单、明确，只要及时测量不难掌握其几何状态，并适时进行修正。成塔后，在基准条件下，桥塔目标线形必须满足以下几点误差要求：塔柱的倾斜度误差不大于1/4000，且塔柱轴线偏差不大于40mm；塔顶高程偏差不大于20mm；承台处塔柱轴线偏差不大于10mm；塔柱断面尺寸偏差不大于20mm，横梁断面尺寸偏差不大于10mm。

(2)拉索锚点控制

拉索锚点坐标和索套管倾角对拉索的无应力长度和主梁线形有较大影响，它是塔柱施工控制的重点，而且通过锚点坐标的检测也可掌握塔偏的情况。

①拉索锚点的预抬高：在施工塔柱时，塔柱拉索锚点的坐标由设计坐标决定，通过切实可行的测量措施和适当的施工工艺，在放样时塔柱拉索锚点的坐标是可以达到设计要求的，但由于塔柱弹性压缩和收缩、徐变等因素的影响，塔柱长度会较设计长度有所缩短，即使在放样时塔柱拉索锚点的坐标与设计坐标重合，在主梁施工和成桥时，塔柱拉索锚点的标高也将比设计标高要小，故在施工塔柱时须对塔柱拉索锚点进行预抬高。拉索锚点的预抬高包括弹性压缩和收缩徐变两项，由于各拉索锚点的标高不同，锚点位置处的弹性压缩和收缩徐

变也不相同。从理论上说，每一排锚点的预抬高值是不同的，但这样修正锚点标高将使施工测量复杂化，一般采用对所有的锚点标高采用统一的预抬高值进行修正的办法。预抬高量通过施工全过程分析确定，预抬高后的拉索锚点标高见《关于塔柱拉索锚点几何控制的函》。

②拉索锚点位置的测量：结合梁分段悬臂施工过程中，塔柱斜拉索锚点几何位置的精确描述参数是控制斜拉索安装长度、变形量及索力计算的重要数据，也是计算主梁线形误差的重要实测数据之一。施工单位必须提供主梁分段悬臂施工过程中塔柱斜拉索锚点的三维坐标，用于推算塔柱斜拉索锚点的空间位置，作为计算斜拉索的安装长度、变形量及其索力的主要参数。主桥索塔上塔柱锚索区设置5个锚点空间位置测试截面，每个截面分别布设2个测试点，具体布设方案及技术要求参见《关于塔柱拉索锚点几何控制的函》。

③拉索套管的倾角：由于设计图中塔端和梁端拉索导管的倾角是按拉索弦向设计的，而实际上拉索线形为一斜置的悬链线，若按弦向安装拉索导管，则会导致拉索轴线与拉索导管不同轴，使得拉索受弯，须对拉索导管倾角按拉索悬链线的切线方向进行修正。拉索导管倾角按以下条件计算，拉索塔端锚点位置按设计图坐标计算，梁端锚点在设计梁端锚点位置的基础上根据活载预拱进行修正、计算拉索倾角的索力，为监控联合体在设计索力基础上调整后的索力、拉索容重按80kN/m^{3}考虑。

(3)结合梁施工时的索塔测点布置

①应力传感器测点：在主桥上下游的下塔柱、中塔柱和上塔柱各设置一个测试截面，每一截面各埋设测试元件8个，即：灌河侧索塔和响水侧索塔的中塔柱上、下游塔肢的测试截面各埋设测试元件8个，上塔柱测试截面与此相同；具体布设方案及技术要求参见《主桥中塔柱应力测试元件埋设方案》《主桥上塔柱应力测试元件埋设方案》。

②塔肢几何变形测点：结合梁分段悬臂施工过程，索塔的几何变形参数是控制主梁线形误差的重要实测数据之一。施工单位必须提供主梁分段悬臂施工过程中索塔的几何变形参数：主桥索塔指定测点的水平变位，用于推算塔柱的倾斜。主桥索塔上塔柱根部(上横梁处)、塔顶各设置一个几何测试截面，每个截面分别布设4个几何测试点。

4)安装阶段工作——主梁安装

主梁安装阶段施工控制工作是整个灌河大桥主桥施工控制工作最重要的组成部分。根据灌河大桥的特点，施工控制主要采用几何控制的方法。这种方法能够最大限度地加快施工进度及安装精度。根本目标是保证桥梁在控制容许的安装误差内完成所有安装步骤和施加了所有的恒载后能达到目标几何线形。在主梁安装过程中要明确控制的主要对象，包括主梁安装的几何位置、主梁各阶段的线性、拉索锚点位置、索塔线性、斜拉索无应力长度、斜拉索施工阶段及成桥索力。在主梁施工过程中主要包括以下内容：根据结构构件(刚主梁节段、斜拉索)制造参数及索塔施工完成形态，更新主梁安装控制手册；进行施工控制预测计算，提供控制目标理论值及控制指令，控制点理论坐标＝结构成桥控制点坐标(X,Y,Z)＋预拱和超长＋当前阶段的累积变形＋制造尺寸的修正值＋温度变形修正值；对反馈施工信息分析，确定施工误差状态；利用参数识别系统对计算参数进行识别、修正；确定适用的施工误差容许度指标和应力预警机制；利用施工控制实时计算调整控制目标值。

(1)结合梁标准悬拼施工控制

标准悬拼阶段主要分3个施工步骤：

①钢结构起吊、匹配、拼接，本步骤的工作目标是线形顺畅，逼近施工理想几何线形。

②斜拉索第一次张拉、安装混凝土桥面板，本步骤的几何测量、斜拉索伸长量测量、锚索计读数工作对于确定结构刚度，进而准确确定无应力索长(可在锚杯的调整范围内操作)很有帮助。

③现浇混凝土桥面板湿接缝、吊机前移、第二次张拉斜拉索，本步骤重点是通过调整斜拉索的伸长量控制梁端标高以及主梁的旁弯和扭转。

结合梁标准悬拼施工控制主要体现在测量计划、温度修正、误差评估。其中测量计划中，局部测量是指施工前端的最后3～5个梁段必须进行局部测量。测量每一节段的控制点ZT1、ZT3，及新安装梁段ZT4、ZT6及桥塔上相应拉索位置坐标。全局测量是指测量所有已安装主梁梁段控制点ZT1、ZT3坐标和桥塔线形。温度修正是在误差评估之前，结构的每次全局测量必须包括温度测量。有些关键温度数据会影响结构的几何线形，主要有桥塔相应于基准温度的温度变化，及桥塔的非均匀温度变化(温度梯度)；主梁相应于基准温度的温度变化，及梁体的非均匀温度变化(温度梯度)；主梁、桥塔和斜拉索之间的温差。误差评估是指比较目标数据和测量数据，评估安装误差。可能造成施工误差的原因有不同刚度、不同荷载、不同尺寸(斜拉索长度、主梁的制作尺寸、梁段的拴接位置及混凝土桥面板的徐变收缩)。

如果桥梁的目标线形和施工线形存在差异，现场须通过下列方法校核：检查主梁上的所有施工仪器及设备的重量；检查和控制施工荷载；检查和控制张拉千斤顶；检查所有的几何测量数据；检查评估施工数据的方法和过程；检查所有和时间有关的数据，例如混凝土的收缩和徐变。如果几何差异产生的原因是由于实际荷载比假设的为高，或者预制的斜拉索长度比设计的长(索力较小)，又或者是梁段的制造线形是正确的，那么，通过调节斜拉索的长度就可以使桥梁的几何线形符合目标线形。如果几何差异产生的原因是由于制作误差或者是受到与时间有关的因素影响，那么，就需通过改变制造构件的安装位置来调节几何线形。无论是调节索力还是改变安装位置，必须分析这些措施导致的结构响应是否在容许范围内。

(2)边跨合龙施工控制

边跨合龙是指由过渡墩及其支座支撑一端的梁段的另一端，与已悬臂施工完成的边跨9号索梁段(D梁段)的正确连接。边跨合龙施工控制的重点是根据实际合龙时的温度调控合龙口的相对位置和角度。调控的主要措施是移动桥面施工荷载的位置、施加临时荷载；必要时微调悬臂段斜拉索，且在合龙完成后将斜拉索恢复到调整前的“无应力索长位置”。

当过渡墩及其支座支撑的梁段纵向就位后，其重点是不同温度下两边纵梁端面的角度与高程匹配。作为匹配的调控措施，可采用以下方式：调整9号斜拉索的索力(在合龙完成后将斜拉索恢复到调整前的“无应力索长位置”)或者利用9号索梁段的临时压重改变9号索梁段合龙口端面的角度与高程。

(3)中跨合龙施工

中跨合龙施工是重要的施工工况，中跨合龙施工时处于最大悬臂状态，施工阶段的结构稳定性非常重要。首先调整和移动桥面荷载的位置，施加合龙段荷载。中跨合龙控制的重点是根据实际状态调控合龙口的相对位置和角度，并根据实际温度情况，决定是否向外或向内顶推梁段；必要时微调悬臂端一至两对斜拉索调整合龙角度，且在合龙完成后将斜拉索恢复到调整前的“无应力索长位置”。

8.2.2.4 灌河大桥工程施工监测工作

1)施工监控中的几何监测

作为施工监控系统中的获取反馈资料的必要组成部分，几何监测系统的完善与否将直接影响控制系统的精度及安全。几何监测的主要目的：为及时、直观地评价灌河大桥主桥主梁的施工状态提供基础资料，为评价灌河大桥主桥主梁线形及索塔线形提供资料，为施工控制的线形误差分析提供测试数据。

结构几何监测是施工监控中最重要的反馈指标之一，它包括主梁高程、主梁轴线、主梁的水平变位、索塔偏位、主塔索套管的定位等监测内容。考虑到灌河大桥施工周期长，主梁不同块件的安装将在不同的季节进行，为了消除温度引起的误差，除了控制工况的测量必须在夜间完成外还应该至少每隔5个梁段进行一次变形的连续观测，以便部分消除温度影响。在施工控制过程中索塔线形的监测也是非常重要的，监测的结果对主梁的架设精度控制及误差评估均有重要的意义。

对于悬臂施工部分(悬臂长度为 L)要求局部(相对)高程测量误差小于±2mm，整体高程测量误差小于±(5mm＋10ppmL)；对于悬臂施工部分(悬臂长度为L)主梁轴线局部(相对)测量误差不得大于±2mm；整体测量轴线误差小于±(5mm＋10ppmL)；索塔偏位测量误差不得大于±5mm；基础沉降测量误差不得大于±1mm。

控制工况主梁上下游高程测点平均值误差应小于悬臂长度的±1/4000，当1/4000悬臂长度<15mm时按照±15mm进行控制，相邻梁段间平均相对偏差(前梁段平均偏差－后梁段平均偏差)不大于5mm；上下游高程相对偏差不大于±10mm。主梁轴线偏位不大于±10mm。每个梁段施工完毕后监控单位应对监控结果进行评价并提供报表。

2)施工监控中的物理监测

作为施工监控系统中获取反馈资料的重要组成部分，施工物理监测系统的完善与否将直接影响控制系统的精度及安全。监测系统的主要目的：为施工控制提供必要的反馈数据、监测施工过程中的结构安全指标，能够对不安全的状态进行预警、为几何控制提供原始的误差数据。

(1)物理监测的主要内容

①斜拉索索力监测：斜拉索索力是斜拉桥施工过程中最重要的监测指标之一。灌河大桥采用穿心式传感器＋弦振式索力仪两种方式进行索力测量。穿心式传感器具有精度高、测试速度快且受环境干扰小等优点，用于张拉索索力测量；弦振式索力仪用于张拉索及张拉后斜拉索的索力测量。灌河大桥由于斜拉索较长，因此垂度对弦振式索力仪的影响不可忽略。这些影响固然可以通过仿真分析来计算，然而通过张拉阶段精确的索力测量来修正频率-索力换算公式将是更为实际及可取的方法。一般来讲，经过修正后的弦振式索力仪的精度能够达到2%。

②结构应变监测：结构应变监测是反映结构是否处于安全状态的最直观的指标。因此，在索塔及主梁的重点部位设置应变监测断面，测试结构的应力状态。

③结构温度场与环境监测：桥梁施工过程中，环境温度的大小及日照温差会影响到结构

体系内的内力分布；并且，结构的温度变形还影响到施工中构件的架设精度及测量精度。对日照温差影响较大的情况，要求标高测量在日落后 3～4h 至清晨日出前进行，即使如此也不能完全消除温度分布不均匀的影响；另外，本桥的施工为跨季节施工，体系温度改变也较大，因此建立温度监测体系对于修正温度给施工带来的误差也是非常必要的。温度测量包括：施工阶段环境温度及塔、梁、索等构件的温度场分布。环境温度的测量应连续进行，根据施工进度由测试组完成温度及湿度数据采集，并随控制测量报表将数据提交施工控制组。在温度测量中最主要的部分是对主梁高程影响较大的索温及主梁顶底板温差。

(2)物理监测的技术要求

①结构应力监测：索塔混凝土监测结果每边平均应力误差应小于±15%，当理论应力水平小于 10MPa 时可按照±1.5MPa 来进行控制。钢主梁上缘平均应力误差及下缘平均应力误差应小于±10%，当理论应力水平小于 60MPa 时可按照±6MPa 来进行控制。

②温度场监测：结构温度场监测误差小于±1℃，环境温度监测误差小于±1℃。通过测量仪器精度保证测量精度。

③索力监测：索力测量误差小于±2%。依靠测量仪器精度保证测试精度，并结合多次测量及与千斤顶读数对照。

(3)施工阶段物理监控技术要求

①索力控制技术要求：拉索上下游平均控制误差应小于±5%，对近塔根部的 3 对索可以放宽至±8%。上下游拉索相对偏差不大于 3%。

②应力监测其他技术要求：索塔应力(温度)测量可考虑索塔施工期间每个节段测试一次，架梁阶段每个梁段测试一次。当混凝土应力水平达到 80%材料允许强度或超过误差范围时应提供预警，应力监测结果应在测试断面浇筑 30d 后开始提供。钢主梁应力水平达到 60%材料允许强度或超过误差范围时应提供预警，应力监测结果应在每个梁段完成后提供。

8.2.3 灌河大桥工程高强度螺栓施拧工艺

工地连接是指主桥施工单位将钢主梁、钢锚梁等吊装就位后，进行的构件或节段之间的连接施工。高强度螺栓连接是灌河大桥工地连接的主要方式。

1)高强度螺栓连接副施工要求

整体节段拼装前，应除去拴接面毛刺、飞边、焊接飞溅物，并用细铜丝刷、干净绵丝除去拴接面和栓孔内的赃物，对沾有油污处，应用汽油或丙酮擦净。拼装前拴接面的涂装应是完好无损的，对拴接面涂装的划痕、损伤部分应进行补涂。安装高强度螺栓时，构件的摩擦面应保持干燥，严禁在雨雪天气中施工。应准备防雨用具，以备天气突然变化时遮盖拴接面之用。整体节段拼装时，按要求每个节点应穿入足够数量的冲钉和安装螺栓，拼装用的冲钉和螺栓总数不得少于孔眼总数的 1/3，其中冲钉占 2/3；孔眼较少的部位冲钉和螺栓数量不得少于 6 个或全部放足。高强度螺栓连接副采用扭矩法施拧，高强度螺栓、螺母、垫圈必须按生产厂提供的批号配套使用，并不得改变其出厂状态。高强度螺栓连接副组装时，螺母带圆台面的一侧应朝向垫圈有倒角的一侧，螺栓头下垫圈有倒角的一侧应朝向螺栓头。安装时，严禁强行穿入螺栓(用锤直接打入)，对于不能自由穿入的栓孔，应用与栓孔直径相同的铰刀或钻头进行修孔或扩孔。高强度螺栓应按螺栓表中列出的板束厚度所对应的螺栓长度使用。施拧前应按每班实际需要量领取高强度螺栓连接副，安装剩余部分必须装箱妥善保管，不得乱扔乱放。

当拼装出现摩擦面间隙时的处理方法：间隙小于 1.0mm 时不予处理；间隙在 1.0～3.0mm 时将厚板一侧磨成 1：10 的缓坡，使间隙小于 1.0mm；间隙大于 3.0mm 时加厚度不小于 3.0mm 的垫板，垫板材质和摩擦面处理方法应与构件相同。

2）高强度螺栓连接副的拧紧工艺

高强度螺栓的设计预拉力、施工预拉力，应符合表 8-2 的规定。

高强度螺栓预拉力（单位：kN） 表 8-2

螺栓规格 d	M24	M30
设计预拉力 P	225	355
施工预拉力 Pc	250	390

施拧前，应按生产厂提供的批号，并按每批不少于 8 套分批测定高强度螺栓连接副的扭矩系数。该批扭矩系数平均值应在 0.110～0.150 范围内，其标准偏差应小于或等于 0.0100。同时应记录测试环境温度。高强度螺栓连接副的拧紧采用扭矩法拧紧，拧紧分初拧和终拧。对于大型节点应分为初拧、复拧、终拧。初拧和复拧扭矩值为终拧扭矩值的 50%。复拧、终拧高强度螺栓分别用白、红色油漆在螺母与垫圈同一部位涂上标记，以防漏拧。

高强度螺栓连接副的拧紧应在螺母上施拧，拧紧顺序应从连接板中间的螺栓依次向端部螺栓进行。高强度螺栓的初拧、复拧、终拧应在同一天完成。定扭矩扳手使用前后必须进行标定，其扭矩误差不得大于使用扭矩值的±5%，检查扭矩扳手必须标定，其扭矩误差不得大于使用扭矩的 3%，且应进行扭矩抽查。

每班操作前及操作后，必须对施工扳手进行扭矩校正，校正结果添入记录表中，并由校正人签认。在操作后进行扭矩校正时，若发现其误差超过允许范围，则对该工班用该扳手终拧的高强度螺栓连接副全部用检查扳手进行检查、处理。

施工用的扭矩扳手校正以后，使用者不许改变其扭矩，注意不能碰到控制器；在使用过程中若发现异常情况则应及时报告专业人员，由其进行处理。电动扳手在打开开关后将高强度螺栓拧到规定扭矩时自动关机，不得中途松手停机，其启动扭矩不应超过标定扭矩的 70%。改变旋转方向时，其延时保护装置起作用，超过 5s 钟方能启动；手动扳手拧到规定扭矩时，扳手会出现“当”的响声，表示已经到位，在使用时注意平稳加力，不许冲击加力。

施拧高强度螺栓时，高强度螺栓和扳手的发放、使用要有专人负责并记录，严禁螺栓、扳手混用。普通螺栓和冲钉倒换高强度螺栓，应在其余高强度螺栓终拧完成后进行，以防结构尺寸发生变化。终拧检查合格的高强度螺栓连接副外露部分和拴接外露面，应按相关技术要求及时进行涂装。

3）高强度螺栓施拧质量检查

高强度螺栓连接副施工质量的检查，应由专职质量检查员进行。对复拧后的全部高强度螺栓连接副，用重约 0.3kg 的小锤敲击螺母对面的一侧，用手指紧按住螺母对边的另一侧进行检查，以防漏拧。观察全部终拧后的高强度螺栓连接副，检查复拧后用油漆标记的螺栓与螺母相对位置是否发生转动，以检查终拧有否漏拧。检查扭矩扳手使用前必须进行标定，其扭矩误差不得大于使用扭矩值的±3%。对主桁及纵、横梁连接处，每栓群高强度螺栓连接副总数的5%，但不少于2套，其余每个节点不少于1套进行终拧扭矩检查。

(1)松扣、回扣法检查：先在螺栓与螺母的相对位置划一细直线作为标记，然后将螺母拧松约30°，再用检查扭矩扳手把螺母重新拧紧至原来位置（使所划细直线重合），测取此时的扭矩应在0.9Tc h～1.1Tc h范围内。Tc h按公式计算：

$$Tc\ h = K \times P \times d$$

(2)紧扣法检查：用检查扭矩扳手拧紧螺母，测得螺母与螺栓刚发生微小相对转角时的扭矩，应在0.9～1.1紧扣检查扭矩范围内。紧扣检查扭矩由试验确定。

每个栓群或节点检查的螺栓，其不合格者不得超过抽查总数的20%，超过时则应继续抽查直至累计总数80%的合格率为止；然后对欠拧者补拧，超拧者更换螺栓后重新拧紧。高强度螺栓连接副的终拧扭矩检查应在终拧后4～24h内完成。终拧检查合格的螺栓，应做好规定的标记，并在螺栓、螺母、垫圈的外露部分立即涂上油漆。

8.3 灌河大桥工程工业化制造

桥梁工程建设过程是运用装备与工具把工程材料整合成工程实体的过程。随着技术的进步与装备的发展，工程机械化程度不断提高，但工程建设现场仍然表现出密集型劳动特点，大量的现场工序仍然需要通过人的操作来完成，易造成工程品质的波动和不受控。因此，桥梁现场管理在施工现场应该尽量降低这种随意性，而对工程管理中那些可以结构化、程序化和标准化的部分进行固化，尽可能采取丅业化制造方式。

预制化与工厂化在当前的一些工程上已经得到实质的推行，通过这样的手段，把工程中的重要部件且质量难以保证的部分交由专业的工厂进行制造，由开放的环境下非专业工人的施工变为封闭环境下半自动甚至全自动的精密制造，严格地控制其质量。现场的任务，变为拼接、浇筑等这些相对而言比较容易控制的环节。尽管项目运用了工厂化制造这一现代化手段，但工程建造还是离不开工程现场这一最终场所，毕竟各个部件的质量无法决定整体的质量，工程项目整体功能目标的实现仍依赖于工程现场的施工，施工的好坏对工程最终质量的好坏具有决定性的作用。

因此，灌河大桥工程建设过程中，充分运用工业化制造的理念和思维，重点做好以下工作：

(1)尽可能把工程建造过程中所需装备和部件交由工厂化去生产和制造，一方面能保证质量稳定性，另外一方面不容易受到自然环境影响而保证进度。

(2)对于不能在工厂预制而须在现场拼装和安装的部件，要通过科学制定流程、优选人员，保证其质量的稳定性。

8.3.1 灌河大桥工程钢结构加工制造

8.3.1.1 灌河大桥工程钢结构制造概况

灌河大桥主桥采用(60.8+117.2+400+117.2+60.8)m=756m，双塔双索面半漂浮体系钢与混凝土组合梁斜拉桥。桥面纵坡为2.5%，中跨及部分边跨处R=10000m的圆弧竖曲线上。其桥型布置，如图8-4所示。

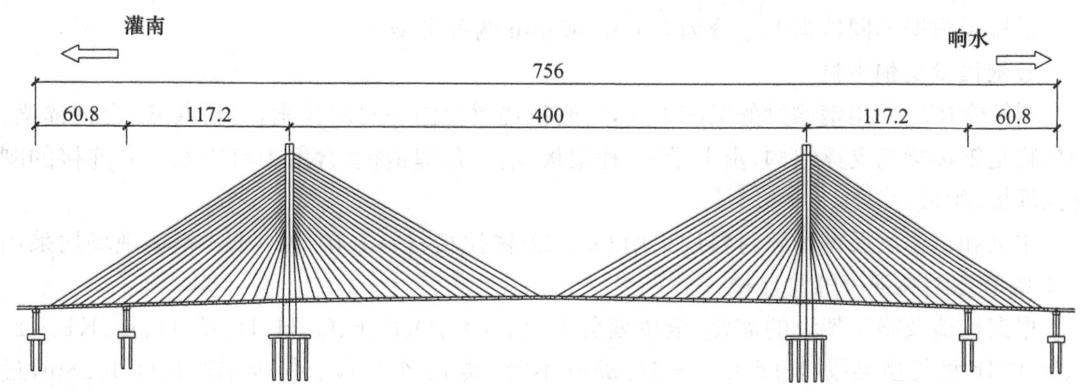

图 8-4 灌河大桥主桥桥型的布置(尺寸单位:m)

灌河大桥主桥主梁采用双边“工”字形钢主梁结合桥面板的整体断面。其钢结构部分由“工”形边主梁(锚拉板焊于其上)、横梁、小纵梁通过摩擦型高强度螺栓连接形成钢梁。双边“工”字形主梁横向中心距为 34.5m,主梁全宽 36.5m,梁高 3.6m(主梁中心线处),其中边主梁中心线处梁高 2.7m。索塔采用 H 形索塔,塔高 167.5m;索塔两侧各布置 17 对斜拉索,中跨及边跨斜拉索梁上间距为 10.8m,辅助跨范围斜拉索梁上间距为 7.2m,索塔附近主梁无索区长度 40m。斜拉索梁上采用锚拉板锚固;塔上采用钢锚梁锚固。

1)边主梁

单侧边主梁采用“工”字形截面,下翼缘水平设置,上翼缘设 2%单向纵坡,腹板采用直腹板。边主梁上翼缘宽度统一采用 1000mm,在不同区域采用 36mm 和 48mm 两种不同厚度;下翼缘采用 1100mm×60mm 和 1900mm×86mm 两种不同截面。辅助墩和索塔支座范围边主梁腹板采用 36mm,设置两道 360mm×30mm 板式纵向加劲肋;其余位置腹板厚度统一采用 30mm,设置两道 300mm×30mm 板式纵向加劲肋。与横梁位置对应,腹板内外侧标准节段每隔 3.6m 间增设一道竖向加劲肋,其间距为 1.8m。

2)横梁

横梁采用“工”字形断面。横梁与主梁顶底板均保持垂直,标准间距 3.6m。横梁上翼缘设双向 2%横坡。标准横梁上翼缘钢板宽 600mm,厚度为 24mm;下翼缘钢板宽 700mm,水平段厚度为 30mm,倾斜段厚度为 24mm;腹板厚 14mm。横梁腹板设一道水平加劲肋和若干道竖向加劲肋。横梁腹板水平加劲肋和竖向加劲肋在横梁腹板两侧成对布置。横梁上翼缘、腹板及下翼缘与边主梁通过高强螺栓拼接。

3)小纵梁

在横梁中部及距离主梁中心线 8.4m 两侧各设置一道小纵梁。小纵梁高 500mm,采用“工”字形截面,上翼缘宽 500mm,下翼缘宽 240mm。小纵梁上翼缘与横梁顶板采用高强度螺栓拼接;小纵梁腹板与横梁上对应位置的竖向加劲肋采用高强度螺栓拼接。

4)锚拉板

斜拉索在钢梁上的锚固采用锚拉板结构形式。锚拉板构造主要由拉板及加劲、锚管及加劲、锚垫板等组成。拉板焊接于边主梁上翼缘板顶面,并与边主梁腹板位置对应。在拉板的两侧焊接加劲板。锚管嵌于锚拉板上部的中间,锚管两侧通过熔透焊缝与拉板相互连接。锚垫板在锚管端部与之磨光顶紧,并在两端与拉板焊接。

锚拉板根据不同拉索型号分为 50mm、45mm 两种类型。

5)钢锚梁及钢牛腿

斜拉索塔端采用钢锚梁的锚固方式,每套钢锚梁锚固一对斜拉索,全桥共 68 套钢锚梁。钢牛腿是钢锚梁的支撑结构,由上承板、托架板、塔壁预埋钢板(含剪力钉以及与其连接的刚性预埋板)组成。

主梁和钢锚梁及钢牛腿材料均采用 Q345D;锚拉板材料采用 Q420D。钢梁现场均采用 10.9 级摩擦型高强度螺栓连接。

根据构造及施工架设的需要,全桥划分为 A、B、C、D、E、F、G、H、I1、I2、J1、J2、K1、K2、L、M 共 16 种类型梁段,长度 4.75～16.85m 不等,共 71 个梁段。标准梁段长度 10.8m,最大吊装重量 36.64t(H 梁段)。辅助跨最大吊装长度 16.85m(K1 梁段);最大吊装重量 46.49t(I2 梁段)。

8.3.1.2 灌河大桥工程钢结构制造施工组织

项目经理部由钢梁制造经验丰富的技术、管理人员组成,负责组织落实灌河大桥主桥钢主梁及钢锚梁、钢牛腿、检查车附属设施等钢构件的制造、运输、工地配合吊装及桥上连接等本工程的全部工作。项目经理部下设项目一部和二部。其中,项目一部负责山桥集团钢梁车间的钢构件制造;项目二部负责全部运输工作及桥位施工。其组织机构设置,如图 8-5 所示。

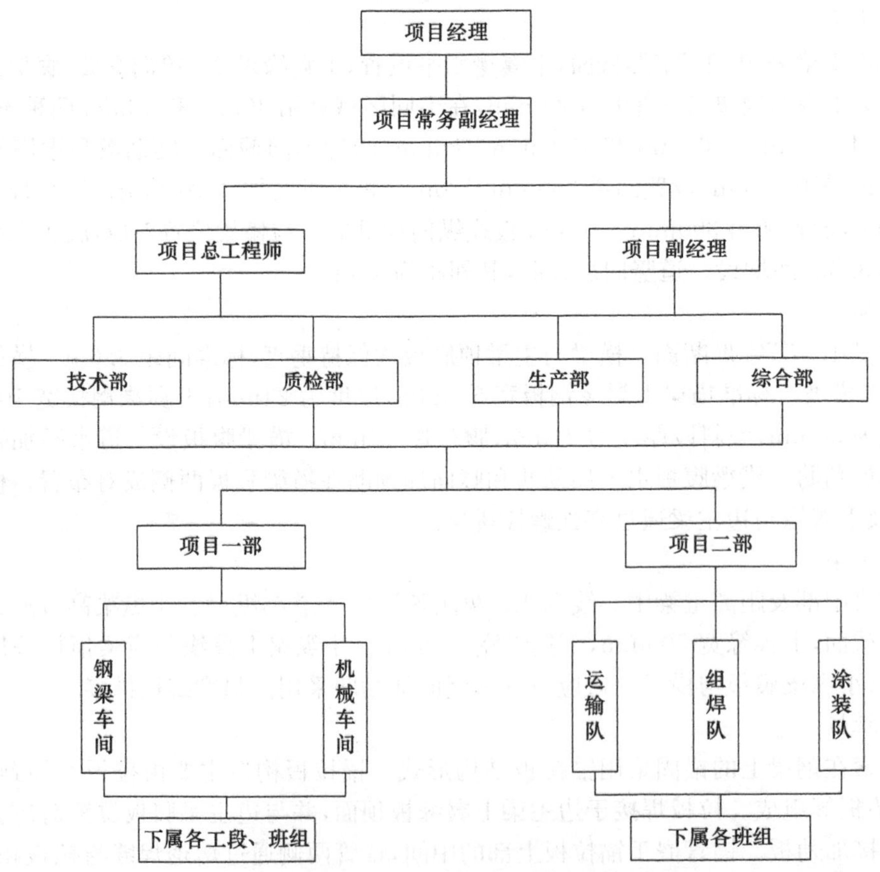

图 8-5 灌河大桥钢工程结构制造施工组织机构

8.3.1.3 灌河大桥工程钢主梁加工制造

1)钢主梁制造总体方案

根据灌河大桥工程结构特点,划分为边主梁、横梁、小纵梁、锚拉板单元(焊于主梁上)、钢锚梁(含钢牛腿)等构件。在标准化车间对各类构件进行工厂化加工制造,各类构件截面以工字形为主,可按“下料→加工→组装→焊接→矫形→出孔→试拼装(→施焊剪力钉)→表面处理→涂装”的基本程序制造。构件制造完成后在试拼场对钢梁进行多节段连续试拼装,即一轮试拼装完成后留下连接段参与下一轮的试拼装。试拼装合格后解体,进行表面处理、涂装、发运,并在架设工地完成工地焊缝的焊接及高强度螺栓连接。本桥构件制作的关键工艺包括:钢板赶平及预处理、切割下料及加工、精确制孔;焊接质量,尤其是锚拉板与边主梁间熔透焊缝质量;锚拉板及钢锚梁角度控制。图 8-6 所示为灌河大桥钢梁标准段直观图。

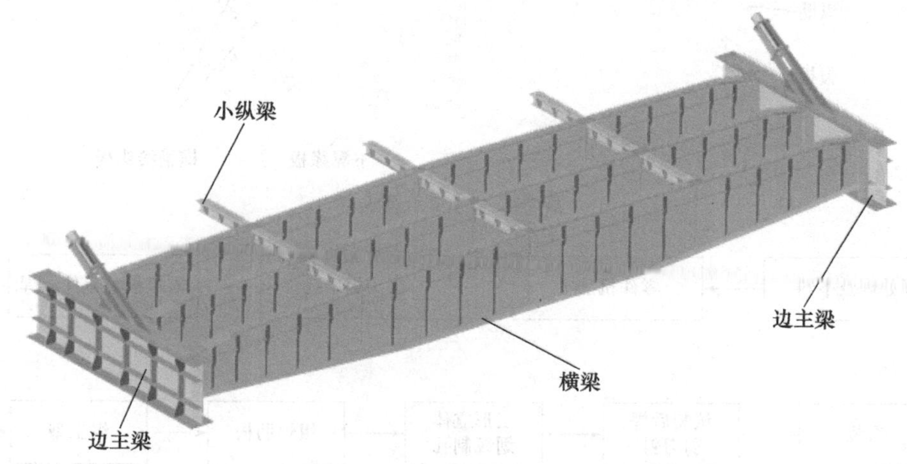

图 8-6　灌河大桥钢梁标准段直观图

2)边主梁制作

边主梁为工形结构,由上下翼缘板、腹板、锚拉板单元、横梁接头板、纵向加劲肋及竖向加劲板组成。边主梁高度为 2700mm(不含锚拉板)宽为 1000mm;相邻工形翼缘板、腹板、纵向加劲肋及与横梁连接均采用高强度螺栓连接;锚拉板与边主梁上翼缘板焊接连接。边主梁示意图,见图 8-7;边主梁的制造过程一般按照以下工艺流程进行,见图 8-8。

根据边主梁的结构特点,在杆件制造时应重点考虑以下几点:

(1)锚拉板直接焊于边主梁上翼缘板上,此焊缝是主要受力焊缝,直接关系到大桥的安危,必须采取可靠的工艺来保证该焊缝的熔透和质量。

(2)锚拉板是全桥传力系统中的关键构件,其角度控制是制造的难点和重点,需采取有效技术措施加以保证。

(3)边主梁两端高强度螺栓连接,两端孔间距精确度是保证桥梁线形的关键。为此,制孔工艺必须充分考虑熔透焊缝及锚拉板与上翼缘板连接等各种因素的影响,以确保边主梁的制孔精度。

鉴于上述几点,确定了边主梁采取锚拉板单元与上翼缘板焊为一体后再进行工形组焊和后孔的方案。此方案与工形组焊后再将锚拉板单元焊于工形上的方案比较,在于此方案能够同时保证直探头和斜探头来对此焊缝进行超声波探伤，从而确保熔透焊缝的质量，也避免了工形扭曲难以控制的弊端，且后孔法更易保证制孔精度。

锚拉板
剪力钉
上翼缘板
纵肋
腹板
下翼缘板
横梁接头板

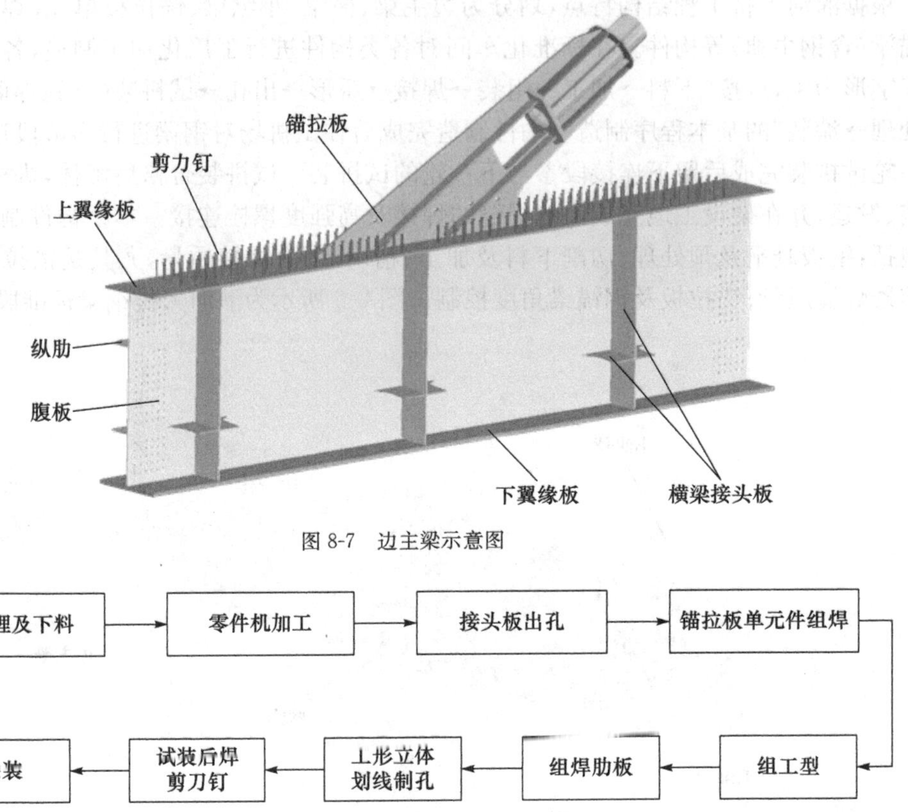

图 8-7　边主梁示意图

预处理及下料
零件机加工
接头板出孔
锚拉板单元件组焊
组工型
组焊肋板
工形立体划线制孔
试装后焊剪刀钉
涂装

图 8-8　边主梁制造流程

3）横梁制作

本桥横梁分为标准横梁(见图 8-9)、压重横梁、端横梁。除端横梁为 π 形断面外，其余均为焊接工形断面。以标准中横梁 HL1 的制作为例说明，标准中横梁由上下翼缘板、腹板、水平加劲板及竖向加劲板组成。HL1 上翼缘板宽 600mm，下翼缘板宽 700mm，梁高约 3350mm，梁长 33480mm。腹板两端设高强度螺栓孔与主纵梁拴接；竖向加劲板设栓孔与三道小纵梁相连。标准横梁的制作，按照图 8-10 的工艺流程进行。

上翼缘
肋板
下翼缘
腹板

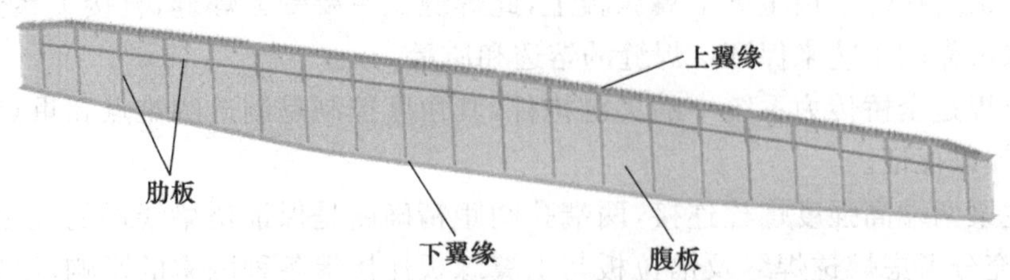

图 8-9　标准横梁的直观图

4）小纵梁的加工制作

小纵梁加工制作的流程，如图 8-11 所示。

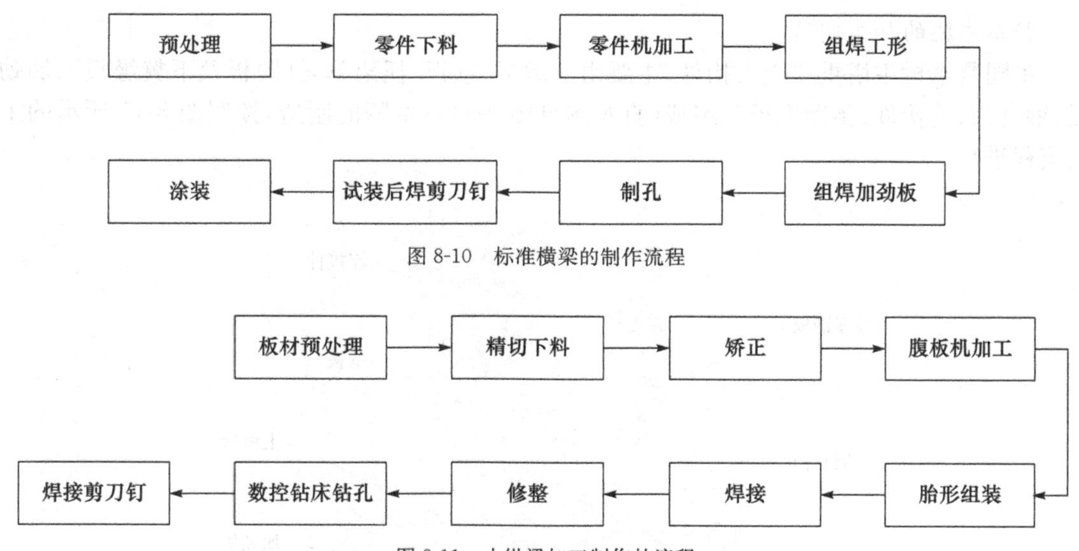

图 8-10 标准横梁的制作流程

图 8-11 小纵梁加工制作的流程

8.3.1.4 灌河大桥工程钢锚梁与钢牛腿制造

1)钢锚梁的制造

钢锚梁是本桥主塔重要受力构件，主要由钢锚梁腹板、顶板、底板、锚垫板、承压板、腹板加劲板、隔板等组成；承压板与底板之间的角度为锚梁制造的控制重点。钢锚梁的直观图，见图 8-12。

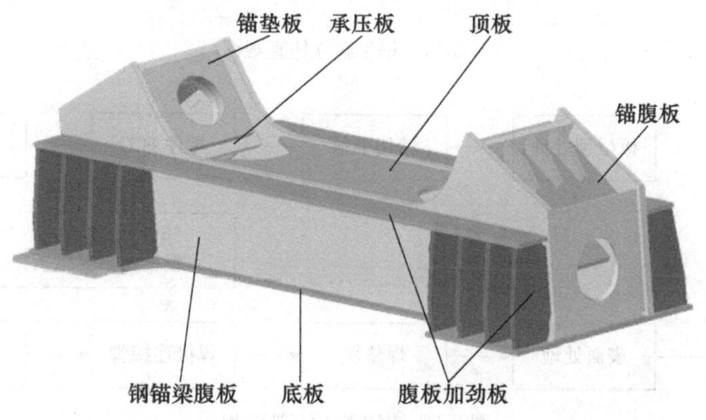

图 8-12 钢锚梁的直观图

钢锚梁的制造按照以下工艺流程进行(见图 8-13)。

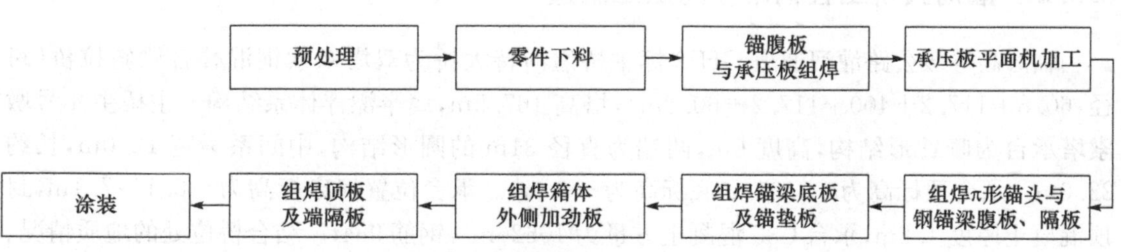

图 8-13 钢锚梁的制造流程

2)钢牛腿的加工制造

牛腿是本桥主塔重要受力构件,主要由上承板、壁板、托架单元(腹板及下翼缘板)、加劲板、钢套筒、连接件、预埋钢板等组成(直观图见图 8-14);牛腿的制造,按照图 8-15 所示的工艺流程进行。

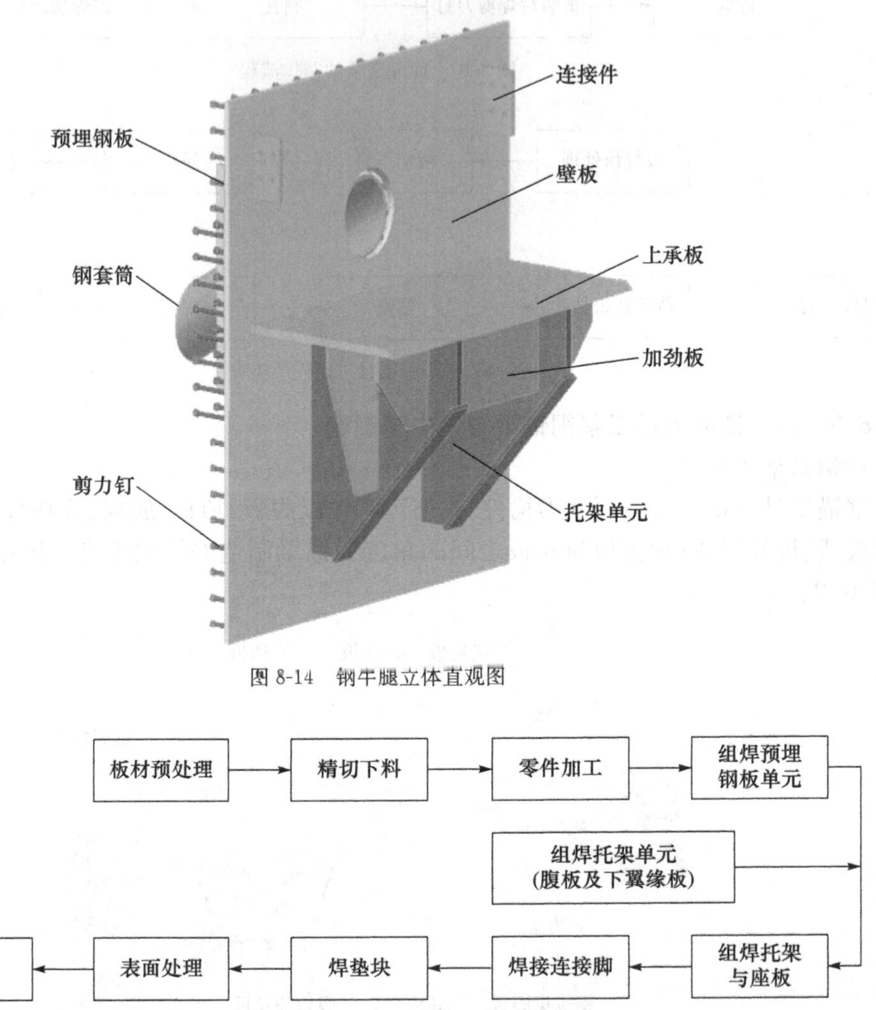

图 8-14　钢牛腿立体直观图

图 8-15　钢牛腿的制造流程

8.3.2　灌河大桥工程钢吊箱的加工制造

临海高等级公路灌河通道 GH-2 标主桥灌河特大桥为双塔双索钢混叠合梁斜拉桥(跨径:60.8+117.2+400+117.2+60.8m),塔高 167.5m,属半漂浮体系结构。主桥主 4 号墩索塔承台为哑铃形结构,高度 6m,两端为直径 31m 的圆形结构,中间系梁宽 12.0m,长约 22.0m。承台顶标高为+2.00m,底标高为−4.0m。承台位置河床标高为−6.1~7.1m,封顶混凝土厚度 1.8m,承台 C35 混凝土方量为 10626m^3,钢筋 984t。结合桥位处的地质情况、承台结构形式、工期要求,本承台采用双壁有底钢吊箱进行施工,即采用钢吊箱作为形成施工环境的临时围水结构物，同时作为承台混凝土浇筑时的侧面模板。

8.3.2.1 **钢吊箱整体结构设计**

临海高等级公路大桥主 4 号墩钢吊箱为双壁钢结构，主要作为承台施工时的挡水和模板结构。吊箱内轮廓尺寸即为承台尺寸，为 83.000m×31.000m，外轮廓尺寸为 86.000m×34.000m，壁体厚度 1.5m、外圈周长为 225.6m，壁体总高度 10.0m，内设一道钢管撑。承台厚 6.0m，基础为 42 根 ϕ2500mm 的钻孔桩，采用 ϕ2800mm 的钢护筒。底板厚度 0.368m，底板在护筒处开孔比护筒尺寸外扩 200mm。在吊箱中部系梁区域钻孔桩间隔较大位置增打两根 ϕ1200mm 的辅助钢管桩，封底混凝土厚 1.8m，承台分三次浇筑(1.5m、1.5m、3.0m)。钢吊箱主要是由以下部分组成的：内壁体，外壁体，底板，壁体支撑构件，底板支撑构件，底板桁架，拉杆，钢管支撑，壁体挂腿，护筒支撑牛腿，连通器，导向装置，辅助桩等。钢吊箱的平面图，如图 8-16 所示。

8.3.2.2 **钢吊箱施工**

1)底板制作

底板仅做钢吊箱封底混凝土施工的底模板，两边其呈圆形，长 86m、宽 34m，由钢面板和型钢骨架组成，总重约 264t。其中面板为厚 8mm 钢板，型钢骨架由 I36 工字钢、[36 槽钢、HN150×75、HN200×100 加强焊接而成。拟采用分块制作、分块运输、再拼装成形的工艺。分块为整个底板放样后，再在上取样，以达到制作精度要求。底板制作的流程，如图 8-17 所示。

2)侧壁制作

侧壁内壁与承台形式一样，呈哑铃形，夹壁厚为 1.5m；内外层面板采用 6mm 钢板，用 75 角钢竖向加强；内外撑杆用 100 角钢与环向钢板形成桁架。侧壁制作的流程，如图 8-18 所示。

根据起重设备性能及运输要求，拟将侧壁分为 36 个分块，圆曲线分段长 6.664m，直线分段长 6.220m；分段重为 14.6t。侧壁制作难点在于节段的线形、端口尺寸及吊点精度控制；重点在于焊接的质量控制。壁板分块制作首先在制作平台上将内、外壁板，水平框架隔舱板制成平面分片；然后在组装胎架上组装。分块的平焊及立焊焊完后，用两台吊机进行空中翻身后再焊未焊完的焊缝，以减少仰焊，保证焊接质量。分片分别进行组装加工，节段内外壁板留余量，节段装焊完成后，重新定位画线，切割端头余量。每个节段按照侧壁分块示意图编号，并用油漆标记。侧壁制作示意图，如图 8-19 所示。

3)桁架、钢管支撑及拉压杆制作

钢吊箱设置有 6 片底板桁架、176 套拉压杆，均是钢吊箱结构受力的重要组成部分。钢管支撑位于钢吊箱顶部，中心标高 2.8m，是确保钢吊箱在运输、吊装及封底过程中平面尺寸的重要构件。其由 ϕ800×10mm 钢管加工而成，通过劲板和连接板与钢吊箱侧壁焊接连。底板桁架是底板的加强结构，确保钢吊箱在整体吊装和浇注封底混凝土过程中底板受力满足要求。拉杆是底板受力的重要组成构件，每个钢护筒孔壁周围设有 4 套，一个钢吊箱共有 176 套拉压杆。其一端连接在钢吊箱的底板骨架上，另一端连接在钢护筒上，连接方式为铰接。它主要由 2[18a 型钢杆件和 δ14～δ30 钢板销座组成。桁架、钢管支撑及拉压杆在加工场地进行加工制作，根据细化的工艺图，对底板桁架、钢管支撑及拉压杆进行下料，并焊接。施工时根据起重及运输设备性能确定构件划分，并严格控制构件尺寸及焊接质量，确保每个构件均满足总体拼装的要求。

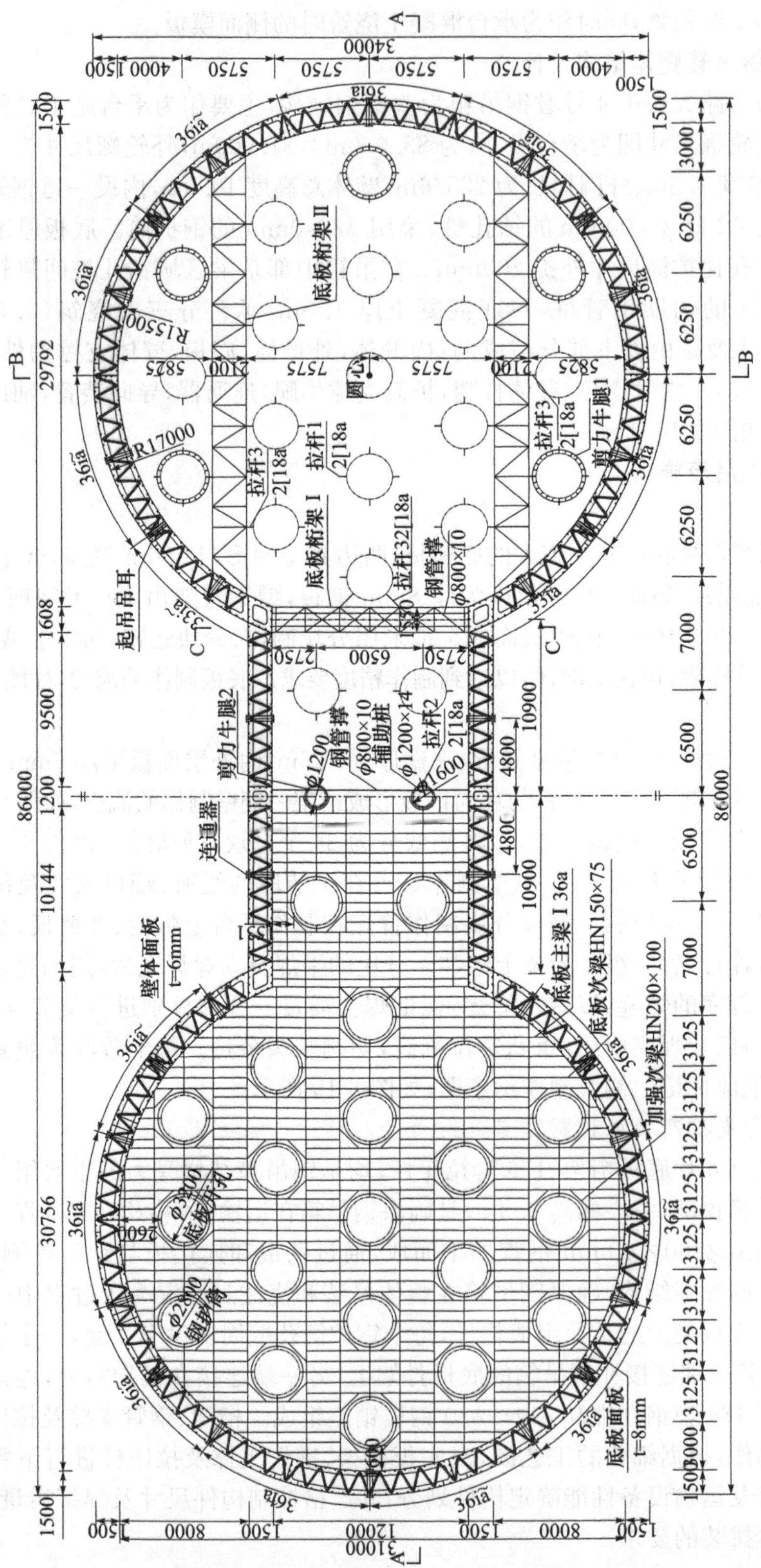

图 8-16　灌河大桥主 4 号墩钢吊箱的平面图(1:200)

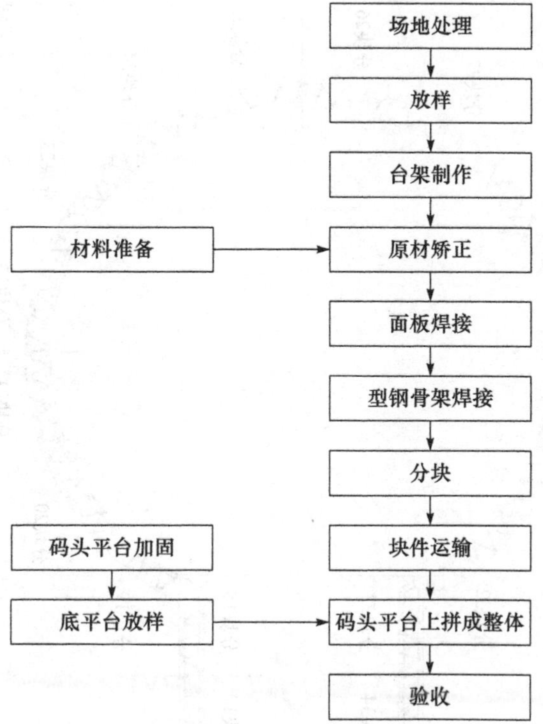

图 8-17　底板制作的流程

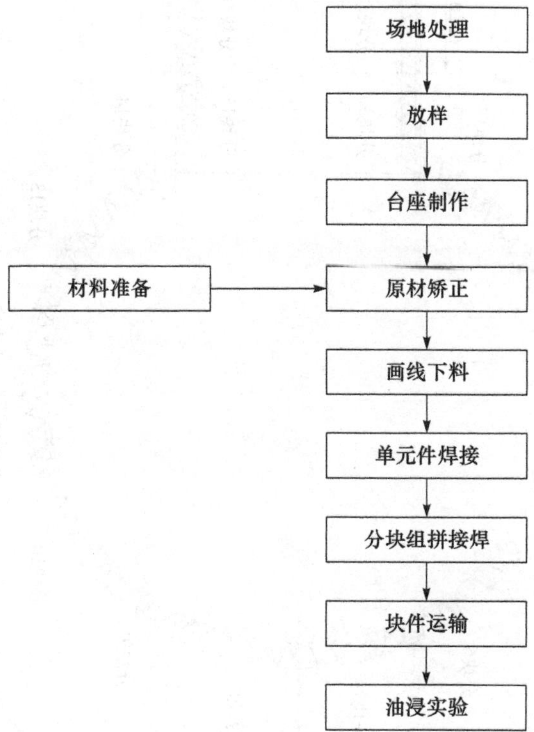

图 8-18　侧壁制作的流程

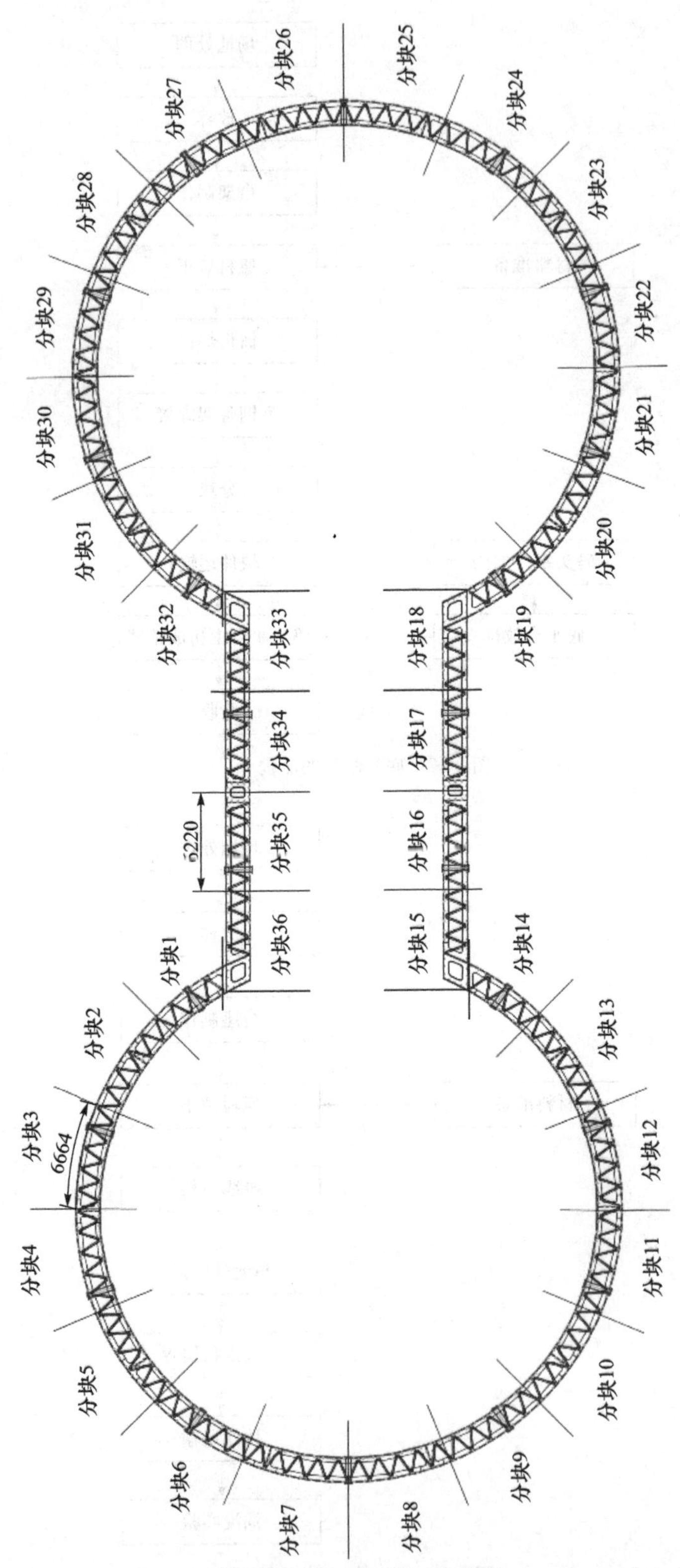

图 8-19 侧壁制作示意图

4)钢吊箱拼接

根据现场实际情况,施工采用在船厂码头拼装,然后采用浮吊吊装下水,在船厂码头将整个钢吊箱加工成型,由于是哑铃形状,计划为两圆处通过 2 首 600t 的浮吊由码头吊装下水;然后由两首拖轮进行拖移,在墩身处停靠于平台,浮吊于墩位处再次就位锚固,吊装钢吊箱进入墩位处,用拉压杆和限位装置固定钢套箱。其拼装流程,见图 8-20。

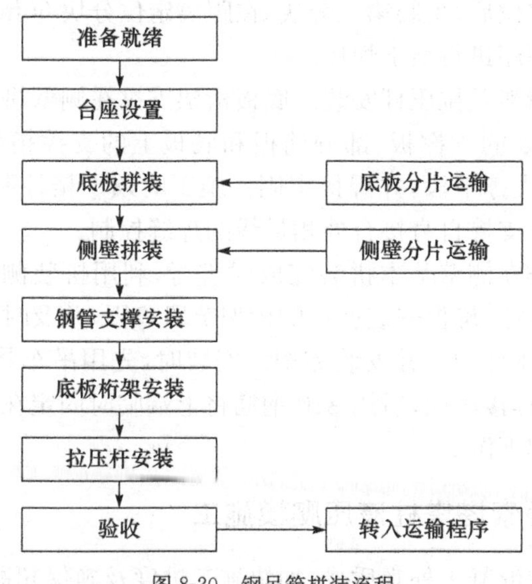

图 8-20 钢吊箱拼装流程

(1)钢吊箱拼装质量要求。钢吊箱壁体与底板采用焊接连接,底板桁架上弦杆、钢管撑与壁体采用焊接;钢吊箱拼装采用等强度焊缝连接。所有拼接焊缝均为连续满焊,并达到《钢结构工程质量检验评定标准》中规定的二级焊缝标准。钢吊箱拼装制作完成后须做渗水试验,不得有渗漏发生。拼装完成的套箱尺寸精度,要满足表 8-3 的要求。

钢吊箱拼装尺寸精度要求 表 8-3

项 目	标准(mm)
总长或型长偏差	≤+50,0
总宽或型宽偏差	≤+50,0
型深偏差	≤+50,0
内壁主体尺度偏差	应满足承台浇筑精度要求,≤+50,0

(2)底板拼装。设置底板拼装台座完成后,分块运来的底板利用吊车进行组拼,采用熔透对接焊工艺进行型钢骨架的连接。拼装时应按先中间后四周的次序,对称焊接,并加放余量,控制焊接收缩的影响,减少焊接变形,保证焊接质量。拼装前检查底板块件是否变形;如有变形须矫正后才能安装。安装时不得相互错位,保证整个骨架与底板接触处的整体平面度。

(3)侧壁拼装。侧壁与底板为"底托侧"装配形式,采用焊接连接。其中侧壁拼接采用熔透对接焊缝,侧壁与底板拼接采用角焊缝。在拼装完成的底板上勘画壁板安装轮廓线及装配定位线,并用油漆标记每个节段安装线,注明节段号,拼装时严格按安装线进行节段就位。

为了减少焊接变形，保证焊接质量，从中央向四周焊接，控制焊接收缩的影响。施工时要加好临时支撑，再吊装壁板，临时支撑应稳固可靠。壁板分块采用 50t 汽车吊进行吊装，汽车吊驻位在套箱底板上，并根据需要在底板上移位；最后一块侧壁安装前，将汽车吊移出套箱。首先吊装的第一分块（定位分块），然后依次向两头扩散进行其他分块的吊装。定位分块吊装时倚靠靠模缓缓就位，然后吊垂线找正；为防止倾倒，用角钢 100×100×10 打斜撑支撑在底板上。定位分块吊装定位后，吊装第二分块，在距离定位分块 50mm 处摆正放平。壁板分块对接完毕后自下而上顺序进行余下焊接。

(4)钢管支撑、底板桁架及拉压杆安装。底板桁架支撑在侧壁拼装完成后须及时进行安装。安装时，首先将侧壁处的支撑板、部分筋板和底板上的支撑桁架柱安装就位并焊接固定；然后按次序吊装钢管支撑节段，并焊接牢固。施工时须严格控制焊缝质量，重点做好支撑板与壁体的塞焊及钢管支撑自身接合处相贯线的焊缝控制。

底板桁架的拼装安排在侧壁基本拼装完成时进行，利用拼装侧壁的 50t 汽车吊分段吊装。施工时须设置临时支撑，确保安装就位的桁架节段稳固，并及时与底板焊接牢固。

在钢吊箱拼装时，拉压杆须一并安装完毕。安装时，先用吊车将拉压杆吊入套箱，分别就位，并将底板处的销座焊接牢固，后用 ϕ10 钢筋将上端临时固定在围堰壁上，防止其倾倒，保证下拉杆与钢吊箱一起下沉。

8.3.3 灌河大桥工程索塔塔柱液压爬模施工

为确保灌河大桥工程混凝土外观质量，加快施工进度及确保超高塔施工安全，索塔施工采用液压爬模施工。

1)液压爬模施工的工作原理

液压爬模系统由内外钢木组合模板、爬升装置、移动模架支架、模板悬吊系统、外爬架、固定支架、动力装置及管路系统等组成。导轨依靠附在爬架上的液压油缸来进行提升，导轨到位后与上部爬架悬挂件连接，爬架与模板体系则通过顶升液压油缸沿着导轨进行爬升。图 8-21 和图 8-22 分别表示了典型爬架系统平面布置示意图和立面布置示意图。

2)塔柱液压爬模施工特点

(1)模板面板及自动爬架平台设计能适用于不同形状的塔柱。截面形状改变时，只需在桥上对模板面板及平台做少量调整即可。

(2)木模板体系自重小，采用车间组拼、现场安装，利用爬架上设置的模板悬挂及纵、横向调节系统进行模板的闭合、调位及脱模，操作十分便捷、效率高。

(3)爬架采用液压爬升，加快工程进度，确保整个大桥工期。

(4)模板使用木面板，能获得较好的混凝土外观效果。

(5)针对灌河大桥特殊的施工环境，对液压爬模进行专门设计，确保工程施工的安全和质量。

3)塔柱液压爬模施工

(1)总体方案。索塔施工采用江苏丰润研制的液压自动爬模系统，由基座底至墩顶，总的爬升工作周期为 35 次。

塔柱液压爬模系统配置数量：

外模数量:2×1 套;工作平台:6 层。

系统的主要技术参数如下:

①爬升装置单元设计额定垂直爬升能力 100kN;最大垂直爬升能力 130kN。

②爬升装置单步步长 300mm。

③最大爬升倾斜角±17.50°。

④最大施工节段高度 4.5m。

⑤模板、浇筑、钢筋绑扎工作平台:单层最大承载能力 $3kN/m^2$;总体额定承载能力 $3kN/m^2$。

⑥爬升装置工作平台最大承载能力 $1.5kN/m^2$。

⑦修饰及电梯入口平台:单层最大承载能力 $1.0kN/m^2$。

⑧液压系统额定工作压力 20MPa;最高工作压力 25MPa。

⑨供电制式三相交流 380/220V。

⑩外形尺寸:最大高度 15.52m;最大宽度 2.96m。

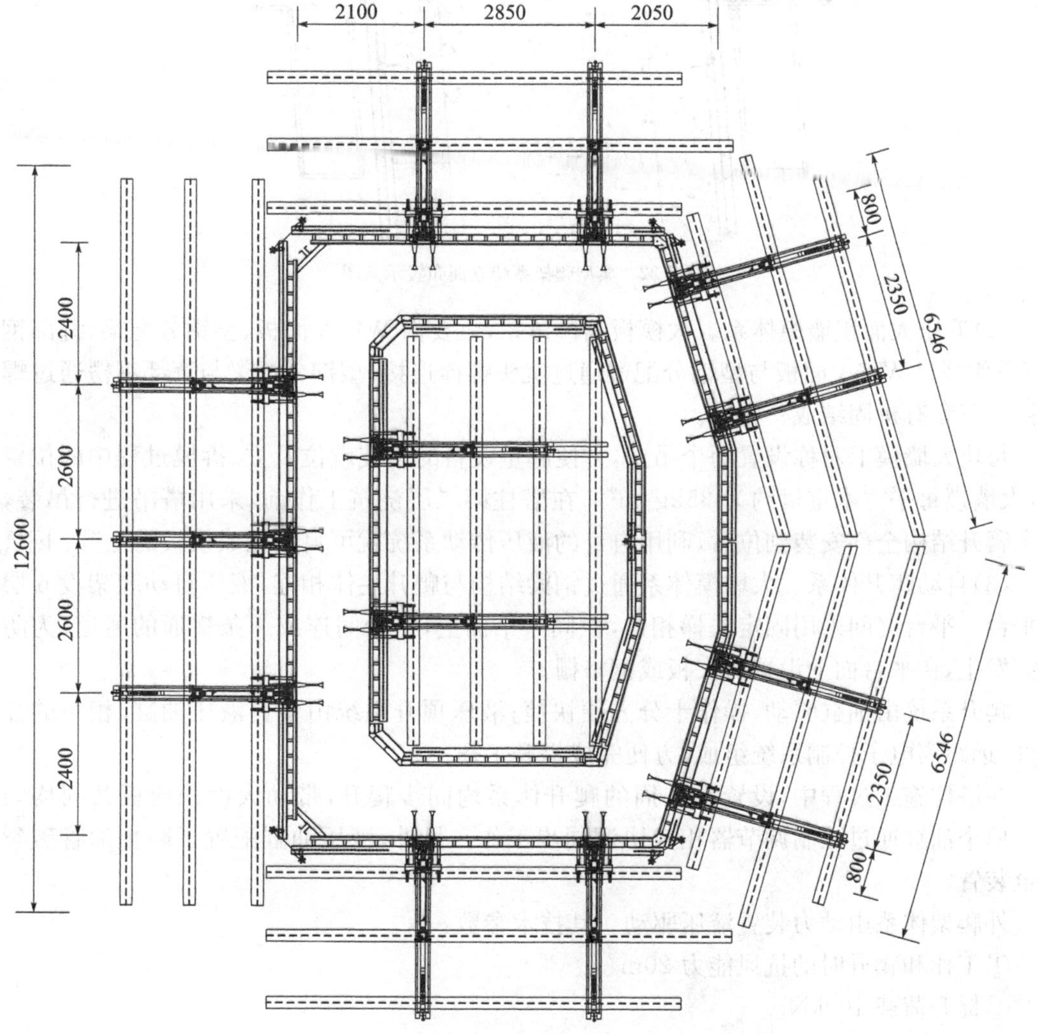

图 8-21 典型爬架系统平面布置示意图(尺寸单位:mm)

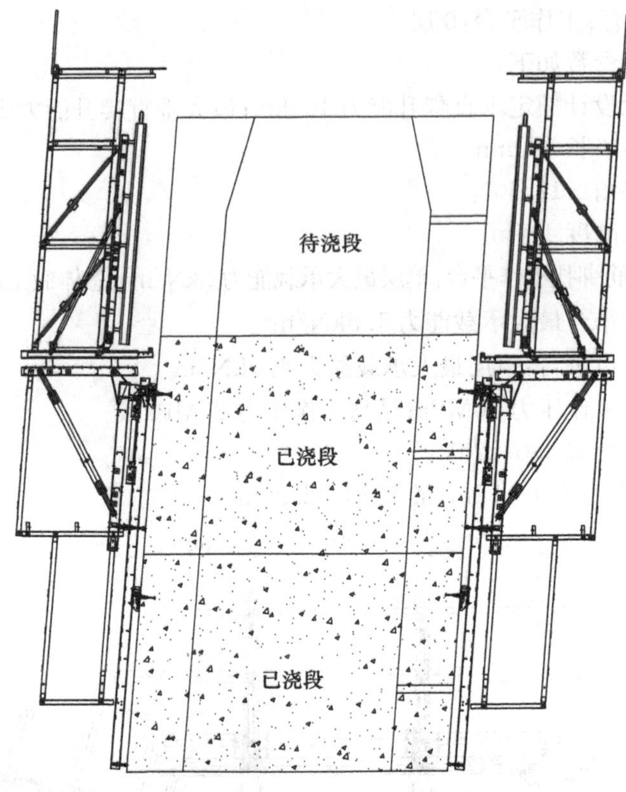

图 8-22 典型爬架系统立面布置示意图

(2)液压大面积墙模体系。大模板墙模体系,主要由 WISA 面板、型钢分配梁、背部钢楞 3 部分组成。WISA 面板与型钢分配梁通过沉头螺栓连接;型钢分配梁与背部钢楞通过螺栓连接。三者有机固结成一整体。

每块大墙模上对称设置两个吊点,方便起重设备的吊装就位及立、拆模过程中的位置调整,大墙模每平方木重量约为 35kg/m^2。在塔柱第二层浇筑工作前,采用塔吊进行吊装,当整个爬升结构全部安装到位后,利用自身的液压传动系统就可自动完成模板的上升、下降。

(3)自动爬升体系。大墙模体系通过钢梁结构与爬升主体相连,液压自动爬架设 6 层工作平台。平台之间采用固定扶梯相连,在同一平面上,平台间连成一条贯通的通道,为防止火灾发生,在平台面上设置防火板或钢格栅。

爬升系统由油缸驱动,操作十分方便快捷;液压顶升系统由多台液压油缸、相关的控制部件、远距离电子控制系统组成,方便完成提升工作。

在塔柱施工过程中,设置在一周的爬升体系均同步爬升,带动大面积模板共同均匀上升。单个油缸通过控制调节器相互协调同步工作。另外,液压油缸配置了防止油管破裂的安全装置。

外爬架体系由动力装置液压驱动。其技术参数:

①工作和爬升时的抗风能力 20m/s。

②提升荷载 100kN。

③浇筑层高 3.0~4.5m。

④爬升速度 5m/min。

⑤倾斜度±15°。

8.4 灌河大桥工程定量化施工管理

通过工程建设流程化到定量化，实现精确、精准与细致的信息采集、观测、测量、检测与分析，或者装备精度定量化等。

8.4.1 南主桥钻孔工艺

根据灌河大桥工程地质和桩基超长特点，采用空气反循环钻进，泥浆护壁，钻头采用尖底刮刀。

1)钻孔施工过程

(1)孔内杂物清除。钻机安装就位后，应对所钻孔护筒内进行清除，防止因平台、钻机安装过程中将小拼接板、短型钢、钢筋、扳手、铁锤等铁件掉入孔内，影响钻孔进尺速度，损坏钻头。钻具安装前，对孔内杂物打捞工作要高度重视。当确认孔内无杂物时，此工序可免。

施工过程中，钻具接长时也要特别注意，防止将螺栓、扳手或铁锤等杂物掉入孔内。为预防起见，可用木板或铁板事前将孔口盖好。

(2)钻具组合。钻具组合顺序自下而上为：钻头→风包→稳定器→配重节→异径接头→钻杆标准节。钻具基本节组合好后须用钢尺对基本节长度、钻头高度、钻具宽度进行复核，钻具宽度的容许偏差+3%、-0%(对设计孔径而言)。所有检查应形成记录并存档保存，便于成孔完成拆除钻机后进行复核。对所有部位接头螺栓数量、施拧扭矩、结构的焊缝等均要进行认真检查；在确认满足有关规范、规定和施工工艺的要求后，方可用吊机起吊钻具基本节安放在孔内与钻机水龙头连接。

(3)钻孔。当一切准备工作就绪后，孔内注入泥浆，将钻头提离孔底约 20cm，打开供风阀门使泥浆循环，待泥浆循环正常后，启动钻机缓慢放下钻头，钻机开始慢速→中速钻进。当一节钻杆钻完后，提起钻杆至转盘卡瓦处，停止转盘运转，泥浆继续循环 2~3min，排净钻杆及孔底钻渣，防止关闭供风阀时，泥浆倒罐导致钻渣堵塞风包。

采用减压钻进，即钻机的主吊钩始终要承受部分钻具的重力，而孔底承受的钻压不超过钻具重力之和(扣除浮力)的 80%。不同地质情况下正常钻进钻压、转速、进尺速度，见下列参数表 8-4。

不同地质情况下正常钻进钻压、转速、进尺速度 表 8-4

地质名称	刀具种类	钻压(t)	转速(r/min)	进尺速度(m/h)	备注
淤泥质黏土层	刮刀钻头	5~15	8~10	3~4	
粉质黏土层	刮刀钻头	15~20	6~8	2~3	
粉砂层	刮刀钻头	15~25	5~7	2~2.5	
中砂层	刮刀钻头	25~35	5~6	0.5~1.0	

表 8-4 中数据仅供施工时参考，施工时可根据钻机工作状况进行适当调整，力求达到最佳的钻进效果。当钻机以表中数据钻孔时，钻机转盘运转均匀，钻架晃动微小，则可适当加

大钻压或转速。

当以表中数据钻孔时，发现钻杆转盘运转不正常，钻架晃动较大或钻具跳动较大时，则表明钻压过大或孔底有异物；如遇有孤石，有铁件或是钻具部件脱落等，遇此情况可将钻具略向上提起，减小转盘运转速度。若钻机运转恢复正常，则说明钻压过大；若钻机还不能正常运转，则可再次将钻具向上略微提起，减小转盘运转速度钻进，待恢复正常后再缓慢加压钻进；若经过反复几次操作，钻机仍不能恢复正常工作，则需拆除钻具，弄清情况或打捞起异物后重新安装钻具继续钻进。

出护筒时，采用轻压、慢速钻进，该阶段为制浆、护壁、保持孔位垂直。在护筒内淤泥质黏性土中，可用高速钻进；在普通黏性土中，宜用中速减压钻进；在不同地层的钻进施工中，循环泥浆比重在 1.03～1.15g/cm^3、黏度 20～25s、泥皮厚度小于 2mm、含砂率小于 3%，现场部分主要参数指标每 2 小时和每一地层抽检比重、黏度、含砂率及 pH 值不少于一次，全面掌握了孔内泥浆性能的变化情况是否在设计试验的泥浆指标范围内，以便及时调整。同时，通过泥浆面观察孔壁的稳定情况，保证孔壁的安全。泥浆性能的指标测定范围和方法为：

①相对密度可用泥浆相对密度计测定。

②黏度可用标准漏斗黏度计测定。

③含砂率可用含砂率计测定。

④胶体率的测定方法是将 100ml 泥浆倒入量杯静置 24h 后测定。

⑤失水率(ml/30min)用滤纸测定。

⑥酸碱度用 PH 试纸读出。

2)钻孔施工控制

(1)孔内泥浆面控制。钻孔进行过程中，应有专人观察孔内泥浆面高度，严格控制孔内泥浆面高程。钻孔过程中泥浆顶面高程应不低于外围潮水位高程，确保孔壁稳定，不塌孔。泥浆顶面高程不宜过高，防止产生过厚的泥壁而影响桩周摩阻力。同时注意观察孔内泥浆面有无异常变化，若发现孔内泥浆面有明显降低或升高现象，应立即提起钻头，防止孔壁坍塌，导致钻头被埋。

(2)泥浆质量控制。钻孔过程中，泥浆质量的好坏，将直接影响钻孔桩的成孔质量和钻进速度。因此，对拌制泥浆用的每批原材料应进行抽检，严格控制质量。泥浆拌制前要有由试验室出具的经总工程师批准的泥浆配比选择报告。泥浆拌制开始和拌制过程中应对泥浆所有技术参数进行测试，施工现场每 8 个小时一次的抽检频率抽检进、出浆口泥浆，监测泥浆的比重、黏度、含砂率、pH 值、胶体率并记录。

(3)供风系统检查。钻孔过程中应经常检查供风系统有无漏风现象出现，若有则要及时处理。

(4)供电系统检查。钻孔开始前应对备用发电机组进行检查和试运转，并备有足够的油料，保证供电网停电时，发电机组能及时供电，使钻孔工作能持续进行。对供电线路应进行检查，防止短路和漏电；供电线路的架设应避免在施工过程中线路受到损伤。

(5)坍孔处理。钻孔过程中发现有坍孔现象时，应将钻头提离坍孔部位，停止泥浆循环，用污浆泵泵入适量掺加速凝剂的水泥砂浆，污浆泵出浆口接近孔底时开始注浆，边泵浆，边逐渐提至坍孔部位以上 2m，适当下放钻头，启动钻机，搅拌水泥砂浆约 5～10min，提高钻头，钻具提离预计水泥砂浆面 9m 以上(3 倍 D)，待水泥、砂、膨润土、水混合物凝结固化(约

1d)后,重新钻孔,钻孔速度从慢到快,缓慢加速。

(6)缩孔处理。钻孔至产生缩孔的黏土层时,应使用钻头上下反复扫孔,使之扩大。

当泥浆池内泥浆的各项技术指标符合要求后开始钻进;钻进采用优质泥浆护壁、反循环减压钻进的施工工艺。根据不同土层的特点,在钻孔过程中及时调整泥浆的指标和钻进速度。

8.4.2　钢筋保护层厚度控制

在钢筋混凝土构件中,混凝土一方面与钢筋共同受力,同时也保护钢筋免受外界侵蚀。环境中的有害介质,如 CO_2、Cl^- 等会通过混凝土保护层扩散至钢筋表面,诱发钢筋锈蚀,降低混凝土结构的耐久性能,缩短结构的服役寿命。因此,混凝土结构施工中,除了提高混凝土质量和密实度外,必须严格控制钢筋保护层厚度,筑起保护钢筋的第一道屏障。

1)*钻孔灌注桩的保护层控制*

在钢筋笼上除了设置设计图纸中要求的保护层钢筋外,还应设置混凝土滚轮或其他定位垫块。定位垫块至少每隔 2m 均匀布置 4 个,穿在箍筋上,这样既保证保护层厚度,又能减少对孔壁的扰动。在混凝土浇筑前应加强对定位垫块的检查,发现破损或数量不足应及时更换和加密。

2)*混凝土结构的保护层控制*

(1)钢筋加工及绑扎方面的控制

①钢筋下料。精确控制主筋下料长度,在钢筋下料时每根主筋均用长钢尺进行定尺,用切割机进行断料。同时要严格控制有弯钩钢筋的弯曲半径,只有在弯曲加工时精确控制,才能确保结构倒角的保护层尺寸。

②劲性骨架制作、安装。劲性骨架是保证钢筋模板施工质量的关键。

a. 劲性骨架应具备与结构相适应的刚度和稳定。

b. 应以测量仪器在劲性骨架的特征部位放出基准点,利用劲性骨架将主筋精确定位,以确保保护层厚度在规范允许范围内。

c. 承台等大面积钢筋平面网片,其支承骨架必须保证钢筋网平面位置符合设计。

③竖向主筋及水平分布钢筋绑扎。待竖向主筋连接和定位完成后,由现场技术员用线垂测量主筋保护层厚度,确定保护层厚度满足要求后方可进行水平筋的绑扎。水平筋绑扎时其弯钩应贴紧主筋,从而保证净保护层厚度。另外,要特别注意拉钩的摆放,避免出现弯钩抵到模板上,造成露筋现象。

④主筋固定时预先留出相关埋件位置以及模板拉杆位置。施工时应随时用线锤检查钢筋骨架的垂直度,并及时调整,严格控制保护层厚度。在整个钢筋绑扎施工过程中应严格按照有关施工技术规范的要求进行,还应保证混凝土面的清洁,不得向模板仓内乱扔铁丝、钢筋等施工垃圾。若有,则应在钢筋绑扎完毕模板安装之前将其全部清除干净。

(2)模板的控制

模板制作的尺寸偏差也会导致保护层超标,所以要严密注意模板的制作和安装精度。模板设计要保证构件的几何尺寸,同时要考虑模板的周转次数,进行相应的刚度设计;制作过程要规范,尺寸要精确,在使用过程中要进行相应的保护,确保使用中模板不变形。特别是缩模现象很容易导致钢筋保护层偏小,甚至发生露筋现象。模板安装前,应进行测量放样,用墨线弹出模板边线。模板安装完毕后，应对其平面位置、顶部高程、节点联系及纵横向稳定性进行检查。浇筑混凝土时，当发现模板有超过允许偏差变形值的可能时，应及时纠正。

(3)保护层垫块的设置

安放、绑扎固定钢筋保护层垫块应作为钢筋工程施工中的一个重要环节。因此要按照要求合理设置垫块，以防垫块数量不够导致钢筋下沉或垫块被压碎、变形。一般要求间距0.8～1m应设置一只垫块；如果钢筋直径较小，则还应适当加密垫块的间距。同时针对不同部位所需的垫块型号不同，要认真设置，不得乱用。承台等构件在施工中除了保证钢筋净保护层厚度外，还要严格控制防裂钢筋网片的保护层，施工中不但要在网片上加密布置垫块，同时为了防止钢筋网片在浇筑过程中个别部位被冲开，在安装时用扎丝将其与主筋扎牢，以保证混凝土结构的保护层厚度。

塔座为棱台结构，如何保证斜面混凝土的保护层厚度是关键。在进行钢筋绑扎前，利用劲性骨架进行定位，利用全站仪分别在塔座底部和顶部进行放样，从而确定钢筋位置，同时在斜面部分加密处置保护层垫块以保证保护层厚度。

(4)混凝土浇筑时的控制

在浇注混凝土前，必须由现场技术人员对钢筋保护层厚度进行验收，合格后方可浇筑。在混凝土浇捣过程中注意对钢筋绑扎的成品保护，禁止在已绑扎成型并经验收的钢筋网上毫无禁忌地乱踩乱踏，甚至将设备器具压在上面，造成垫块踩倒，以及混凝土内钢筋弯曲变形或位移，以使得钢筋位置及保护层厚度得到保证。

在混凝土浇筑时，要合理布置混凝土泵管，必须压到钢筋上时，应当有缓冲措施且要把导管架放到钢筋骨架强度较大的位置。在浇筑时，为减轻混凝土入模冲击力对钢筋与模板间垫块的影响，混凝土自由落体高度大于2m时要采用串筒，必要时设置减速板。另外，人员进出需要将主筋间距扒开的，在浇筑完毕后应将钢筋进行恢复。对易于偏位的钢筋应固定牢固，振捣要按操作规范要求认真有序操作，振动棒不得随意触及钢筋骨架，防止钢筋骨架变形、错位，使保护层厚度不均。灌注混凝土时要尽量减少对钢筋的冲击，要避免混凝土冲击钢筋产生变形，特别是采用泵送混凝土时其冲击力难免会使钢筋支撑移位，需要二次对钢筋保护垫块进行检查，部分挤压变形的保护块应及时进行更换调整。

浇筑过程中，还要注意模板紧固件的检查。由于混凝土振捣下料冲击力较大，浇筑过程中可能会使模板紧固件松动，若松动则应及时紧固。混凝土的保护层控制是不可逆的过程，必须加强事前和事中控制。混凝土浇筑并脱模后，应对保护层厚度进行无损检测，以及时发现问题、改善工艺，确保混凝土构件的施工质量。

8.4.3 预制箱梁冬季蒸汽养护

临海高等级公路灌河大桥GH-2标南引桥上部结构为先简支后连续梁桥，共52孔。其中跨径40m梁23孔，预制箱梁共230片，为先简支后墩梁固结的连续梁结构；30m梁跨径29孔，预制箱梁共296片，为先简支后连续结构。接线陈北支渠桥30m箱梁16片，40m箱梁8片。全线预制箱梁共550片，其中40m箱梁共238片，30m箱梁共312片。为确保南引桥预制箱梁施工进度，将进行冬季预制施工。

GH-2标段箱梁冬季施工采用蒸汽养护，养护设备为项目部采购的一台DZH系列螺纹烟管锅炉。该锅炉采用高效传热螺纹烟管，传热效果佳，具有锅炉升温、升压快的特点，锅炉的热效率较高。箱梁覆盖设施为 GH-2 标自行设计加工的钢管架整体养护棚；养护棚采用 48×3.5mm 钢管分段加工成型，棚架每段长 5m、宽 3.5m、高 3.2m，为 30m 和 40m 梁通用型。养护棚外侧采用帆布篷覆盖并绑扎固定，在箱梁浇筑完成后采用龙门吊分段起吊覆盖。

1)蒸汽养护方法

预制箱梁蒸汽养护分静停、升温、恒温、降温 4 个阶段。混凝土浇筑完成后立即采用养护棚封闭梁体，静停期间应保持棚内温度不低于 5℃；箱梁混凝土浇筑完 4h 后开始升温，升温速度为 5℃/h。恒温时蒸汽温度不超过 30℃，梁体芯部混凝土温度不超过 40℃，最大不得超过 65℃，降温速度控制在 5℃/h。蒸养期间及撤除保温设施时，梁体混凝土芯部与表层、表层与环境温差不超过 15℃。蒸汽养护的总时间应根据构件脱模强度要求，混凝土配合比情况以及环境条件等通过试验确定，一般宜控制在 36～48h。

蒸汽养护程序为：

(1)保持棚内气温 10℃左右静放 4h。

(2)以 5℃/h 的升温速度升温。

(3)升温至 25～30℃时保持恒温养护。

(4)当混凝土条件养护试块试压强度达到箱梁设计强度等级的 40%时，以 5℃/h 的降温速度降温。

(5)当降温至测得混凝土表面温度与外界大气温度之差不大于 15℃时，拆除保温措施。

2)温度观测

箱梁蒸汽养护期间要进行定时测温，并做好记录；现场准备温度计布置在内箱跨中和靠梁段 4～5m 处及侧模外。在升温和降温阶段，每隔 1 小时，观测一次温度。恒温阶段，每 2 小时测量一次，并做好记录，根据实测温度确定蒸汽放入量，以调节蒸养温度，防止混凝土表面开裂。拆完模后应注意对顶板的养护，特别是端边墙比较薄弱，拆完模后应立即将其覆盖，以防风吹干裂。

3)管道配置方式

蒸汽管道每两个台座之间布置一道，安装箱梁养护罩后将蒸汽管道通入梁体两侧距梁体边 50cm 处。蒸汽应尽量避免直接喷射混凝土，以防蒸汽温度过高造成梁的局部温升过快，造成不良的养生效果；管线应离开混凝土面，以防管线升温过高造成不良的养生结果；注意是否有漏气的不良管线，管线漏气会造成过多的热量损失，影响养生质量；检查管线与管线的接合是否紧密，以避免在养生过程中发生脱落的情形。

8.4.4 南主桥 0 号、1 号块梁段施工

8.4.4.1 梁段结构

主梁采用双边"工"字形边主梁结合桥面板的整体断面，两边主梁横向中心距 34.5m，全宽 36.5m，其中边主梁中心线处梁高 2.7m。全桥钢梁划分为 A-M 共 16 种类型梁段，长度 4.75～16.85m 不等，共 71 个梁段。"工"字形边主梁、横梁、小纵梁通过摩擦型高强度螺栓连接形成钢梁，架设预制桥面板，现浇微膨胀混凝土湿接缝，通过焊接于钢梁上的抗剪栓钉组成组合梁体系。图 8-23 所示为主梁标准横断面示意图。

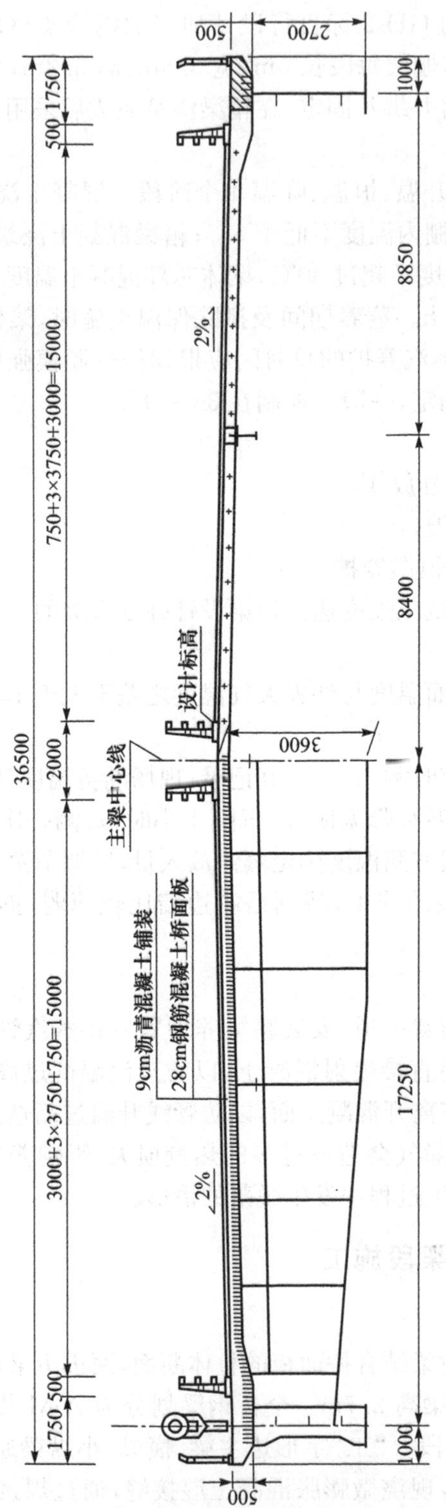

图 8-23　主梁标准横断面示意图（尺寸单位：mm）

1)主梁

单侧边主梁采用“工”字形截面,下翼缘水平设置,上翼缘设2%单项横坡,腹板采用直腹板。边主梁上翼缘顶缘距下翼缘顶缘中心高度为2.7m。上翼缘宽度统一采用1000mm,在不同区段采用了36mm和48mm两种不同的厚度;下翼缘采用1100×60mm和1900×86mm两种不同截面。表8-5所示为0号、1号块主梁主要参数。

0号、1号块主梁主要参数表 表8-5

梁段	顶×底×腹板×顶宽×底宽×梁长	单重(kg)	数量(个)	共重(kg)
G	36×86×36×1000×1900×6380	21582.9	2	43165.8
F	36×86×30×1000×1900×10780	27924.8	4	111699.2
合计			6	154865

2)横梁

横梁采用“工”字形断面,标准间距3.6m。横梁上翼缘设双向2%横坡。标准横梁(28cm桥面板对应的HL1)上翼缘钢板宽600mm,厚度为24mm;下翼缘钢板宽700mm,水平段厚度为30mm,倾斜段厚度为24mm;腹板厚14mm。横梁腹板水平加劲肋和竖向加劲肋在横梁腹板两侧成对布置。表8-6所示0号、1号块横梁主要参数。

0号、1号块横梁主要参数 表8-6

横梁梁段类型	顶×底×腹板×顶宽×底宽×梁长	单重(kg)	数量(个)	共重(kg)
HL1	24×30×14×600×700×33480	22820.6	8	182564.8
HL2	24×30×16×600×700×29290	23166.2	1	23166.2
合计			9	205731

3)小纵梁

在横梁中部及距离主梁中心线8.4m两侧各设置一道小纵梁。小纵梁高500mm,上翼缘宽500mm,下翼缘宽240mm。小纵梁上翼缘与横梁顶板采用高强度螺栓拼接,小纵梁腹板与横梁上对应位置的竖向加劲肋采用高强度螺栓拼接。表8-7所示为0号、1号块小纵梁主要参数。

0号、1号块小纵梁主要参数 表8-7

横梁梁段类型	顶×底×腹板×顶宽×底宽×梁长	单重(kg)
ZL1	12×12×12×500×240×2980	413.06
ZL2	12×12×12×500×240×2980	413.46
ZL3	12×12×12×500×240×1380	182.65
ZL4	12×12×12×500×240×1380	182.78

4)桥面板

混凝土桥面板分为预制部分和现浇部分。预制部分采用C55混凝土;现浇部分采用C55微膨胀混凝土。预制板要保证6个月的存放时间。桥面板以主梁中心线对称布置4块,预制板标准块平面尺寸分别为800×310cm和823×310cm,标准块内侧预制板厚度为28cm,外侧预制板厚度在边主梁附近由28cm渐变至50cm,辅助跨内侧预制板、外侧预制板厚度均为50cm。表8-8所示为0号、1号块桥面板主要参数。

0号、1号块桥面板主要参数　　表8-8

桥面板类型	长×宽×厚(cm)	单块重(t)	数量(块)
S10	823×310×28～50(外侧板)	20.5	12
C10	800×310×28(内侧板)	17.9	12
S11	823×150×28～50(外侧板)	9.9	4
C11	800×150×28(内侧板)	8.8	4
合计			32

8.4.4.2 主梁安装方案

1)梁段安装

0号、1号块钢梁采用800tm塔吊单件提升至桥面,利用拼装托架上横移和纵移系统滑移到位。

(1)SB1梁段:塔吊提升右幅主梁,将主梁放于设置在河心侧的横向滑移小车上,横向滑移至拼装托架上完成纵横移体系转换,向河岸侧纵移,吊装左幅边主梁,纵移使之于右幅主梁处于同一位置,吊装横梁及小纵梁,整体滑移到位。

(2)ST梁段:按上述方法在横移托架上完成0号块钢梁拼装,并采用塔吊完成中部4块C11类桥面板安装。整体纵移,通过三向千斤顶精确对位后与SB1梁段主梁连接,并完成梁段间小纵梁安装。

(3)SZ1梁段:完成SB1梁段中部C10类桥面板安装,采用塔吊安装桥面吊机,拆除横移系统,利用桥面吊机完成SZ1梁段钢梁拼装,并完成剩余桥面板的安装。安装完成后桥面吊机向河心侧前移。复核梁段位置,采用三向千斤顶精确定位,浇筑湿接缝,待强、张拉锚固。采用塔吊完成岸侧桥面吊机安装。

2)桥面板安装

桥面板存放6个月后方能进行安装,0号、1号块共有32块桥面板,采用运输车运输至施工现场后利用塔吊完成0号块内侧4块C11类型桥面板安装;待桥面吊机完成拼装后,采用塔吊提升至桥面配合桥面吊机完成剩余28块桥面板的安装。

8.4.4.3 主梁施工

1)施工流程

施工流程,见图8-24。

2)拼装托架安装

索塔下横梁施工时,在横梁两侧拼装托架对应位置预埋牛腿钢套件,顶面预埋托架、横移架挑梁以及水平斜撑的钢锚板。

0号、1号块型钢拼装托架在地面组焊成型后,采用800tm塔吊分块吊装,其中纵向托架分为8块进行吊装,起吊最大重量8.2t,桁架间平联、斜杆以及横移挑梁均采用单件起吊安装。吊装顺序为纵向I56托架、托架梁间斜撑及风撑、岸侧水平斜撑、横移架挑梁、横向滑移梁。其安装过程如下:

(1)在托架临时垫块顶部按两桁架片间距准确设置34cm宽限位槽,限位板采用14mm钢板块与垫块顶面钢板进行焊接,以便于桁架片平面位置的定位和调整。起吊前调整钢丝绳使桁架片向横梁侧倾斜,纵梁端部设置测量反光片,在桁架片落入限位槽距垫块2cm时调整平面位置并缓慢下落,直至下支点落在型钢牛腿上,完成与垫石的临时焊接和下支点焊接。

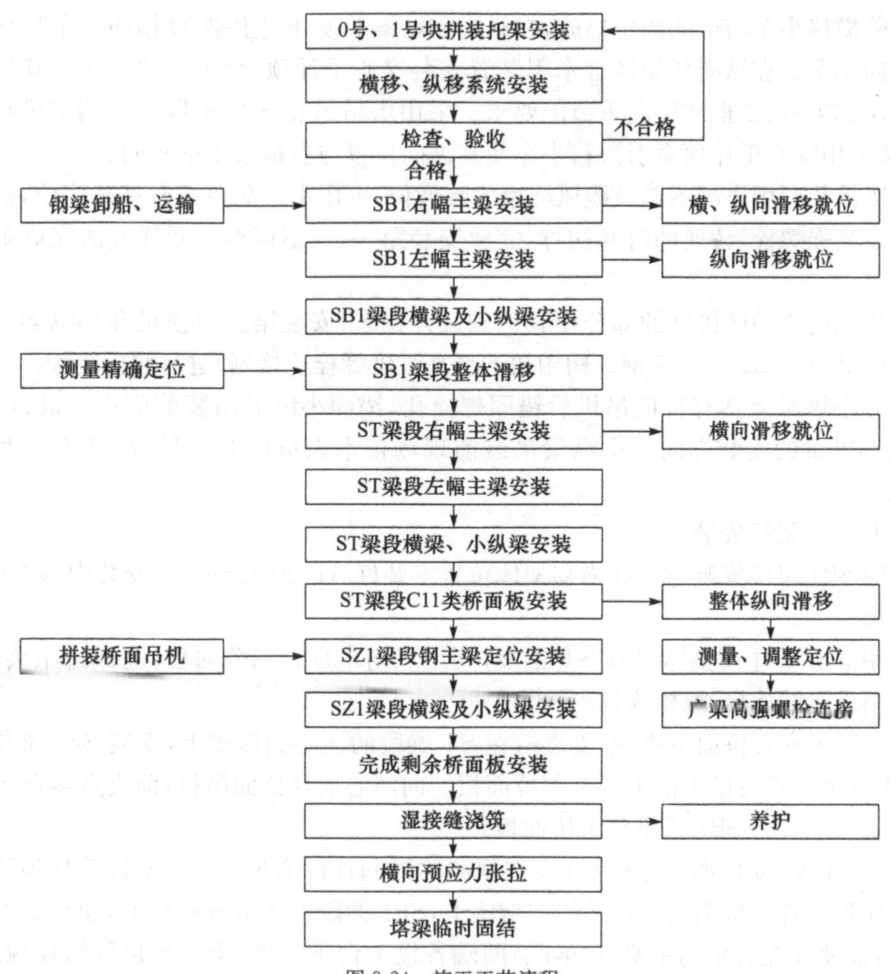

图 8-24 施工工艺流程

(2)安装对称面型钢桁架片，对称面桁架水平起吊，在纵梁和竖杆落在限位槽及型钢牛腿后，采用手拉葫芦对拉到位；然后完成与垫石的临时焊接和下支点焊接以及对接缝贴板焊接。同样方法完成剩余型钢桁架片的安装。

(3)单件起吊逐一完成梁间平联、斜撑以及风撑安装。

(4)单根起吊逐一完成挑梁及横向滑移梁的安装，横向滑移梁单根长度 31.8m，单根重量 6.8t，起吊前横梁顶下放绳索，拴接在梁的两端，吊升到位后，人工拉绳索调整梁的位置并进行焊接。

3)钢梁拼装

(1)SB1 梁段安装：

①在横移轨道梁上安放滑移小车，采用 800tm 塔吊提升 SB1 梁段右幅钢主梁(27.9t)至桥面，顺桥向放置于横移小车上，并进行固定；利用两台 3t 手拉葫芦牵引横移滑车滑移至纵向托架上，完成横、纵移转换并进行固定。钢主梁横向滑移采用两台 3t 手拉葫芦对称同步对拉滑移，在托架外侧 I56 型钢腹板设置转向滑轮，为保证主梁在纵向托架上的滑移空间，牵引钢丝绳固定在横移小车纵梁后方，钢丝绳通过转向滑轮连接在手拉葫芦上进行拉移。

②解除横移小车与梁的固定措施，在纵向移动梁上顶升钢主梁，使横向小车脱空5cm以上退移横向小车。在纵向托架端部牵引装置安装穿心千斤顶，牵引纵移小车使其位置满足塔吊安装岸侧第一、二根横梁起重范围要求。采用塔吊吊装SB1梁段左幅钢主梁至纵向滑车上，同样采用穿心千斤顶牵引滑移小车使其纵向位置与右幅边主梁相同。

③横梁吊装利用塔吊落钩及缆风绳束大致就位，再用手拉葫芦配合精确定位，插入一排冲钉和其余高强螺栓，替换冲钉并初拧，完成安装第一、二道横梁。同样方法完成本梁段小纵梁安装。

④整体纵向移动已拼好的部分使其达到设计位置，安装第三道横梁和小纵梁。根据螺栓扭力表(GB/T 3632—2008钢结构用扭剪型高强度螺栓连接副)进行螺栓终拧。

⑤部分小纵梁上钻有桥面吊机后锚固螺栓孔，锚固小纵梁吊装前应逐一进行编号，安装时注意小纵梁的安装方向。小纵梁吊装前现场技术人员应对编号、吊装方向严格进行检查确认。

(2)ST、SZ1梁段安装：

①利用SB1梁段安装方法在横移架体位置安装好ST梁段钢梁，并安装中部4块桥C11类型桥面板。

②采用穿心千斤顶整体纵移ST梁段，利用三向千斤顶精确对位，完成边主梁的对接，完成余下小纵梁的连接，螺栓终拧。

③利用塔吊安装桥面吊机，前支点落在ST梁段的河心侧横梁上，安装SZ1梁段和梁段间横梁、小纵梁。安装吊机范围外全部桥面板。向河心前移桥面吊机，前支点落在SZ1梁段河心侧横梁上。安装SB1梁段剩余桥面板。

④SB1、ST及SZ1梁段主纵梁在支架顶部的微调移位通过85t三坐标千斤顶顶升移位实现。千斤顶放置于型钢托架顶部的型钢座上，SB1梁段整体滑移就位时，整个梁段重量重128t左右，需要在左右幅钢主梁(F梁段)两端各设1台千斤顶，千斤顶顶部铺设橡胶垫，防止钢梁的防锈漆被蹭掉。ST和SZ1梁段按同样方法进行微调移位。

(3)拼接板连接：

①主梁拼接板。钢主梁拼接板包括顶板拼接板、底板拼接板及腹板拼接板，在0号块钢主梁安装时，采用螺栓预先在地面将拼接板与主梁部分孔眼进行连接，整体起吊安装。螺栓连接均为松动连接，顶板拼接板在梁端部采用钢板进行支垫，形成张口形式，以确保下一阶段钢梁顺利进入连接板。腹板连接板同顶板相同形式，钢主梁吊升至上节段高程相吻合后缓慢插入连接板缝，为确保两钢主梁顺利对接在主梁顶部设置手拉葫芦，拼接时进行对拉入位。根据孔眼对接情况打入冲钉，打入冲钉数量不少于50%，然后进行高强螺栓施拧，完成主梁拼装。在下阶段钢梁拼装时按照同样方法先连接端部连接板再进行吊装(见图8-25)。

②横梁拼接板。钢横梁底板拼接板在吊装主梁时用部分螺栓拴接在主梁上，横梁吊装前将顶板拼接板采用部分螺栓拴接在横梁顶板，腹板连接板放置在翼缘板采用铁丝进行固定。吊装至桥面时，钢横梁从主梁顶部缓慢放下，对顶板和底板进行拴接。

③小纵梁拼接板。小纵梁吊装前在地面将顶板连接板采用部分高强螺栓进行拴接；腹板连接板搁置在小纵梁下翼缘板上采用铁丝与螺栓孔眼进行固定。吊装时小纵梁从横梁顶部缓慢下落，完成顶板连接板高强螺栓施拧腹板连接板。

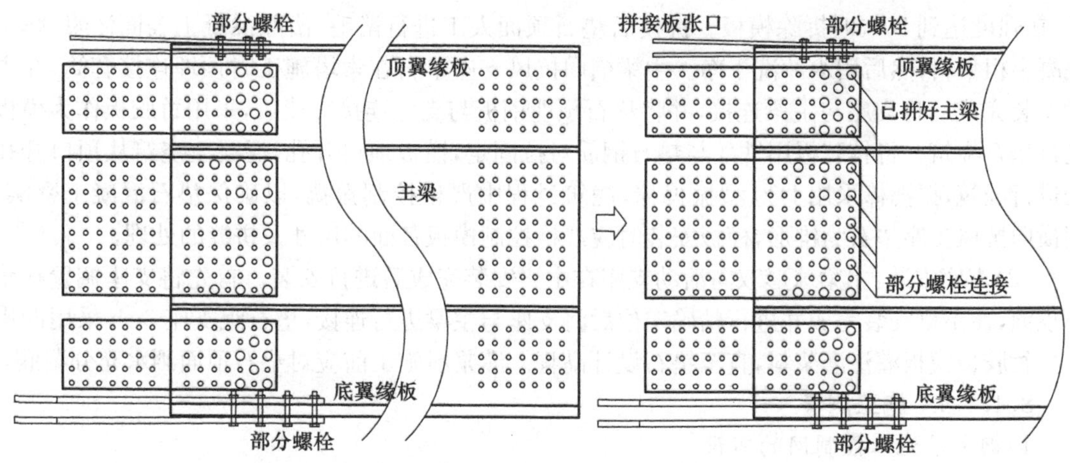

图 8-25　钢主梁拼接示意图

4)桥面板及湿接缝

(1)桥面板安装:

①桥面板采用 800tm 塔吊单块垂直吊升至桥面,四点起吊,吊点间距为 5.3m,钢丝绳夹角 60°,按照四支等长起吊计算,所需要钢丝绳长度为 10.06m,梁板顶至钩底净高 5m。

②采用塔吊直接吊装 ST 梁段 C11 类型板,共 4 块,单件重量为 8.8t。其余板采用塔吊垂直吊升至桥面(S11 类型板单块重量 20.5t),利用桥面吊机进行安装。

(2)湿接缝浇筑:在湿接缝施工前,清理接缝,调直桥面板钢筋,并将钢筋焊接,以增强接缝抗拉能力,桥面板纵、横向钢筋之间均采用单面焊连接,焊缝长度均不小于 10d。按桥面板预制工艺浇筑混凝土。湿接缝桥面板浇筑完成后初凝前应严格按照要求将表面进行拉毛。现浇桥面板混凝土放量较小,混凝土采用塔吊垂直提升料斗进行浇筑施工。湿接缝混凝土达到设计强度的 90%后按设计要求进行横向预应力的张拉以及孔道压浆。桥面板横向预应力均采用两端张拉,施工采用引伸量和张拉力双控。

(3)梁体翼缘现浇桥面板采用定型钢模进行施工。钢模利用 20mm 拉杆与悬挑移动架 12cm 槽钢进行拴接固定。为便于现浇桥面板模板安装、拆除及横向预应力张拉,利用 25 号双扣槽钢制作整体移动式悬挑操作平台,一套移动架由五组槽钢挑架及纵向连接槽钢组成,每根悬挑架在锚拉板位置制作成可拆卸快件,在悬挑架整体移动时逐一拆除再安装拆卸块过锚拉板。悬挑架尾部设置两根支撑槽钢,其顶部搁置混凝土配重块来保证悬挑部分平衡。悬挑操作平台分为两个,每个宽 80cm,人员上下通过挂梯至操作平台。操作平台采用木跳板进行满铺。架体之间采用 16mm 钢筋进行连接作为防护栏杆及安全带挂设。

5)支座垫石及支座安装

(1)支座垫石:在下横梁第二次浇筑时预埋支座垫石钢筋,支座垫石施工前先按照设计完成垫支钢筋安装施工,模板采用木模,竖向布置方木背楞,横向设置三道钢管背楞,四周采用 ϕ48 钢管进行斜向支撑。支座地脚螺栓孔位置精确放样后采用 ϕ160mm、长 280cmPVC 管进行固定预埋。因支座垫石钢筋较为密集,为保证混凝土浇筑质量,振捣棒采用 D30 型振捣棒;混凝土分层进行浇筑,分层厚度不大于 30cm。混凝土浇筑至垫石顶面高程以下 3cm(3cm 为灌浆料),浇筑完成后采用土工布进行覆盖洒水养生。为保证垫支棱角不被损坏,拆模时间适当延长，在强度达到50%时拆除模板。拆模后垫石顶面人工进行凿毛，凿除混凝土表面浮浆，露出混凝土粗集料，然后用水冲洗干净。主梁横向抗风支座垫石在索塔施工时预埋连接套筒，在主梁安装完成后将支座与主梁连接，并将垫石预埋钢板与支座连接完成后，采用竹胶板作为模板进行垫石浇筑。将竹胶板用铁丝与垫石钢筋对拉固定，模板顶口开孔，混凝土浇筑从顶口开孔处进行浇筑，振捣棒采用D30型振捣棒，浇筑过程中严格控制振捣，以确保垫石混凝土密实。因横向抗风支座垫石为锥形，模板安装时应严格控制模板各面的尺寸及拼缝的处理。

(2)支座安装：主梁球形双向活动支座在主梁安装完成后进行安装。首先将支座搁置在垫石顶面，在主梁安装完成并进行精确定位后将支座与主梁进行连接，垫石距支座3cm采用四周支护竹胶板模板灌注灌浆料，直至垫石设计高程。灌浆料施工前应对垫石顶面洒水充分湿润。

8.4.4.4 施工测量

1)钢主梁施工控制网的布设

在原有主桥施工控制网的基础上建立一个钢主梁施工控制网，平面控制网是在北塔、南塔的下横梁加密主3号、主4号两个点，以南北岸桥轴线控制点RC8 RC7为起算点，并联测北岸ZQ1、ZQ3和南岸RC8 RC5-1 ZQ5五个首级网控制点，构成钢主梁施工控制网。采用TS11全站仪6测回边角观测，采用平差软件严密平差。当ST SB1 SZ1梁段就位后，两点分别转移(投测)到ST块钢箱梁上，点位标志采用强制对中观测墩。高程控制网以RC8 RC5-1处水准点为起算点，在主4号墩下横梁上设置水准点，高程用徕卡全站仪精密三角高程(对向观测)法传递。联测完后，下横梁上的点引至塔门洞内，以便于水准点的保护和使用。

2)钢主梁线形测量

位于主4号下横梁上的SB1和SZ1两块起始梁段的定位，在全桥钢主梁吊装精匹配中起关键作用。对此，在精匹配定位时，除用轴线点定位外，还以另两个控制点边、角前方交会，经严密平差后求得实际坐标，指导安装。钢主梁拼装允许偏差，见表8-9。

斜拉桥钢主梁拼装的允许偏差　　表8-9

工程部位	项目		允许偏差
斜拉桥钢主梁段拼装	轴线偏差		10
	梁锚固点高程或梁顶高程(mm)	梁段	5
		合龙后	±20
	梁顶水平度(mm)		20
	相邻节段匹配高差(mm)		2

钢主梁线形测量分为主梁线形(高程)测量和主梁中线测量。主梁线形(高程)测量点布设在钢梁顶面。用徕卡NA2水准仪按几何水准测量方法进行，校正的水准仪i角要小于10″。观测时梁体较稳定状态下进行，并力求在最短的时间段完成测量，以保证观测成果的质量；主梁中线测量方法在主4号点上架设TS11全站仪，以岸上点为定向点，采用极坐标法测量钢主梁中线的偏差。由于控制网采用桥轴坐标系，X与桥轴线同轴，中线的偏差实际就是坐标Y测量值。

8.4.5 混凝土外观质量分级评定

为全面提高灌河大桥项目混凝土结构物的外观质量，通过实施混凝土结构物外观质量的标准化、规范化、精细化施工管理，治理和消除混凝土结构物外观质量通病，达到表面平整、接缝饱满、轮廓分明、色泽一致、平顺光洁、自然美观的“清水混凝土”的总体要求。

1)混凝土质量控制

“清水混凝土”是指一次成型、不作任何外装饰，直接采用现浇混凝土的自然色作为饰面的混凝土。本项目所有外露混凝土除实体质量满足原交通部 JTGF 80/1—2004《公路工程质量检验评定标准》要求外，还应达到大面平整、棱角分明、线条顺直、表面光洁、色泽均匀的外观效果。

清水混凝土质量验收标准：

(1)颜色。清水混凝土在同一视觉空间内，表面颜色一致，色泽均匀；自然光下，应在距混凝土 5m 处肉眼看不到明显的颜色差别。

(2)几何与外观尺寸。立面垂直度、表面平整度和阴阳角方正达到设计及规范的指标。起拱线、拱面几何尺寸准确、圆滑。

(3)表面质量。混凝土表面不得出现蜂窝、麻面、砂带、冷接缝和表面损伤等；不得受到污染和出现斑迹。

(4)表面气泡。清水混凝土表面 $1m^2$ 面积上的气泡面积总和不大于 $6\times10^{-4}m^2$；最大气泡直径不大于 5mm，深度不大于 5mm。

(5)光洁度。混凝土表面无漏浆、流淌及冲刷痕迹、无油迹、墨迹及锈斑，无粉化物。

(6)分层缝直线度与对拉螺栓孔。清水混凝土分层缝直线度偏差分别不大于 2mm。对拉螺栓孔眼排列整齐匀称，拆模后封堵密实，颜色同混凝土面一致；若封堵的孔眼颜色与混凝土面不一致，则应形成有规律性的装饰效果。

模板拼缝印迹整齐、均匀，在同一视觉空间范围，且印迹宽度不大于 2mm。

(7)对拉螺栓孔眼呈现有规则分布，排列整齐，封堵密实；孔眼呈同一颜色，或者形成有规律的表观效果。

(8)清水混凝土表面平整度偏差不应大于 2mm。

灌河大桥工程项目混凝土外观质量验收标准，如表 8-10 所示。

灌河大桥工程项目混凝土外观质量验收标准一览表　　表 8-10

项次	检查项目	A级	B级	C级	检查方法
1	颜色	颜色均匀一致，无明显色差	局部有少量色差	混凝土表面有明显色差	距离混凝土面 5m 观察
2	表面质量	基本无修补	表面有少量修补	表面大面积修补	距离混凝土面 5m 观察
3	气泡	最大直径≤5mm，深度≤5mm，面积≤$6cm^2/m^2$	最大直径≤5mm，深度≤5mm，面积≤$8cm^2/m^2$	最大直径>5mm，深度>5mm，面积>$8cm^2/m^2$	尺量
4	光洁度	无漏浆、流淌及冲刷痕迹，无油迹、污迹及锈斑，无粉化物	局部有流淌及冲刷痕迹或油迹、污迹及锈斑	大面漏浆、流淌及冲刷痕迹明显、有油迹、污迹及锈斑	观察
5	对拉螺杆孔眼	排列整齐、孔洞封堵密实，颜色同混凝土面基本一致，凹孔棱角清晰圆滑	排列较整齐、孔洞封堵密实，颜色同混凝土面基本一致，凹孔棱角清晰圆滑	排列不整齐、孔洞封堵不密实，颜色同混凝土面不一致，凹孔棱角不清晰欠圆滑	观察、尺量
6	拼接缝	位置规律、整齐	位置规律、较整齐	位置欠规律、不整齐	观察

续上表

项次	检查项目	A级	B级	C级	检查方法
7	分层缝直线度	偏差≤2mm	偏差≤4mm	>4mm	观察
8	表面平整度	≤2mm	≤3mm	>3mm	塞尺,尺量

2)外观质量验评考核

(1)每个标段首件混凝土外观质量考核,严格按首件工程制的程序进行验评。

(2)混凝土外观质量验收评定划分为3个等级:A级(优良),B级(合格),C级(不合格)。

(3)首件工程以外的混凝土外观质量考核,严格分工,层层把关。

①初步验收:由施工单位牵头,总监办参与,在拆模后24h内,按不同部位(每根柱、每榀盖梁、每片或每跨主梁)逐一进行初步验收评定、留下影像资料并形成书面意见。

②复评验收:由总监办牵头,指挥部、检测中心、施工单位参与,对通过初评的结构物外观质量进行验收评定并形成书面结论。

复评验收抽查频率:A级按20%的频率抽查,如发现不真实,加大抽查频率至50%以上;B级按30%的频率抽查,如发现不真实,加大抽查频率至50%以上。

③质量抽查:由总监牵头,指挥部领导、检测中心主任、项目经理参与,每月按不少于10%的频率,对通过复评验收的结构物外观质量进行抽查。

8.4.6 预制梁厂创新性施工技术

8.4.6.1 大跨径小箱梁抽拔式芯模

灌河大桥南引桥预制小箱梁共550片,40m箱梁共238片,30m箱梁共312片。计划6个月全部预制完成,施工工期较为紧迫。为此,在箱梁模板方面进行了改进,设计了整体抽拔式内芯模板。采用抽拔式芯模操作简便,减少人工,降低劳动强度,大大提高了工作效率。其操作步骤,如图8-26、图8-27所示。

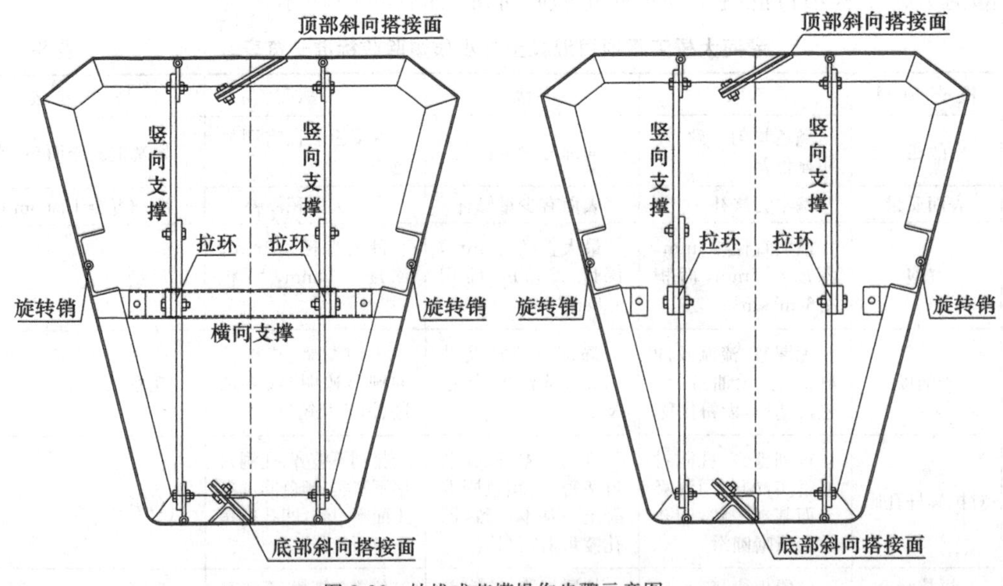

图8-26 抽拔式芯模操作步骤示意图一

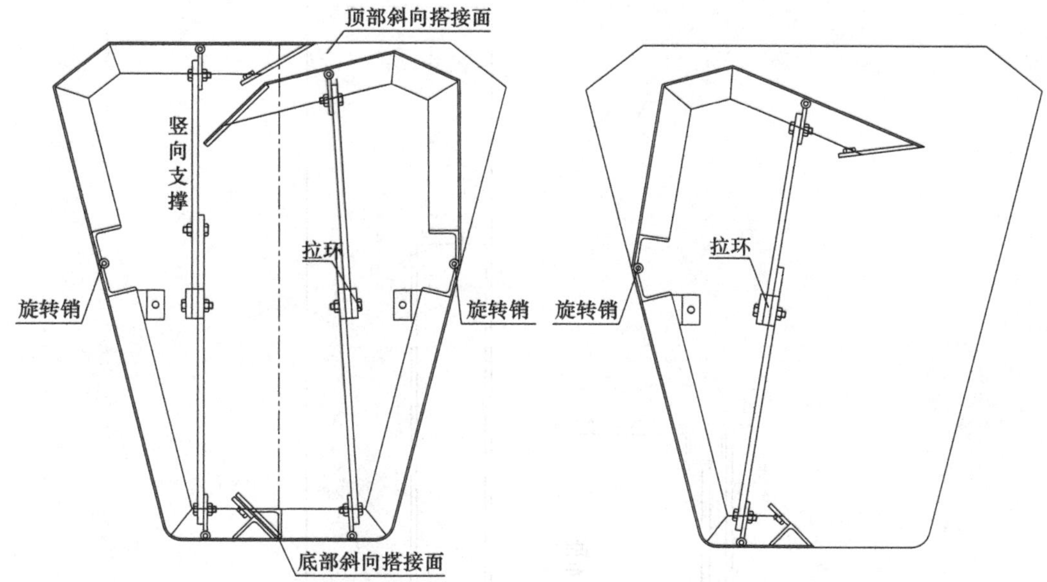

图 8-27 抽拔式芯模操作步骤示意图二

抽拔式芯模操作步骤，分如下 3 步进行：

(1)在预制箱梁混凝土达到不低于 2.5MPa 时，先拆除内芯模横向支撑，同时拆卸竖向支撑拉环顶部固定螺栓。

(2)采用卷扬机及钢丝绳拽拉竖向支撑中部拉环，致使一侧模板上下面从旋转销处向内折合，与混凝土分离后卷扬机拉出。

(3)拆除另一侧竖向支撑拉环顶部固定螺栓，采用卷扬机及钢丝绳拽拉竖向支撑中部拉环，致使一侧模板上下面从旋转销处向内折合，与混凝土分离后卷扬机拉出。

重复上述步骤其他节段内芯模拆除施工。

8.4.6.2 小箱梁施工拉杆式抗浮技术

解决箱梁芯模上浮问题，常规做法是采用槽钢压杆通过钢筋拉杆拉设在台座两侧地锚上避免芯模上浮。为了便捷、快速，项目在预制台座中根据箱梁通气孔位置，预埋设置了 ϕ22mm 圆钢拉杆，其顶部设置连接螺母，在芯模安装完成后通过直螺纹与芯模连接，有效地控制了芯模上浮问题。此方法省去了常规拉压杆所需的槽钢、预埋地锚等材料，与常规方法相比大大提高了芯模安装速度，节省了所需的人工成本。芯模拉杆式抗浮设计，如图 8-28 所示。

8.4.6.3 独立式存梁台座

灌河大桥 GH-2 标工程项目小箱梁存梁设置了独立式存梁台座，相比常规贯通式存梁台座，独立式存梁台座顶不产生负弯矩，因此减少了顶层钢筋用量，且避免了因不均匀沉降而造成台座倾斜、开裂等现象。

8.4.6.4 环保式混凝土砂石分离器

灌河大桥 GH-2 标工程项目混凝土总方量为 18.34 万 m^3，混凝土每次浇筑后，清洗罐车都会有混凝土余料浪费。项目采购了新型混凝土砂石分离器，每次浇筑混凝土后，罐车至砂石分离器处进行清洗，该设备将余料中砂、石进行分离，可再利用。从目前项目已完工混凝土方量来看，所用砂、石料按理论方量核算，都没有出现损耗。

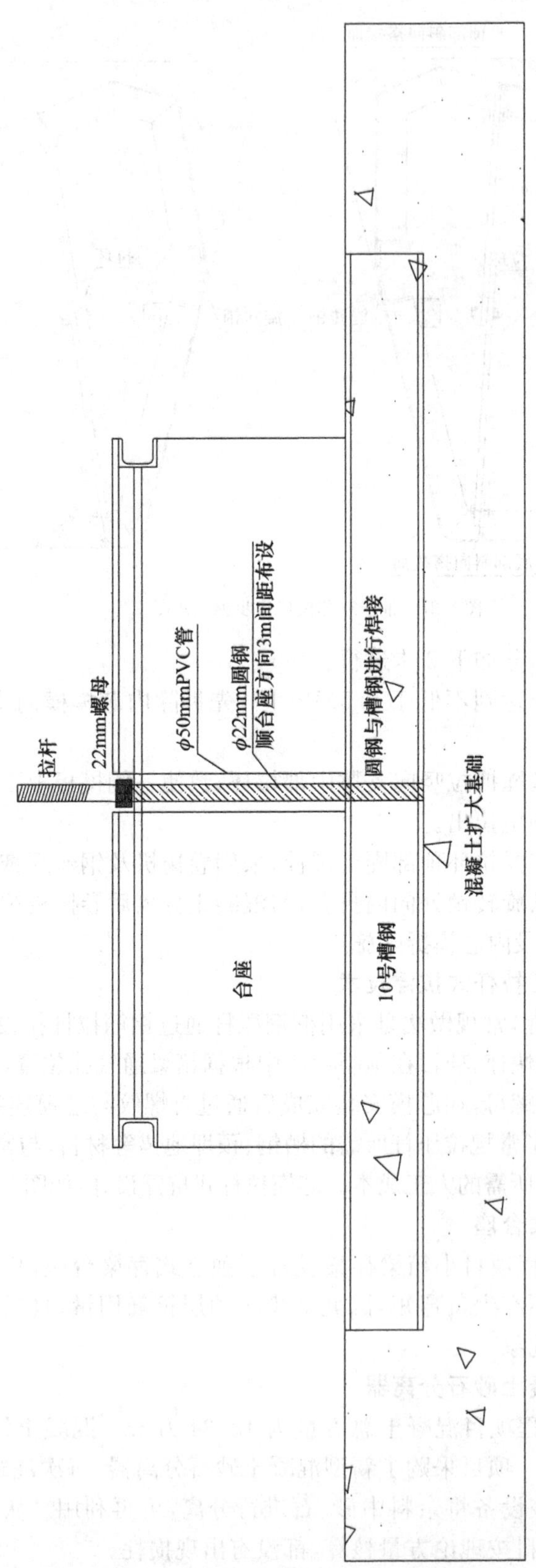

图 8-28 芯模竖杆式抗浮设计图

8.4.7 南引桥高墩身无支架翻模施工

1)施工方案确定

南引桥位于盐城市响水县陈家港镇蟒牛村,其里程桩号为K15+282~K17+075.6,共214根墩身施工,路线走向为南北走向。南引桥共52个墩台,53号、54号墩位于大堤外侧池塘内,其余位于大堤内侧平地。南引桥共有30m和40m两种跨径,左幅桥跨布置为:3×(6×40)+5×40+4×(6×30)+5×30m=1790m,右幅桥跨布置为:3×(6×40)+5×40+3×(6×30)+5×30+3×(2×30)m=1790m,共有52个墩台,墩号为53~104号。墩身高度大部分在14~42m,为高墩身施工。

目前,高墩身施工主要有爬模、滑模、翻模三种。在这三种施工方案中:滑模施工速度快,但其工艺要求严格,提升时间不容易把握,且昼夜连续作业,管理难度较大,混凝土外观较差;爬模施工速度较慢且配套设备繁多不易转移;翻模施工用料少,工艺较简单,且速度较快。根据项目条件及工程需要选用翻模施工。

2)施工工艺流程

施工工艺流程,见图8-29。

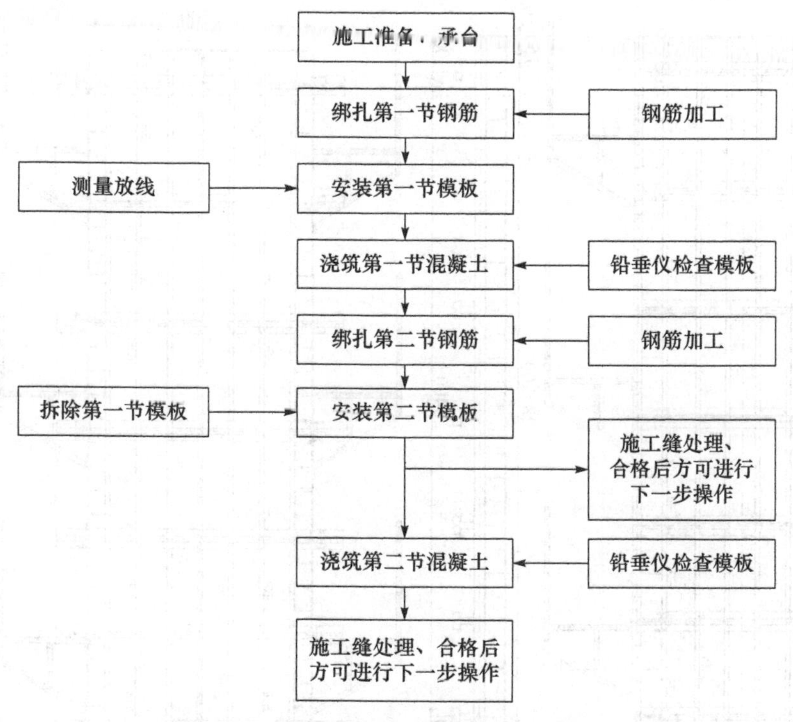

图8-29 引桥高墩身无支架翻模施工工艺流程

3)无支架翻模施工

根据施工条件,翻模施工是最合理的施工方案,但普通翻模加钢管脚手架施工有一个致命的缺点:搭设施工脚手架数量大,超过10m后脚手架的搭设及施工存在较大安全隐患,耗费材料和人工较多,且耗时较长。因此在南引桥墩柱施工中采用无支架翻模施工并自行设计整体装配式钢筋操作平台来加快施工进度并加强施工安全系数。

(1)翻模模板制作、安装及翻升：

①模板高度选定：因墩身较高，综合考虑节段施工时间、机具长度及钢筋配料和减少施工缝数量等方面的因素，每套翻模模板设计高度为6m。施工时，每次翻升1节模板，浇筑混凝土6m。

②模板构造设计：为保证混凝土外观质量，墩身模板采用拉杆式组合钢模板。钢模板面为6mm钢板，横边框为14mm钢板，横肋为6mm钢板，纵肋为10号槽钢，纵边框为14mm钢板，背楞为16号槽钢，吊钩为20mm圆钢，边框采用20mm螺栓连接，企口式接缝，上口为母口，下口为子口。模板拼装，见图8-30。模板外侧设有模板工作平台，采用ϕ48mm钢管制成可拆卸骨架及栏杆，上部搭设木板，主要提供人员工作和小型机具的操作平台。每节模板均设3个工作平台，间距为2m一道，并用螺栓与模板连接，随模板一起向上翻升，为模板组装、拆模提供作业空间。模板作业平台，见图8-31。

③模板翻升方法：翻模施工时，拆模后需要将模板向外移出再利用起重机械向上翻升。每次翻升保留上面一层模板，把下一层模板拆下并重新打磨涂抹涂膜剂，然后利用起重机械将模板吊起，并安装在上层模板相应位置上，进行模板加固并将本层模板与下层模板连接。

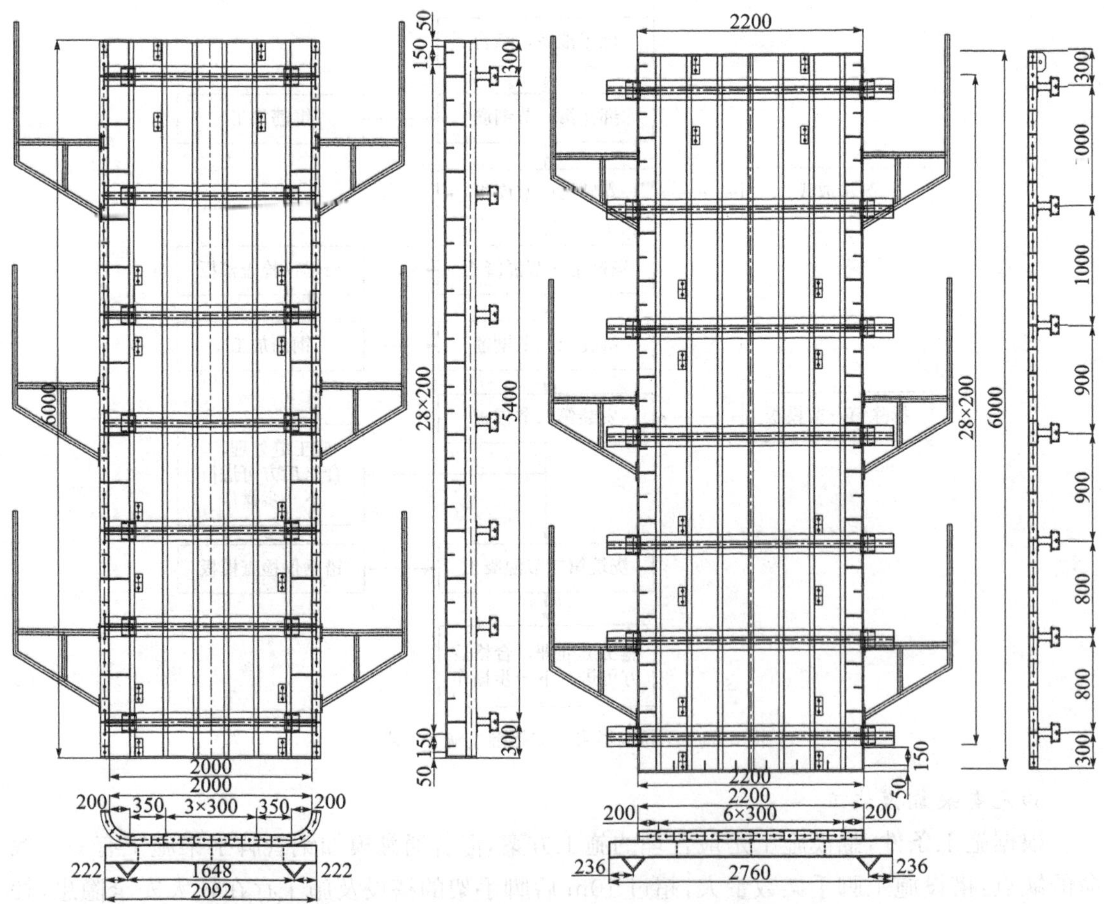

图8-30 模板拼装示意图(尺寸单位：mm)

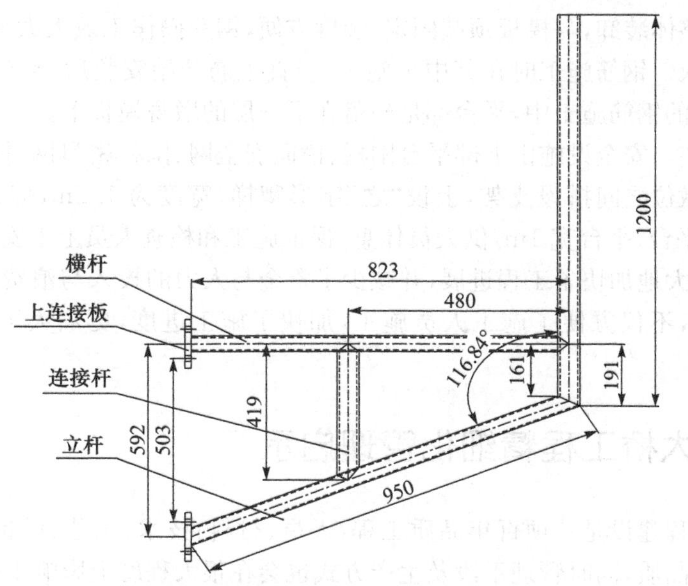

图 8-31 模板作业平台示意图(尺寸单位:mm)

(2)钢筋绑扎操作平台。项目部自行设计整体装配式外操作平台,采用钢管加工而成,支架底部设 2 根槽钢用于与墩柱模板连接以固定支架,支架四个面各设置斜撑以保证支架整体稳定。支架设置在墩柱四周外侧,共设置三层平台供工人进行绑扎钢筋施工,见图 8-32。

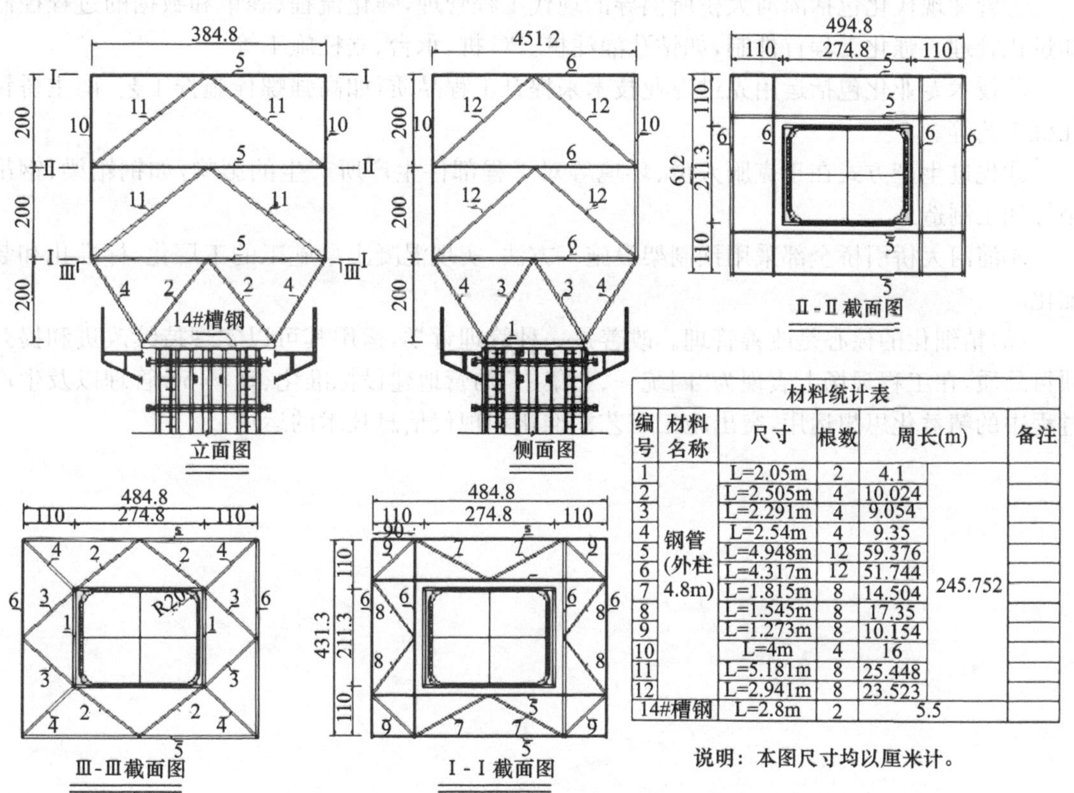

材料统计表

编号	材料名称	尺寸	根数	周长(m)		备注
1	钢管(外柱4.8m)	L=2.05m	2	4.1	245.752	
2		L=2.505m	4	10.024		
3		L=2.291m	4	9.054		
4		L=2.54m	4	9.35		
5		L=4.948m	12	59.376		
6		L=4.317m	12	51.744		
7		L=1.815m	8	14.504		
8		L=1.545m	8	17.35		
9		L=1.273m	8	10.154		
10		L=4m	4	16		
11		L=5.181m	8	25.448		
12		L=2.941m	8	23.523		
14#槽钢		L=2.8m	2	5.5		

图 8-32 操作平台设计说明图(尺寸单位:cm)

平台整体加工，整体装卸，与模板顶端固定，装拆方便，钢筋操作工效大大增加。新型平台安装时，是整体套入。钢筋施工时在其中央施工，竖直主筋开始安装后，平台就很难发生倾斜垮塌现象。后续的钢筋施工中，平台都是坐落在下一层的墩身模板上。

(3)爬梯安装。安全设施由上部平台围栏、横向安全网、围栏密目网、扶墙等组成。墩身施工时，在双幅墩位之间搭设支架，上设“之”字形爬梯，宽度为 1.2m，仰角为 60°。每升高 3m 设一处休息平台，平台宽 1m，供人员休息，保证施工和检查人员上下安全便捷。

翻模施工极大地加快了工程进展，并减少了资金与人力的投入与浪费；尤其是整体装配式钢筋操作平台，不仅方便了施工人员施工，加快了施工进度，更加大了施工人员的安全系数。

8.5 灌河大桥工程精细化管理启示

灌河大桥工程建设是一项百年品质工程，人员、材料、技术、工艺、设备等每一项要素都会直接影响工程品质，同时管理手段及生产方式也会在很大程度上影响工程质量。

(1)精细化管理是品质的重要保证。我国桥梁工程建设已经实现了从“有没有能力造”到“如何才能造出精品工程”的跨越。桥梁工程精品重点体现在细节方面，包括勘察设计、施工、材料采购、设施设备等多方面。

(2)精细化管理手段主要包括管理现代化、技术专业化和先进化生产方式。

①管理现代化包括灌河大桥所倡导的现代工程管理，强化流程、表单和数据的过程控制和量化管理。强化工程首件制，如钻孔灌注桩、PC 桩、承台、立柱施工等。

②技术专业化包括运用先进专业技术来提升工程品质，如高强螺栓施拧工艺、南主桥钻孔桩工艺等。

③先进生产方式在于克服人员、环境等对工程部件生产所产生的影响，如钢箱梁、钢吊箱等加工制造。

④灌河大桥引桥全部采用预制架设施工方法，实现混凝土梁施工的工厂化、标准化和装配化。

(3)精细化的核心是改善管理。改善是一种管理哲学，运用其可以实现持续改进和提升项目品质，在工程现场上表现为“四统一、三集中”的营地建设标准化、现场 5S 管理以及生产过程中的精益化思想运用，突出施工工艺标准化和现代信息技术的运用。

Chapter Nine

第9章 灌河大桥工程信息化管理

9.1 灌河大桥工程信息化管理概述

9.1.1 工程信息化技术应用

我国公路建设以令世人惊叹的规模和速度迅猛发展，充分体现了我国工程建设技术和管理水平的能力，先进信息化技术的使用是其重要组成部分。信息化在工程现场管理中综合控制主要包括底层控制信息化阶段和项目集成信息化管理阶段。

1)底层控制信息化阶段

我国自20世纪80年代发展起来的计算机辅助工程的技术，已经收获了一系列结构分析、工程设计和建设管理的软件系统，支撑起我国桥梁技术的长足发展，在生产实践中发挥了基础性的作用。但随着桥梁结构体系的新发展，拥有自主知识产权的结构分析软件已经落后于工程实践的需求。开发研制新型复杂结构与真实反映材料性能、施工工况、力学性状的分析软件与数值模拟技术仍有发展空间，因此应该高度重视这一基础性工具的更新与开发研制。20世纪90年代，我国也开始在工程监测方向的研究，在国家科委、国家自然科学基金委员会的多个项目的支持下，在大型桥梁结构病害调查、传感器最优布点、结构损伤识别、系统识别、结构剩余可靠度评定、桥梁结构理论模型修正以及斜拉桥结构环境变异性等方面开展了深入的研究。在工程实践方面，我国先后开发了南京长江二桥、江阴长江大桥、上海徐浦大桥、广东虎门大桥等桥梁结构监测系统；在监测系统的设计与布设以及监测系统的运营维护和数据分析与应用等方面积累了经验。在20世纪90年代至21世纪初期，我国工程建设中也逐渐使用了项目管理软件。该阶段信息化的管理主要集中在底层控制中，主要用于监测、安全的信息化管理。

2)项目集成信息化管理阶段

2000年以来，工程信息化又进一步得到发展。随着工程项目物理规模上的大型化、巨型化，数据的数量巨大、结构复杂等因素正迫使现代工程管理必须走上信息化之路。尤其工程建设过程中管理信息系统的使用呈现快速增长的趋势，工程管理信息化的实现也将容许工程项目更新更多更先进的现代监测与控制设备，容许出现更加复杂的数据。二者相互促进，使得信息技术在工程建设中得到综合应用，从而推动工程现代化水平呈螺旋式地上升。在这阶段中，建立在结构分析基础上的施工控制技术在大跨径桥梁上部结构施工中发挥着重要作用，并且桥梁下部工程信息化施工的技术也在不断取得新进展，计算机监测的实施也保证了基础工程的施工安全。通过信息技术使工程在受控状态下进行建设还有着很大的开发和应用空间。与此同时，一些大型项目正在开发覆盖工程建设和运营服务全寿命过程的信息化管理系统，推动信息化技术在工程管理上的应用，有利于技术资源的整合，极大地提高了工程效益。该阶段的特点是信息化管理不再只局限于基本的控制层面，而更多的是拓展到整个工程管理过程中，从单元化管理整合到集成管理，促进工程建设管理更加高效、有序。

9.1.2 灌河大桥工程现场多信息技术的综合集成应用

为有效组织实施技术难度复杂的灌河大桥工程，建设者必须随时准确掌握三个方面的信息，即自然环境信息、工程物理状态信息和工程管理要素状态信息。如果不能及时发现环境的重大变化信息，就会影响工程的顺利推进；如果不能及时搜集和辨别关键工序物理状态信息，就有可能影响到工程品质；如果不能及时把握管理要素信息，就有可能使工程建设处于无序或低效状态。显然，对于建设工程而言，仅靠人的经验和人工手段是无法及时、准确、完整、直观地掌握这些信息的，必须充分将计算机技术、通信技术为代表的多信息技术以及与多学科技术综合集成应用，完成信息搜集、处理、存储和传递等一系列工作，以便建设者利用这些数据信息，结合经验作出正确的判断与决策，在工程现场管理中发挥重要作用。在信息化的过程中，必须做好"需求牵引人机结合"，一方面充分地把握信息源，尊重实际需求；另一方面，将有限资源充分利用好，实现人机的完美结合。

灌河大桥工程多信息技术综合应用，主要集中在现场施工监测、安全预警及工程项目管理等方面。

(1)施工现场监测系统。灌河大桥工程建设中充分运用信息技术应用，分别开展钢吊箱围堰和深基坑开挖中的应力变形监控、大体积混凝土温度场监控和立足"几何控制为主、应力控制为辅"的斜拉桥上部结构全过程施工控制，对施工过程中永久和临时结构的重点部位进行安全监控。

(2)安全预警系统。通过系统辨识大桥工程建设安全类风险源，对施工现场的(特种)作业人员、特种设备进行动态定位、身份识别等，并实时记录移动轨迹到数据库，并在系统中划定隐形的安全警戒线。

(3)项目管理信息系统。运用B/S技术，系统分析灌河大桥工程建设信息化需要，重点设计包括计划管理、变更管理、合同支付等职能模块，实现建设业主和承包商之间现场控制信息的信息透明度和交换及时性。

(4)在线档案管理系统。利用信息化手段对所有与工程项目有关的文件材料进行即时归档，实现全过程的、实时的档案管理，满足在线、无线查询；进而在国内首次实现真正意义上的在线归档，将通常的工程档案只为交(竣)工验收及养护运营服务，变为首先为工程建设服务，使原有的档案信息化管理功能得以前伸。

灌河大桥工程信息化建设体系，如图9-1所示。

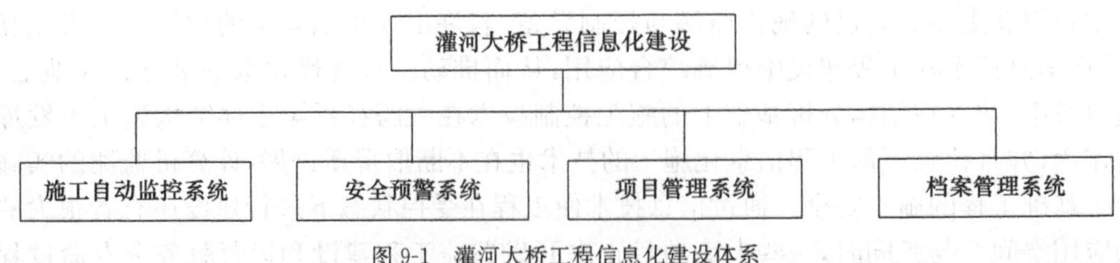

图9-1 灌河大桥工程信息化建设体系

9.2　灌河大桥工程智能化安全预警

基于灌河大桥现场施工安全管理的基础上，进行大桥建设施工现场安全监控信息系统关键技术研究，运用智能感知技术，对现场施工作业人员等进行动态定位、身份识别、安全预警的关键技术及支持软件；并在此基础上，开发可集成于安全帽的微型低功耗智能终端系统，实现建设工程项目高危施工区域的安全监控。

通过运用现代智能感知技术，建立灌河大桥智能化安全监控和预警系统，并在实际应用层面上进行测试和调试。其主要表现在以下方面：

(1)人本化。科技以人为本，现代工程管理更要以人为本。智能感知的应用，可以在高危施工区域或特定区域布一张无形的警戒网，更能在集成其他先进技术的基础上监测参建人员的状态，保证了参建人员在施工建设过程中的安全，避免了意外施工事故的发生。

(2)精细化。智能感知的应用，能定位到现场每个人的行动轨迹，为工程施工管理、现场安全管理提供必要的技术条件和基础数据。

(3)互动化。智能感知的应用具备其他智能感知技术所不具备的双向数据通信特点，能在现场参建人员之间、参建人员和监控中心之间建立信息传递渠道，能实时接收施工管理的指令信息，提高工作效率。

9.2.1　安全监控系统设计与实现

本系统通过系统辨识大桥工程建设安全类风险源，对施工现场的(特种)作业人员、特种设备进行动态定位、身份识别等，并实时记录移动轨迹到数据库，并在系统中划定隐形的安全警戒线。由下位机(微型终端)进行信息接收、显示和语音(预警)播放。其具体语音提示可以有："进入施工区域，注意安全"(施工入口处)；"临水作业，当心落水"(水上平台四周临边)；"吊装区域，小心高处坠物"(塔吊下方)；"临边作业，小心坠落"(钻孔等临边作业)等。并以此建立基于多信息融合的大桥工程建设安全管理系统。

1)硬件结构设计

下位机系统主要由美国德州仪器的 CC2431 芯片与语音芯片 WT588D 组成。由移动终端 CC2431 芯片计算实时坐标，并根据系统设置，控制语音播放内容和顺序。两个芯片之间通信采用一线制通信方式，以简化系统连接，如图 9-2 所示。VCC、GND 为电源，DATA 线为数据连接线。

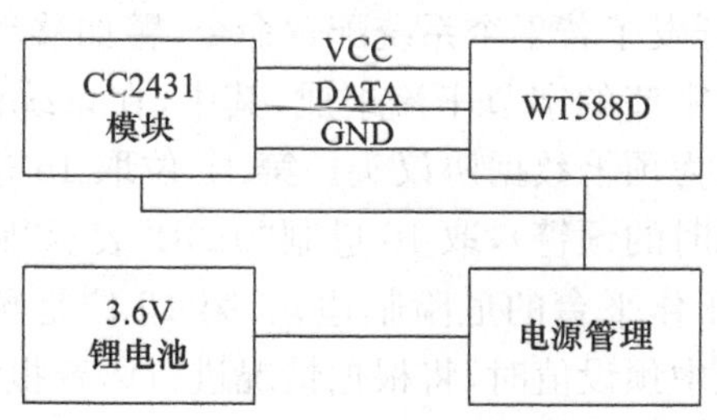

图 9-2　下位机系统的结构

2)软件设计

本系统软件基于TI开源的Z-Stack协议栈，Z-Stack符合ZigBee2006规范，支持多种平台，包括基于CC2420收发器以及TI MSP430超低功耗单片机的平台、CC2430/1 SOC平台等。Z-Stack包含了网状网络拓扑的几近于全功能的协议栈。下位机业务流程代码设计中除了利用其定位算法库外，还利用了Z-Stack协议栈的操作系统OSAL的几个函数。OSAL提供如下服务和管理：信息管理、任务同步、时间管理、中断管理、任务管理、内存管理、电源管理以及非易失存储管理。如使用osal_nv_item_init()、osal_nv_read()函数来处理读取在非易失存储器中的各种预警参数，以及使用osal_start_timerEx()函数来完成业务流程的循环。其具体程序流程，如图9-3所示。

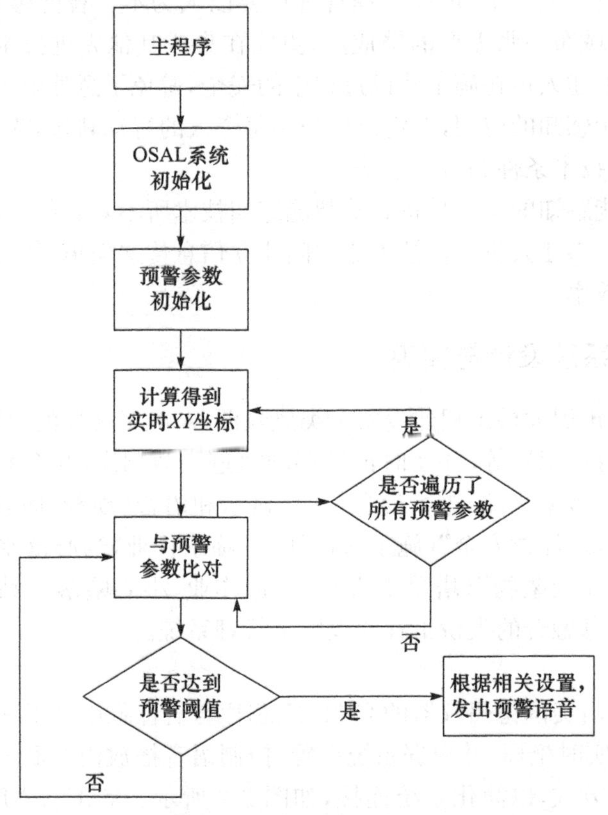

图9-3　系统主要的程序流程

为方便系统后期使用，开发了若干个系统配置命令，譬如移动模块设置预警信息数据命令。系统命令帧由若干个单字节的字节串流组成，其中，在系统命令帧中，从第15位开始，为用户数据帧。第15、16位为预警数据协议头。第15位取16进制“0x0A”表示“两点距离预警”(接近某一个危险目标时的预警)，取16进制“0x0B”表示“临边预警”(在施工现场的一些临边，如在水上施工时的工作平台的危险临边)。第16位是预警参量值(单位：m)，当与这些目标实时距离少于系统中预设值时，将根据情况进行语音报警，通知现场施工人员注意施工安全。

在预警数据协议头后为具体的预警数据帧，譬如，若是“临边预警”，则如表9-1所示。

临边预警数据帧　　表 9-1

数据含义	$x1$		$y1$		$x2$		$y2$	
字节序号	18	19	20	21	22	23	24	25

其中，$x1$、$y1$；$x2$、$y2$ 为临边直线两个端点的 x、y 坐标（在系统存储空间分别占用两个字节）。

一个设置例子：设置临边（8、8）（8、16），圆形预警区域（4、4），预警距离均为 2m 的命令帧为“02 00 18 1A CB FF FF CA 20 00 13 06 02 08 0B 02 00 08 00 08 00 10 00 08 0A 02 00 04 00 04 25”。最后一位为数据校验位，如图 9-4 所示。

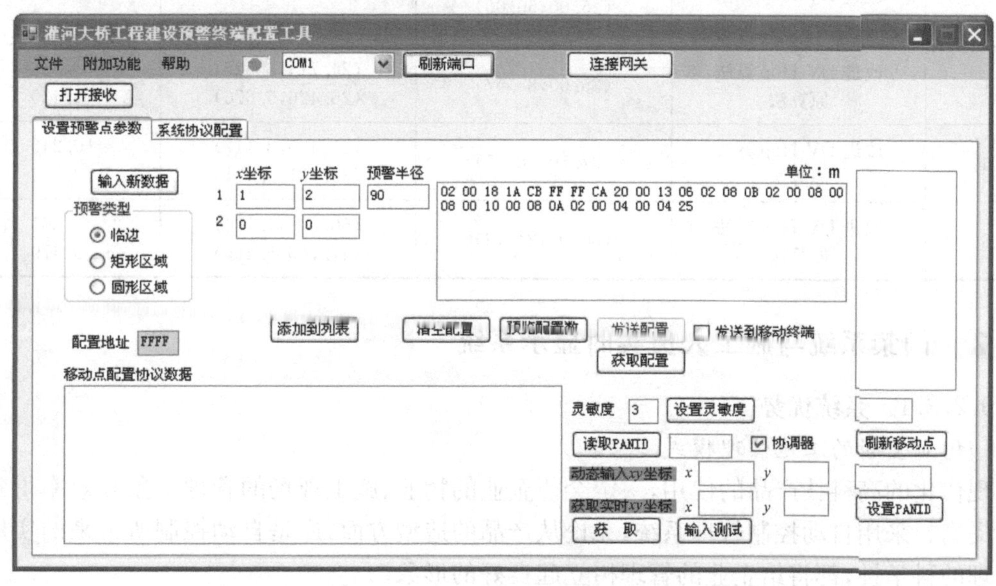

图 9-4　上位机配置程序界面

在 ZigBee 定位系统实际部署时，由于现场环境复杂，加之如果移动点数目过多的话就会对系统定位的精度产生不良影响。本系统根据大桥工程建设现场的特点，适当对参考节点进行了优化布置，将参考节点布置于定位平面高 3m 处，同时对定位系统算法进行了调优。分析比较 RSSI、LQI 对 PRR 的影响，提出利用 LQI 改进 DV-Hop 定位算法中的跳数信息。DV-Hop 算法主要依赖于距离矢量路由协议定位。该算法不需要进行节点之间的距离测量，且节点不需要任何附加的硬件支持，对于硬件支持有限的环境是一个很好的选择。

首先，建立 DV-Hop 定位算法实验验证平台。该平台主要由两部分组成：用于定位的通信节点和用于观察监测的上位机。节点主要由锚节点和非锚节点两大部分组成。节点分布后，将节点位置信息和定位过程信息通过基站节点发送到上位。上位系统由 C# 语言实现，通过它解析发送回来的数据包，显示节点位置和定位过程信息，从而达到对整个定位过程进行监测的目的。观察所有与锚节点单跳通信节点的信号衰减情形，根据 RSSI 模型对单跳距离进行修正。虽然节点的信息量会有少许的增加，但是节点的定位精度却提高了很多。利用 LQI 对跳数信息的修正都是以整数倍的形式相加，在以后的工作中可以根据获得的 LQI 值，把跳数信息以小数倍的形式相加，使得跳数信息更加准确，节点的定位精度能够进一步地提高。其具体算法参见相关文献,在此不再赘述。经过优化后的定位算法测试参数,参见表 9-2。

各移动节点不同算法的误差比较　　表 9-2

节点编号	算　法	实际位置(m)	测量位置(m)	误差(m)
1	改进 DV-Hop 算法 原算法	(37.50,71.65)	(37.172,1.411) (32.645,73.710)	0.404 5.274
2	改进 DV-Hop 算法 原算法	(25.64,64.43)	(24.930,3.977) (27.851,8.814)	0.460 5.227
3	改进 DV-Hop 算法 原算法	(25.00,50.00)	(25.044,0.390) (24.120,9.165)	0.393 1.212
4	改进 DV-Hop 算法 原算法	(25.00,35.57)	(24.714,5.527) (26.426,5.676)	0.288 1.430
5	改进 DV-Hop 算法 原算法	(37.50,28.35)	(37.420,8.117) (39.781,5.431)	0.246 3.704
6	改进 DV-Hop 算法 原算法	(50.00,21.13)	(50.001,1.194) (47.766,8.466)	0.061 3.479

9.2.2 门禁系统与施工人员实时显示系统

9.2.2.1 系统优势

1)树立全新的工地管理模式

现代化的高科技产品的使用,一定会使企业的物业、施工现场的管理形象和效率得到很大的提高。采用自动控制管理系统,无论从产品的造型方面,还是自动控制所带来的实用性及管理的科学性,都将给企业的管理树立起良好的形象。

2)严格发卡管理

采用先进的射频卡,实行一人一卡,刷卡通行。

3)安全管理

一卡一人,资料存档,事后查证,保证进入施工现场所有人员的计时刷卡通行。

4)实时监控

所有刷卡人员信息在显示屏显示,防止代刷卡现象。

5)实时统计

所有进入工地人数实时显示,报表可实时查询哪些人在工地。

9.2.2.2 系统组成

本系统组成,包含三辊闸、实时控制板、读卡器、LED 屏、发卡机、交换机、电脑和软件。

1)通道

(1)三辊闸(见图 9-5)。

图示闸机的整个外形采用国产标准(304 号)不锈钢板冲压成型,造型美观大方,防锈、耐用,能抵抗外力破坏。长方形机箱与通道闸杆构成的通道可为出入人员提供有序文明的通行方式,杜绝非法出入,并在紧急情况下快速控制落杆或收杆。

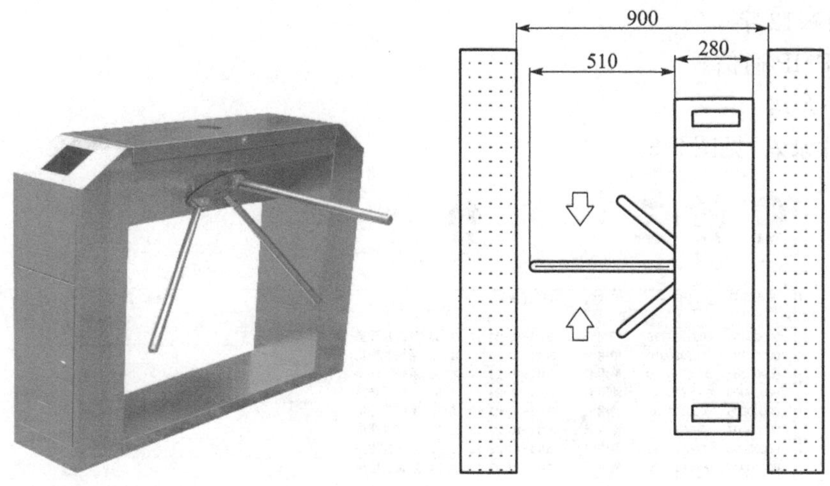

图 9-5 闸机示意图(尺寸单位:mm)

(2)翼闸参数(见图 9-6)。

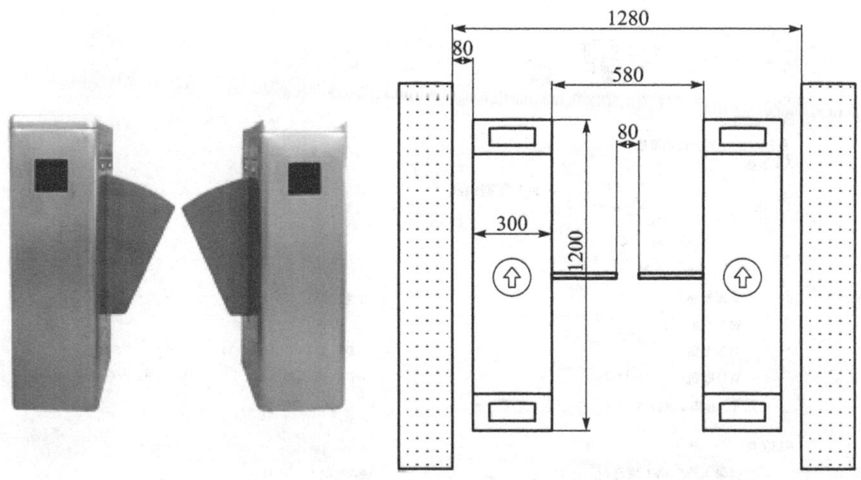

图 9-6 闸机参数(尺寸单位:mm)

2)门禁控制板

门禁系统控制板卡,见图 9-7。

(1)可接两路 WG26、WG34 读头。

(2)支持实时 LED 屏显示。

(3)TCP/IP 通信。

(4)两路常开,常闭输出。

(5)两路开门按钮输入。

(6)两路门磁输入。

3) LED 屏

(1)规格 990×530×90mm。

(2)24×12 点阵屏。

图 9-7 门禁系统控制板卡

(3)6 行×12 字。

(4)TCP/IP 通信。

4) 软件介绍

(1)卡片录入,见图 9-8。

新增 编辑 删除 保存 取消 查询 关闭

卡片录入

卡片编号	原始卡号	卡状态	启用日期	启用人员	注销日期	注销人员
00000001	0005923427	使用卡	2011-10-20 17:29:39	系统管理员		
00000002	0005922776	使用卡	2011-10-20 17:31:33	系统管理员		
00000003	0005926010	使用卡	2011-10-20 17:31:52	系统管理员		
00000004	0006229369	使用卡	2011-10-20 17:32:56	系统管理员		
00000005	0000623542	使用卡	2011-10-29 13:19:57	系统管理员		
00000006	0000597233	使用卡	2011-10-29 13:20:20	系统管理员		
00000007	0000597257	使用卡	2011-10-29 13:22:26	系统管理员		
00000008	0000597243	使用卡	2011-10-29 13:23:05	系统管理员		
00000009	0000623329	使用卡	2011-10-29 13:24:54	系统管理员		

图 9-8　卡片录入

(2)人员档案管理,见图 9-9。

新增 编辑 删除 保存 取消 查询 导入 导出 关闭

人员档案管理

用户列表 用户详细信息

基本信息

卡号: ☑ 以卡号更新编号 原始卡号:

用户编号: 用户姓名:

性别: 男

用户类别: 外宾 组织架构: 施工作业人员

身份证号码: 出生日期: 2011-11-03

家庭住址: 邮编:

联系电话: 入职日期: 2011-11-03

有效期到: 2014-11-05 开门密码: **必须全为数字**

☐ 使用实时验证 **当卡片需要实时验证时,必需要勾选此选项**

系统信息

录入员: 系统管理员 录入日期: 2011-11-03

最後修改人员: 系统管理员 最後修改日期: 2011-11-03

批量生成用户资料

卡号从: 到: 批量生成

0/100 0%

图 9-9　人员管理

(3)设备登记,见图 9-10。

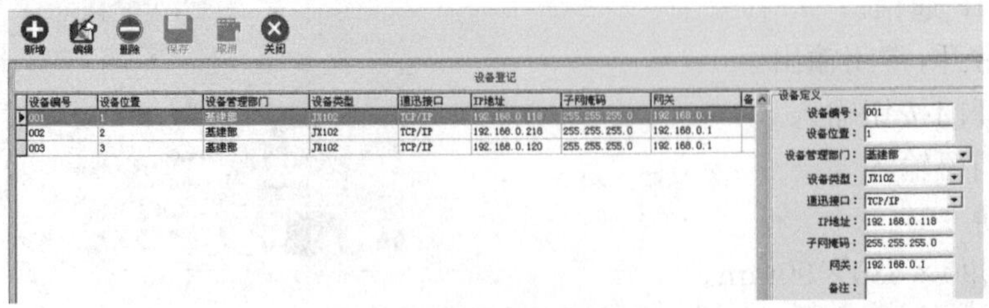

图 9-10　设备登记

(4)设备设置,见图 9-11。

设备设置
设备列表
001=1
002=2
003=3
设备信息
设备位置：
初始化端终会把所有参数清空，请确认
所属设备管理部门：
初始化终端
重置设备地址
通迅串口：
设备地址：
新地址：
修改
参数设置
当前时间：2011-11-03 11:29:09
设置时间
读取时间
记录循环存储：
设置
读取
胁迫码：
设置
读取
出入口开启时长：
单位(0.1秒)
范围(1-255)
设置
读版本号
读设备状态
读记录参数
读存储参数
在线设备
广播读取机号
初次使用系统时，无法确定机号，可使用如下功能读取
使用此功能时，请确保只开启了一台设备，其它设备必须断电
读取
当前485设备的地址为：
检测终端

图 9-11　设备设置

(5)用户注册,见图 9-12。

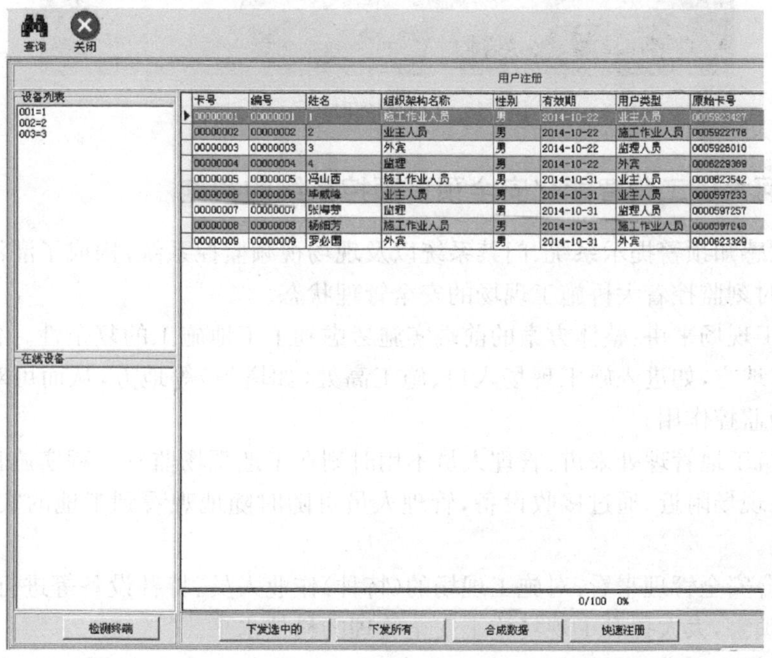

卡号	编号	姓名	组织架构名称	性别	有效期	用户类型	原始卡号
00000001	00000001	1	施工作业人员	男	2014-10-22	业主人员	0005923427
00000002	00000002	2	业主人员	男	2014-10-22	施工作业人员	0005922778
00000003	00000003	3	外宾	男	2014-10-22	监理人员	0005926010
00000004	00000004	4	监理	男	2014-10-22	外宾	0006229369
00000005	00000005	冯山西	施工作业人员	男	2014-10-31	业主人员	0000623542
00000006	00000006	毕威峰	业主人员	男	2014-10-31	业主人员	0000597233
00000007	00000007	张海梦	监理	男	2014-10-31	监理人员	0000597257
00000008	00000008	杨细芳	施工作业人员	男	2014-10-31	施工作业人员	0000597243
00000009	00000009	罗必围	外宾	男	2014-10-31	外宾	0000623329

图 9-12　用户注册

(6)报表查询,见图 9-13。

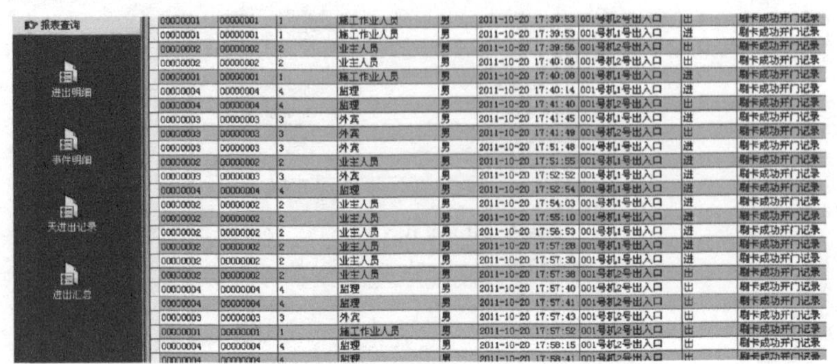

00000001	00000001	1	施工作业人员	男	2011-10-20 17:39:53	001号机2号出入口	出	刷卡成功开门记录
00000001	00000001	1	施工作业人员	男	2011-10-20 17:39:53	001号机1号出入口	进	刷卡成功开门记录
00000002	00000002	2	业主人员	男	2011-10-20 17:39:56	001号机2号出入口	出	刷卡成功开门记录
00000002	00000002	2	业主人员	男	2011-10-20 17:40:06	001号机2号出入口	出	刷卡成功开门记录
00000001	00000001	1	施工作业人员	男	2011-10-20 17:40:08	001号机1号出入口	进	刷卡成功开门记录
00000004	00000004	4	监理	男	2011-10-20 17:40:14	001号机1号出入口	进	刷卡成功开门记录
00000004	00000004	4	监理	男	2011-10-20 17:41:40	001号机2号出入口	出	刷卡成功开门记录
00000003	00000003	3	外宾	男	2011-10-20 17:41:45	001号机1号出入口	进	刷卡成功开门记录
00000003	00000003	3	外宾	男	2011-10-20 17:41:49	001号机2号出入口	出	刷卡成功开门记录
00000003	00000003	3	外宾	男	2011-10-20 17:51:48	001号机1号出入口	进	刷卡成功开门记录
00000002	00000002	2	业主人员	男	2011-10-20 17:51:55	001号机1号出入口	进	刷卡成功开门记录
00000003	00000003	3	外宾	男	2011-10-20 17:52:52	001号机1号出入口	进	刷卡成功开门记录
00000004	00000004	4	监理	男	2011-10-20 17:52:54	001号机1号出入口	进	刷卡成功开门记录
00000002	00000002	2	业主人员	男	2011-10-20 17:54:03	001号机1号出入口	进	刷卡成功开门记录
00000002	00000002	2	业主人员	男	2011-10-20 17:55:10	001号机1号出入口	进	刷卡成功开门记录
00000002	00000002	2	业主人员	男	2011-10-20 17:56:53	001号机1号出入口	进	刷卡成功开门记录
00000002	00000002	2	业主人员	男	2011-10-20 17:57:28	001号机1号出入口	进	刷卡成功开门记录
00000002	00000002	2	业主人员	男	2011-10-20 17:57:30	001号机1号出入口	进	刷卡成功开门记录
00000002	00000002	2	业主人员	男	2011-10-20 17:57:38	001号机2号出入口	出	刷卡成功开门记录
00000004	00000004	4	监理	男	2011-10-20 17:57:40	001号机2号出入口	出	刷卡成功开门记录
00000004	00000004	4	监理	男	2011-10-20 17:57:41	001号机2号出入口	出	刷卡成功开门记录
00000003	00000003	3	外宾	男	2011-10-20 17:57:43	001号机2号出入口	出	刷卡成功开门记录
00000001	00000001	1	施工作业人员	男	2011-10-20 17:57:52	001号机2号出入口	出	刷卡成功开门记录
00000004	00000004	4	监理	男	2011-10-20 17:58:15	001号机2号出入口	出	刷卡成功开门记录
00000004	00000004	4	监理	男	2011-10-20 17:58:41	001号机2号出入口	出	刷卡成功开门记录

图 9-13　报表查询

(7)LED 屏实时显示系统,见图 9-14。

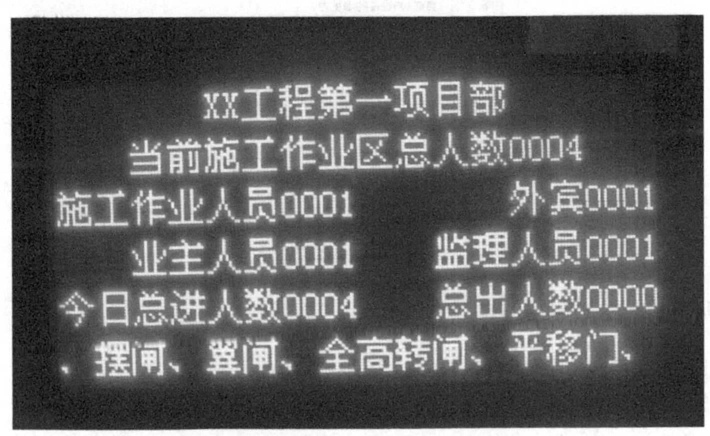

图 9-14　LED 屏实时显示系统

9.2.3　灌河大桥工程智能化安全预警预控系统的实施

综合智慧感知预警提示系统、门禁系统以及现场视频监控系统,构成了灌河大桥工程综合应用系统,时刻监控着大桥施工现场的安全管理状态。

(1)从施工现场来讲:整体方案的前端实施考虑到了工地施工的复杂性。各个设备可安装于现场任何地方,如进入施工现场入口、施工高处(如塔吊)等地方,从而可对整个施工现场起到发挥的监控作用。

(2)从建筑工地管理处来讲:管理人员不用时刻在工地现场监管工程实施情况。管理处一般位于施工现场附近,通过接收设备,管理人员可随时随地观看到工地的实际施工情况、人员活动情况。

(3)从综合安全管理来看:对施工现场的(特种)作业人员、特种设备等进行动态定位、身份识别、安全预警,大大提升了现场施工安全管理的科技水平。

以下是现场应用设备及现场应用图片:智慧感知设备终端 1,见图 9-15;智慧感知设备终端 2,见图 9-16;门禁系统应用,见图 9-17;现场视频监控以及监控大屏,见图 9-18。

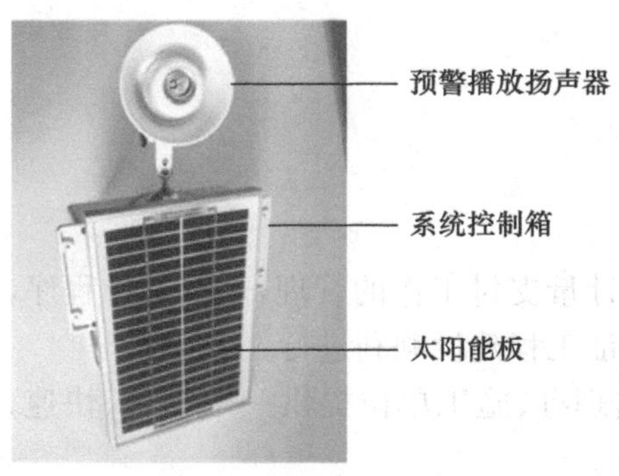

图 9-15　智慧感知设备终端 1

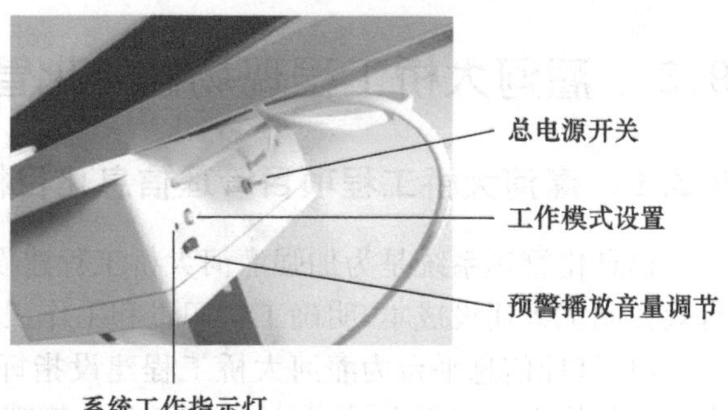

图 9-16　智慧感知设备终端 2

图 9-17　门禁系统应用

图 9-18　现场视频监控以及监控大屏

9.3 灌河大桥工程现场信息化管理

9.3.1 灌河大桥工程项目管理信息化目标

信息化管理系统是为加强灌河大桥工程建设项目计量支付工作的管理，规范工作程序，有效控制工程建设成本，明确工作职责和工作程序，保证工程建设顺利进行。

(1)管理信息平台为灌河大桥工程建设指挥部、监理办、施工单位提供一个高效、快速、集成化的管理应用平台，规范计量等业务的管理流程。

(2)改变指挥部、监理办、施工单位的信息交流方式，加强与外部的有效沟通，树立计量支付管理新形象。

(3)实现指挥部、监理办、施工单位的多方信息统一。

9.3.2 灌河大桥工程项目管理信息系统的设计原则

为了切实有效地实施信息管理平台，系统开发采用整体设计、统一规划的指导思想。除遵循一般原则外，信息化管理系统建设突出以下原则：

1)稳定性

系统架构采用SUN单位的J2EE架构，该架构的其中一个显著的优点就是稳定性。目前系统架构基础平台已经非常稳定，完全能够满足在系统运行过程中的稳定性要求。

2)安全性

系统在用户正常使用系统过程中的数据安全性予以充分考虑，如未授权用户不能查看到相应的业务模块；针对报表用户区分审核权限以及查看权限；审核人员不能修改上报的原始数据，只能提出修改意见等。

3)实用性

实用性是针对工程管理实际要求，注意如下几点：

(1)符合指挥部、总监办、施工单位的3级管理模式。

(2)按照计量支付的管理办法设置管理权限与管理流程。

(3)根据工程的实际情况系统进行灵活的业务定制。

4)易操作、易实施

易操作、易实施，就是满足使用者的操作习惯和适应高速公路工程建设的管理特点，系统的数据采集以工程管理报表为基础，符合手工操作习惯。系统提供多种方式传递工程数据，实现信息的统一管理。

5)系统应用架构

系统应用架构，如图9-19所示。

6)系统技术架构

本系统平台采用基于J2EE的B/S(Browser/Server)多层架构，如图9-20所示。

信息管理平台采用主流的J2EE架构下的B/S(浏览器/服务器)模式，整个系统在逻辑上分为如下3层：

①表示层，提供用户和系统之间的交互，在具体实现上把表示层分为内部应用和外部应

用两部分，分别针对内部用户和远程访问用户。

②应用服务器，实现具体的业务逻辑。

③数据库服务器，负责数据的存储、访问及其优化。数据采集层采用 CS 架构。

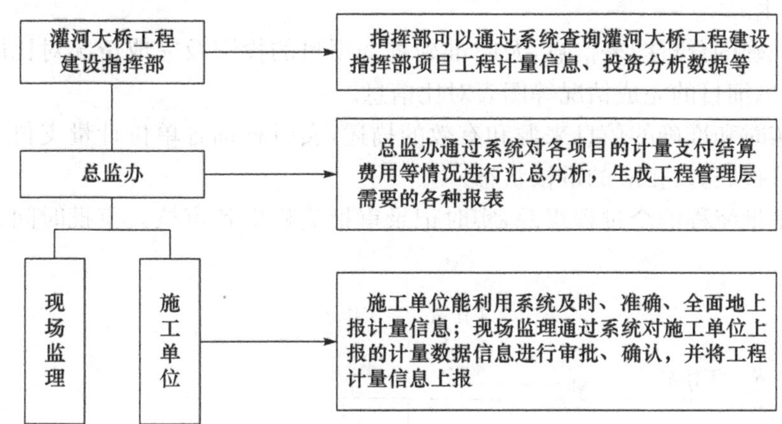

图 9-19　系统应用架构

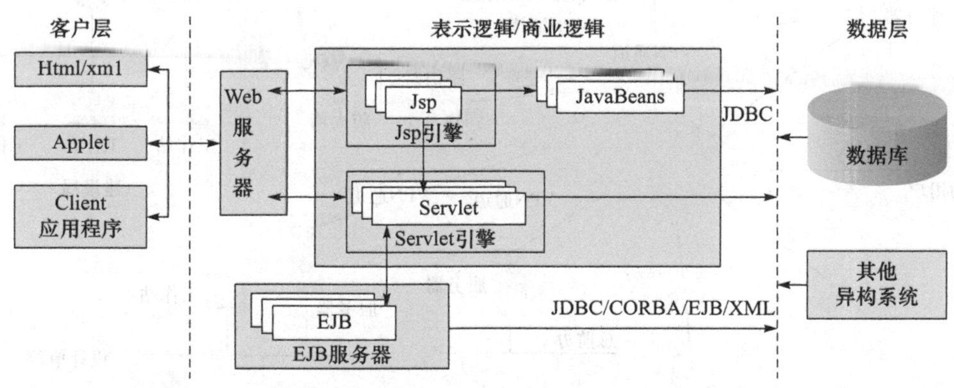

图 9-20　系统技术架构

7）网络拓扑结构

灌河大桥工程建设信息管理平台的中心数据，部署在江苏省交通建设管理局的中心服务器上，指挥部、监理单位、施工单位共享中心数据库。因此，要求网络通信平台要有较高的带宽（建议至少大于 2M）。网络拓扑结构，如图 9-21 所示。

9.3.3　灌河大桥工程建设项目管理信息系统的实施

灌河大桥工程建设项目管理信息系统包含了项目计划与进度管理、合同管理、计量支付管理等一般工程都具有的功能模块。其具体内容在本节就不再赘述，在此主要给出该系统实现的主要功能。

（1）建立基于网络的建设项目信息化管理（WEB），无须安装任何客户端软件，随时随地实现异地网上办公，同时降低系统的应用成本及系统的后期维护工作量。

（2）建立标准工作结构分解与编码体系（WBS），细化管理单元，实现项目管理工作与实物工程的一一对应,有效地组织工程建设项目的进行。同时能即时查看到任何分项工程的台账、资金、完成比例等信息。

(3)提供有效的管理控制工具,对各工程结构单元计量数据进行有效控制,杜绝任何超清单计量的发生。

(4)提供准确的分析图表信息,及时准确查询项目的投资及完成情况对比图形,查询各单位工程量清单细目的完成情况等图表对比信息。

(5)提供实时和准确的信息来源和有效的描述,实时查询各单位计量支付上报、审核情况、财务支付月报表,及相应的审核状态。

(6)提供审批流程的全过程跟踪,实时记录审批流程中各审核人审批时间、审批结果及审批意见信息。

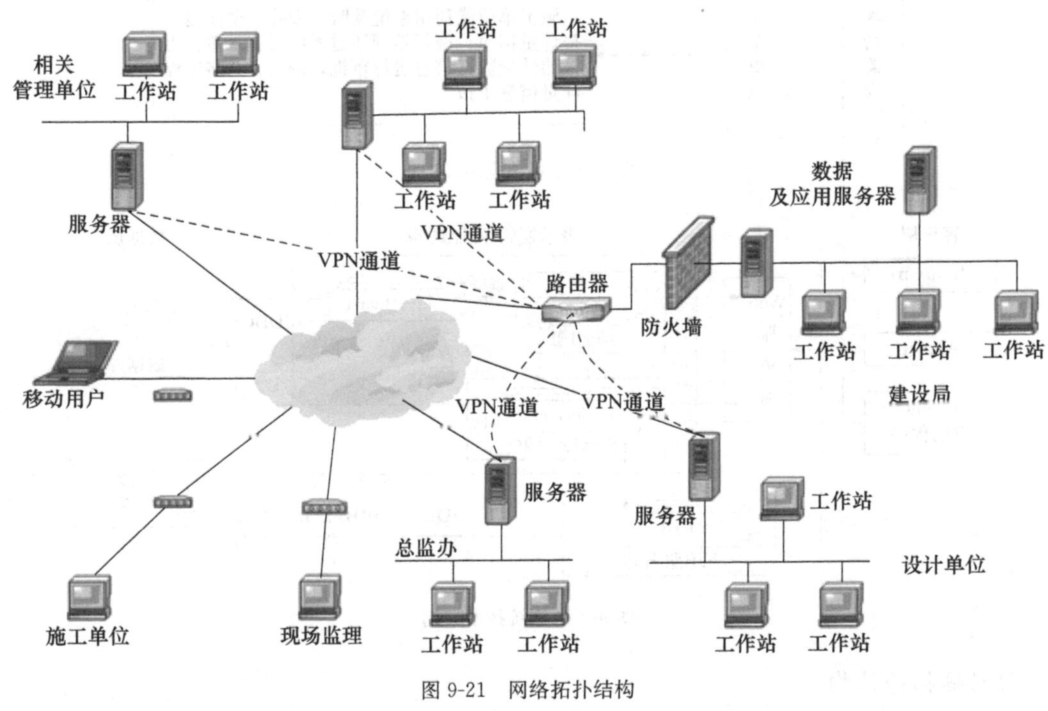

图 9-21 网络拓扑结构

9.3.4 灌河大桥工程建设在线档案管理系统的设计与实施

利用信息化手段对所有与工程项目有关的文件材料进行及时归档,实现全过程的、实时的档案管理,满足在线、无线查询,在国内实现真正意义上的在线归档,将通常的工程档案只为交(竣)工验收及养护运营服务,变为首先为工程建设服务,使得原有的档案信息化管理功能前伸。

9.3.4.1 档案管理系统的设计

(1)建立养护档案数据库,将涵盖灌河大桥工程建设项目已经完成及正在实施的所有文件、图片等资料,支持远程查询。

(2)将《江苏省高速公路建设项目档案管理》(DB32/T 1086—2008)中的主要技术参数编入档案管理软件,使之成为强制性条款。同时,将其附录C的文件收集范围与各单位实际的单位、分部、分项工程划分相结合，建立了十分详细的资料收集结构树，使各单位对各自所要收集的资料一目了然。软件系统支持文件题名自动产生，支持自动组卷：案卷题名、卷内目录、备考表、案卷目录等都是由计算机自动生成，从而使得项目文件分类、档案分类、组卷办法、编制方案等标准得到了统一，实现案卷的全自动编制，基本上达到“文档一体化”的目标。

(3)对所有资料进行全文数字化处理，系统能同时支持 DWG、TIFF、JPEG、PDF 等格式的电子原文查阅，支持按照各自权限对档案数据库中的所有全文数字化资料进行远程检索、查阅和下载。

(4)档案数据库的应用系统结构，如图 9-22 所示。

采用国际流行的“浏览器/应用服务器/数据库服务器”三层结构来构造应用系统(见图 9-23)，便于信息传送、减少系统维护、增加系统的安全性。

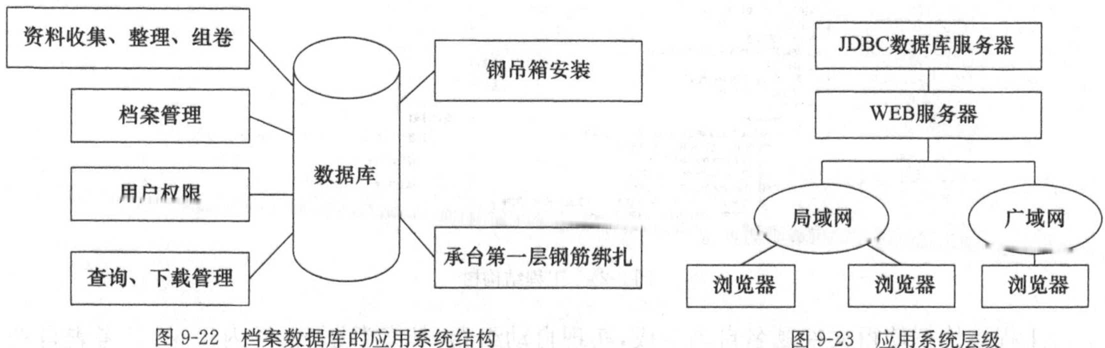

图 9-22 档案数据库的应用系统结构

图 9-23 应用系统层级

(5)电子图库按照数据库管理，系统采用单独数据库，与后台数据库无关的设计方式。企业可按实际需要，对档案进行分类归档，并可以根据需要建立独立图库。

(6)灵活高效的查询检索方式，系统支持多种方式的检索。既可按照“一级分类→二级分类……”进行检索，也可按照文件题名“包含…”进行多级模糊检索。对所检索出的文件能同步显示其电子原文及相关著录信息。

(7)独立于应用系统，能管理各种文档类型。用户可不安装一些应用系统如 AUTO-CAD、OFFICE 等，也可正常工作，实现浏览、下载、打印等操作。系统同时支持 DWG、TIFF、PDF、JPEG 等格式的图形文件。

(8)严密的安全管理。系统根据用户登录时的账户、密码，控制用户对档案数据库的操作权，确保用户无法访问权限之外的某类档案。系统可对某项目、某类档案进行锁定，控制某类档案的访问。

9.3.4.2 灌河大桥工程建设档案管理信息系统实施的关键技术

根据交通运输部 2010 年 65 号文《关于印发公路工程交竣工验收办法实施细则的通知》、交办发〔2010〕382 号文《关于印发公路建设项目文件材料立卷归档管理办法的通知》及《江苏省高速公路建设项目档案管理》(DB32/T 1086—2008)的规范要求，结合灌河大桥工程建设的实际情况，形成完备的档案管理软件。着重解决的问题：建立一个较完整的现场档案的管理体系，将现场资料的产生和公路工程进度计划及资料检查结合起来，采用事前计划、事中控制、事后检查的方式进行管理，形成一套现场资料收集、检查、整理、归档、查阅的工程档案信息化管理系统。其具体表现即下述几个方面：

(1)使用档案软件，将《江苏省高速公路建设项目档案管理》的文件分类与实际的工程的单元划分结合起来，建立十分详尽的文件收集计划结构树(见图 9-24)，使各单位对各自需要收集的文件一目了然。

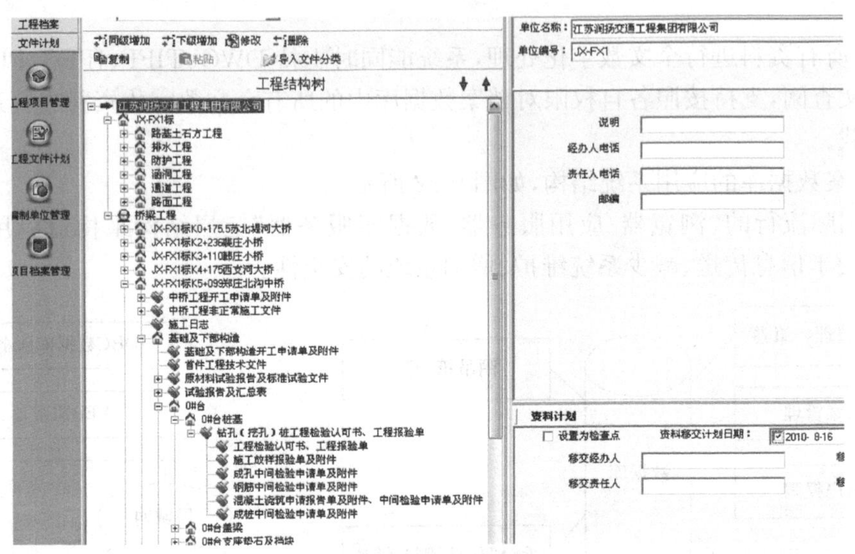

图 9-24　工程结构树

工程结构树使得文件题名自动生成，实现自动组卷，其案卷题名、卷内目录、备考表自动生成，达到文档一体化目标。因此，提高工程档案的编制效率，减少文件归档工作量，缩短档案的编制时间。

(2)及时将文件的数字格式(TIFF、PDF、JPEG、DWJ)与自动生成的文件题名挂接。文件的关联结构，如图 9-25 所示。

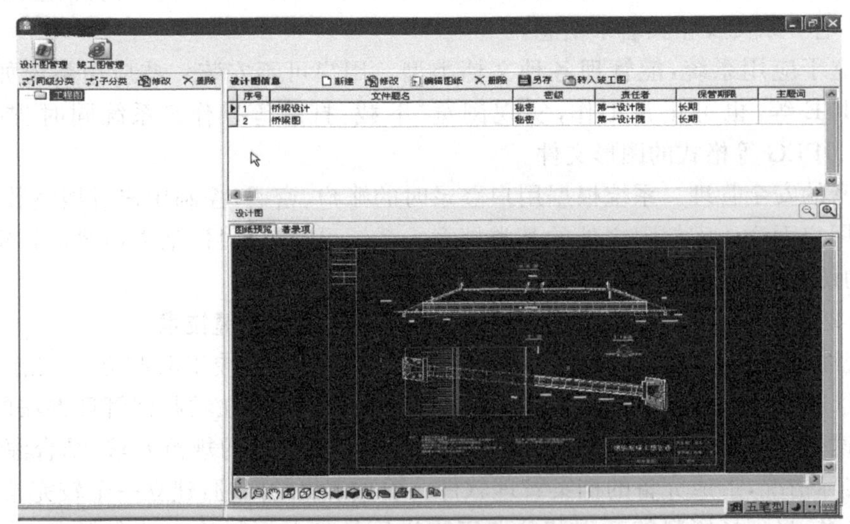

图 9-25　文件关联结构

(3)采用国际流行的"浏览器/应用服务器/数据库服务器"三层结构来构造应用系统，便于信息传送、减少系统维护、增加系统的安全性，实现在线归档，方便档案资料的实时远程检索查询，充分发挥档案在项目建设过程中的作用。

(4)设计综合查询模块：在施工建设的过程中会产生大量的过程数据，这些数据对于施工中的决策和后期的分析有着重要的作用。根据不同的业务需要，不同的业务部门、业务人员和领导可以多条件地查询出需要的工程数据信息。这是一个面对所有用户的查询平台，需要调用以上各功能模块中形成并存入数据库中的数据，支持实时的在线、无线查询。综合查询，如图 9-26 所示。

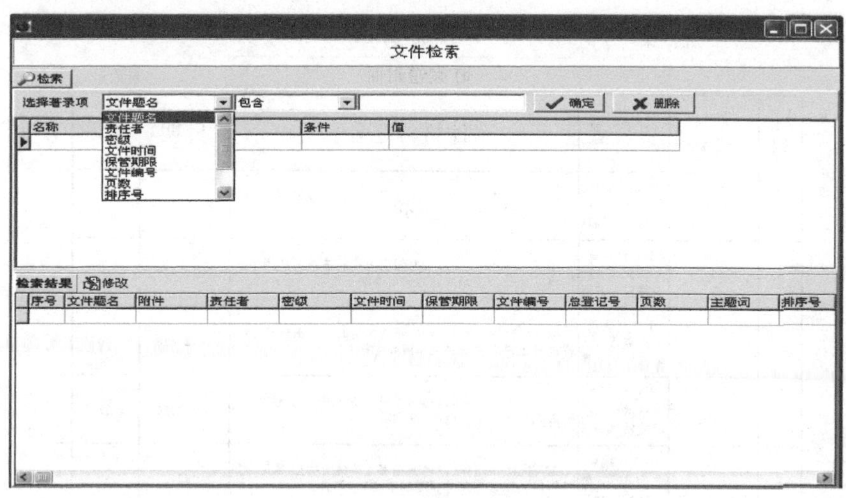

图 9-26 综合查询

9.3.4.3 灌河大桥工程建设档案管理的实施效果分析

各单位档案管理人员根据结构树，进行文件收集，文件题名自动生成。其档案录入，如图 9-27 所示。

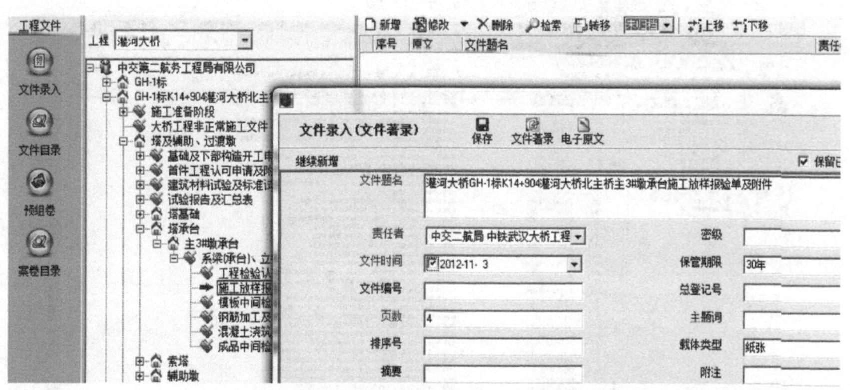

图 9-27 档案录入

一个分项工程的文件收集完成后，系统支持自动组卷，案卷封面、卷内目录、卷内备考表等均有系统自动生成，基本上达到了"文档一体化"的管理目标(见图 9-28)。

案卷题名 灌河大桥GH-1标K14+904灌河大桥北主桥主30号墩1~6号桩钻孔桩工程检验认可书、工程报验单及附件

立卷单位 中交第二航务工程局有限公司

起止日期 20121026 — 20121227

保管期限 30年 密 级

档 案 号 GH.03.06.01.02-001

a) 案卷封面

序号	文件编号	责任者	文件材料题名	日期	页号	备
1		中交二航局 中铁武汉大桥工程咨询监理	灌河大桥GH-1标K14+904灌河大桥北主桥主3号墩1号桩成孔中间检验申请单及附件	20121117	1	
2		中交二航局 中铁武汉大桥工程咨询监理	灌河大桥GH-1标K14+904灌河大桥北主桥主3号墩1号桩钢筋加工及安装中间检验申请单及附件	20121117	14	
3		中交二航局 中铁武汉大桥工程咨询监理	灌河大桥GH-1标K14+904灌河大桥北主桥主3号墩1号桩混凝土浇筑中间检验申请单及附件	20121118	30	
4		中交二航局 中铁武汉大桥工程咨询监理	灌河大桥GH-1标K14+904灌河大桥北主桥主3号墩2号桩成孔中间检验申请单及附件	20121126	37	
5		中交二航局 中铁武汉大桥工程咨询监理	灌河大桥GH-1标K14+904灌河大桥北主桥主3号墩2号桩钢筋加工及安装中间检验申请单及附件	20121127	49	

b) 卷内目录

图 9-28 案卷封面及卷内目录

该系统实现项目前期征地拆迁、招投标文件设计，施工及竣工的全过程在线档案（见图 9-29）。档案阅读、施工档案文件，及施工具体档案文件查阅，如图 9-30 至图 9-32 所示。

图 9-29 档案文件

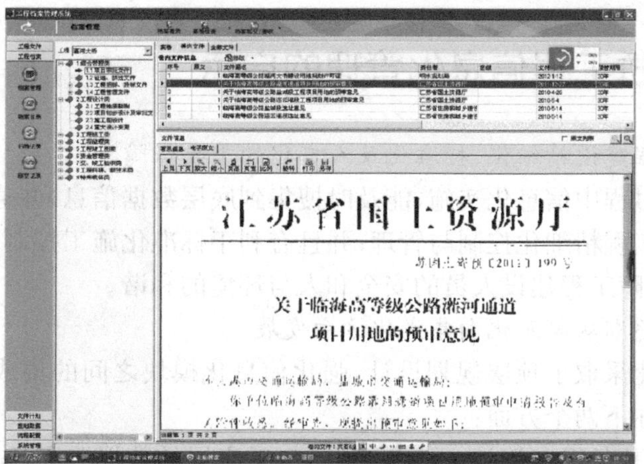

图 9-30　档案阅读

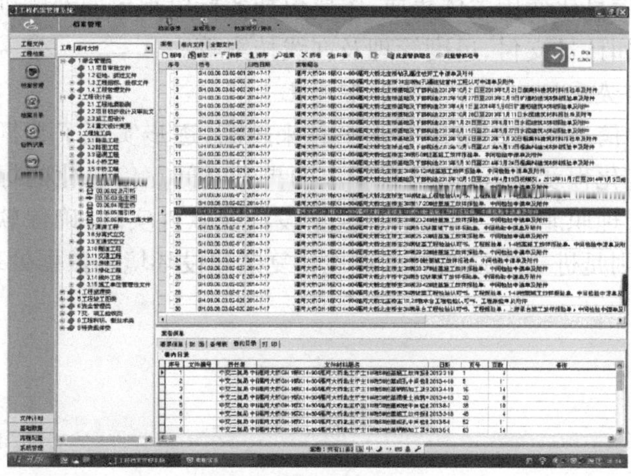

图 9-31　施工档案文件

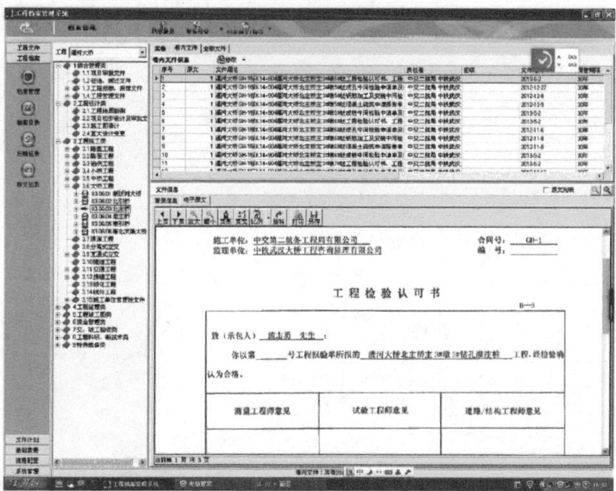

图 9-32　施工具体档案文件查阅

9.4 灌河大桥工程信息化管理的启示

1)信息化是工程建设精细化、标准化及人本化的重要保障

通过工程建设过程中信息化实施,能及时搜集到底层数据信息,并通过自动化监测及控制手段来有效保障工程精细化控制与管理;并且有利于标准化施工控制,以及通过对重要装备、环境等监测来保障工程建设人员的安全和人与环境的和谐。

2)信息化管理逐渐从单元化向集成化方向发展

灌河大桥信息化采取了顶层规划设计,强化信息化模块之间的集成和信息共享。信息化集成主要体现在如下两个方面:

(1)实现了信息化的纵向管控一体化,具体包括底层的数据监测、中间层次的自动化控制及管理层次的信息(物流、资金流及信息流)集成。

(2)主要体现在信息化使用主体集成,主要包括各标段承包商及灌河大桥工程现场建设指挥部的信息流转,如计量支付、进度管理及在线档案等。

3)信息化未来趋势更加关注标准化和智能化

我国工程建设中信息化应用范围及水平越来越高,逐步实现了数据采集、加工和集成;但就其标准化和智能化程度而言,仍具有较大的提升空间。信息化的标准化主要是需要进一步按照工程现场管理职能域来进行信息模型设计及软件实现,确保软件实施的完整性和系统性;信息智能化则是进一步强调对工程现场复杂建设环境的数据处理及预测、预警。

第10章 灌河大桥工程HSE管理

10.1 灌河大桥工程 HSE 管理概述

HSE 是健康(Health)、安全(Safety)和环境(Enviornment)三位一体的管理体系。健康是指劳动者身体上没有疾病,在心理上保持一种完好的状态;安全是指在劳动生产过程中,努力改善劳动条件、克服不安全因素,使劳动生产在保证劳动者健康、企业财产不受损失、人民生命安全的前提下顺利进行;环境是指与人类密切相关的、影响人类生活和生产活动的各种自然力量或作用的综合,它不仅包括各种自然因素的组合,还包括人类与自然因素间相互形成的生态关系的组合。由于健康、安全和环境的管理在实际工作过程中有着密不可分的联系,因此把健康、安全和环境形成一个整体的管理体系。HSE 管理,就是工程项目在实施过程中组织 HSE 生产的全部管理活动,以国家的法律法规和技术标准为依据,采用各种手段,通过对 HSE 因素的具体状态控制,使 HSE 因素不安全、危害环境的行为和状态较少或消除。

近年来 HSE 管理体系也逐渐应用于工程项目中。工程建设过程中的施工作业活动,在健康、安全、环境方面都存在较大的风险,这些风险是客观存在和普遍发生的。因此,面对“人员多、环境动态多变、风险大”等情景,工程迫切要求实施 HSE 管理,以节约自然资源与能源,使得工程经济效益、自然效益和社会效益有效结合。因此可以说,HSE 作为一种先进的管理模式,是工程管理的重要组成部分,是工程经济、环境与社会问题的统一。在工程项目实施过程中,工程项目应建立有效的 HSE 管理体系,以防范施工作业中的安全风险,保护施工人员的安全与健康,防止对施工相应范围内环境的污染与破坏。

工程项目一般来说,其具有目标明确、性质独特、约束性的资源成本、一次性的项目实施、不可逆转性的工程结果,以及投资额比较大、建设周期较长、整体性较强等特点。在这样的特点下,工程项目管理中往往出现施工工艺复杂、驻地条件不完善、人员流动性较大等现象,施工时经常需要危险性作业,施工存在噪声、污水等污染因素,这些因素的存在给工程 HSE 管理带来了明显的特征。

(1)HSE 管理的系统性。HSE 管理体系关注的是健康、安全、环境问题,强调全员、全过程管理,且工程项目涉及工作内容多、管理对象动态多变、施工工艺复杂,因此必须全面、系统地考虑 HSE 多方面因素。同时,除去内部因素外,国家法律法规、技术规范、公民态度等方面,都会影响到 HSE 管理。

(2)HSE 管理的多样性。工程作业种类多,高空作业、吊装作业、有限空间作业等动态作业,即使是同一种作业,作业环境、作业时间、作业人员、施工技术等都是不同的。可以说,施工作业的动态性导致了HSE管理的多样性,管理中要密切与实际相结合。

(3)HSE管理的复杂性。施工现场环境复杂、作业风险多样,施工作业人员的流动性较大、培训不足、技能生疏、安全意识不足、建设水平具有差异性,所以说,工程危险源的多元性、工程建设人员的非专业性与差异性,以及管理权力的分散性导致了HSE管理的复杂性。

(4)HSE管理的持续改进。工程项目情景不是一成不变的,更不是一蹴而就的,而是不断涌现新的情景。HSE管理是一种动态管理,这就意味着HSE管理是不断改进、不断完善、不断发展的,以适应变化着的建设活动的管理,这必然导致HSE管理是一个长期探索、实践和完善的过程。

10.2 灌河大桥工程HSE管理的系统规划

10.2.1 灌河大桥工程HSE管理的必要性

灌河大桥工程HSE管理是以"人本化"为核心开展的,"人本化"管理是指秉行以人为本的理念,以满足人的需求为核心,促进管理目标人本化、服务形式人本化,以使工程项目在建设过程中充分尊重人、爱护人、关心人,为人服务。现代工程管理也只有确立了以人为本的这一价值观,才能保证工程建设的科学发展、绿色发展和可持续发展,也才能实现工程的高质量、高安全目标。

因此,灌河大桥工程选择推行HSE管理体系的主要动因包括:

(1)是"发展理念人本化"落地的需要。灌河大桥工程在推行现代工程管理中充分注重以人为本。其推行健康、安全与环境管理体系(简称:HSE管理体系)是灌河大桥积极推行现代工程管理的"人本化、专业化、标准化、信息化和精细化"的重要组成部分,是把灌河大桥工程建设成为"结构合理、质量可靠、安全耐久、环境友好"百年桥梁工程的重要保证。可以说,HSE管理体系是灌河大桥工程进一步深化"人本化"在工程建设中的内涵和载体,是"人本化"落地的体现。

(2)是提高工程健康、安全与环境管理水平的需要。灌河大桥工程建立并实施HSE管理体系,可以完善工程管理体系,拓宽培训范围,提高对健康、安全与环境的重视程度,明确给定管理的基本流程。此外,可以引进新的监测、规划等管理技术,加强管理评审,在螺旋式上升的运行模式中提高工程健康、安全与环境管理水平。更进一步地说,在提高管控水平的机制下,还可以增强事故预防的能力,避免事故的发生;即使在事故发生时,也可以通过此管理体系来系统地控制与处理,将影响与损失降至最低。

(3)是提高工程建设项目的经济效益与社会效益的需要。目前,可持续发展的理念日趋突出,健康、安全与环保的意识不断增强。工程项目在建设过程中有众多危害健康、安全与环境的因素存在,通过实施HSE管理,提高管理水平,可以有效减少和预防事故的发生,从而减少处理事故的成本,提高经济效益;同时,实现"人本化"的发展理念,处处以人为本,满足建设人员需求,有助于工程项目树立良好形象,提高其社会效益,这样将使得工程的社会效益、经济效益和环境效益有机地结合在一起。

(4)是工程项目系统化管理的需要。工程项目 HSE 管理涉及各参建单位,并按照管理体系要求全面、系统地对工程建设项目进行 HSE 管理,这就有机地结合了项目各相关方,形成一个组织架构,是一种系统化、科学化的管理模式。

10.2.2　灌河大桥工程 HSE 管理目标

10.2.2.1　HSE 管理方针与目标

围绕着灌河大桥工程的"工程优质安全、环境优美和谐"的建设准则,灌河桥指在工程建设全范围内建立 HSE 管理体系,以确保灌河大桥工程 HSE 管理达到工程验收标准的要求。

灌河大桥工程 HSE 方针为:"以人为本,全员参与;安全第一,预防为主;保护环境,清洁生产;科学管理,持续改进"。灌河大桥工程 HSE 总体目标,如图 10-1所示。

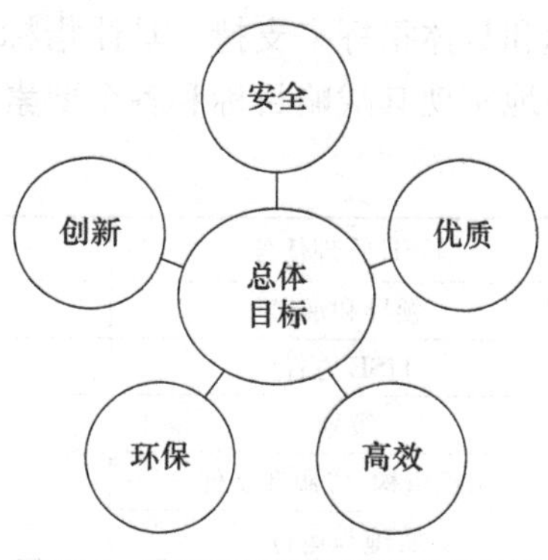

图 10-1　灌河大桥工程 HSE 总体目标

在这一方针的指引下,灌河大桥工程开展 HSE 管理活动的战略目标是:追求零伤害、零污染、零事故,在健康、安全与环境管理方面达到江苏省交通行业先进水平,把灌河大桥工程建成健康绿色环保的示范工程。

HSE 管理目标的具体实施,其表现为:

(1)HSE 工作计划和方案实施完成率 100%。

(2)员工 HSE"三级"培训教育履行率、特种作业人员取证(复审)率、全员 HSE 培训教育率 100%。

(3)作业许可办证率、防范措施技术交底及现场落实率 100%。

(4)生产、生活废弃物、噪声、大气污染物达标处置率 100%。

(5)HSE 隐患整改完成达标率 100%。

(6)重大 HSE 事故应急预案编制率及定期培训、演练率 100%。

(7)杜绝工程建设死亡责任事故、职业病危害事故、较大及以上环境污染事故。

10.2.2.2　HSE 承诺

HSE 管理中注重对社会的承诺、对员工的承诺。HSE 的领导承诺使得管理理念由以前的被动承诺转化为现如今的主动承诺。这一理念也是 HSE 管理体系顺利实施的前提,只有主动承诺对注重健康、安全与环境的管理,才能以正式文件的方式对外公开发布,才能在组织更深层级真正重视这些因素,才能有利于监督与审核。

灌河大桥工程建设指挥部 HSE 承诺为:关爱生命、安全生产、保护环境是灌河桥指的核心工作之一。为了实施灌河大桥工程的"推进现代工程管理、建设百年灌河大桥"的目标,郑重承诺如下几点:

(1)以人为本,预防为主,追求零伤害、零污染、零事故的目标。

(2)保护生态、清洁生产、履行社会责任。

(3)优化配置资源,持续改进健康、安全与环境管理。

(4)灌河大桥工程建设指挥部现场总指挥是 HSE 第一责任人,HSE 表现和业绩是灌河桥指奖惩、聘用员工以及考核监理人、承包人等参建单位的重要依据。

(5)实施 HSE 培训，培育和维护良好的 HSE 文化。

(6)在促进本行业实施 HSE 方面发挥带头与示范作用。

10.2.3 灌河大桥工程 HSE 管理要素

灌河大桥工程 HSE 管理体系由 7 个关键要素组成，每一个关键要素都是灌河大桥工程 HSE 管理要达到的一个标准，也是 HSE 的管理任务；同时，每一个任务又是由一个战略目标和具体指标来支持。具体指标将通过各种具体活动来实现。由此，保证灌河大桥工程成功地实现其战略目标和各个要素要求的标准。7 个管理要素，如表 10-1 所示。

灌河大桥工程 HSE 管理要素 表 10-1

HSE 管理任务	主 要 内 容
领导和承诺	自上而下的承诺和企业文化是 HSE 成功实施的基础
HSE 方针	健康、安全与环境的共同意图、行动原则和追求
策划	活动、产品和服务中健康、安全与环境风险的辨识、评价与控制
组织机构、资源和文件	良好的健康、安全与环境绩效所需的人员组织、资源和文件
实施与运行	对实施与运行的有效控制是 HSE 管理体系实施的关键
检查和纠正	健康、安全与环境绩效和活动的监测，及必要时所采取的纠正措施
审核与管理评审	对 HSE 管理体系适宜性、充分性和有效性的定期评价

10.3 灌河大桥工程 HSE 管理文件体系

灌河大桥的 HSE 管理文件包括 HSE 管理导则、HSE 管理程序、HSE 作业文件、HSE 作业指导书和 HSE 监理计划，以及 HSE 管理用表汇编(见图 10-2)。

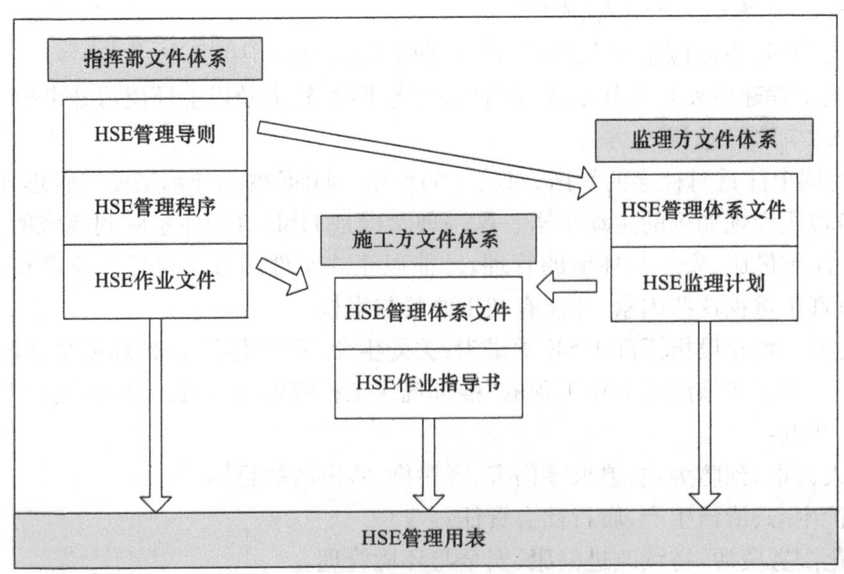

图 10-2 灌河大桥工程 HSE 管理文件体系

HSE 管理在具体实施过程中通过预防及控制程序文件来规范作业及参建单位的行为，并通过监督、检查及考核来保证 HSE 管理体系的执行。灌河大桥工程 HSE 管理文件体系的编制，主要依据行业的法律法规及 ISO 9000 标准，形成《导则》《程序文件》《作业文件》《作业指导书》《管理用表》的体系文件。文件体系适用于灌河大桥工程的具体实施管理，引用的标准包括 GB/T 24001—2004 环境管理体系——要求及使用(ISO14001:2004,IDT)，以及 GB/T 28001—2001 职业健康安全管理体系规范等国家标准。

《导则》《程序文件》《作业文件》主要描述了灌河大桥工程建设指挥部的 HSE 管理体系建设模式和要求。其中，《导则》重点描述 HSE 工作目标和具体实施步骤；《程序文件》是灌河桥指针对健康、安全和环境管理从危害因素识别、培训、具体管控到应急事故处置等相关的流程、要求和相关表单；《作业文件》是灌河桥指对 HSE 管理体系中具体活动的要求和实施细则。灌河桥指针对工程实施 HSE 管理体系的范围和要求，建立了相应的监督考核体系。

监理方和施工方根据这三层文件要求，根据灌河大桥工程的风险源及现场施工的重点作业，选取安全、环保及健康的重点作业，制定重点作业的《HSE 作业指导书》和《HSE 监理计划》。前四级文件的管理活动中所涉及的工程表单整理汇编于《HSE 管理用表》文件中，以 A、B、C 三级区分指挥部、监理方和施工方这三个不同的用表主体。

10.3.1 指挥部 HSE 体系文件

灌河大桥工程建设指挥部 HSE 体系文件由导则、程序文件和作业文件构成。《导则》为灌河桥指 HSE 管理体系纲领性、法规性文件，对 HSE 管理体系进行了总体描述；《程序文件》由控制程序构成，形成各种情况下的处理程序，属于中观层次；《作业文件》由若干个实施细则构成，对具体的处理方法作出规定，属于微观层次。

1)导则

灌河大桥工程 HSE 导则描述了在灌河大桥工程建设期间建立、实施、保持和持续改进 HSE 管理体系的有效性，是灌河桥指进行 HSE 管理的基本理念的表述，是灌河桥指 HSE 管理体系运行的重要准则，是灌河桥指对社会和员工的公开承诺，也是对外提供灌河桥指 HSE 管理保证能力的证明性文件；是灌河桥指 HSE 管理体系纲领性、法规性文件，是所有参建单位及全体员工都必须遵守的行为准则和管理原则。各参建单位应依据本导则的要求，建立、完善并规范本组织的 HSE 管理体系或制度，以追求卓越的 HSE 管理绩效。

2)程序文件

灌河大桥工程 HSE 管理程序是其 HSE 管理体系文件的重要组成部分，依据 HSE 导则中明确的职能活动来进行关键控制流程、控制程序及重要表单和记录的编制，从而为实现 HSE 管理控制提供依据。

灌河大桥工程 HSE 管理控制程序，主要按照危险因素识别、实施和控制及应急与事故处置的路径进行设计；程序文件编制主要分为总体控制程序文件和分项控制程序文件。总体控制程序文件是指对于 H(健康)、S(安全)、E(环保)三类活动具有相同的控制组织、控制流程、控制要求；分项控制程序文件包括健康、安全和环保三个独立方面的具体管控要求。

程序文件基本涵盖了工程前期、中期和后期的控制程序。每一程序文件的结构都包含：目的、范围、职责、管理程序、规章制度和管理记录。可以说，在程序文件中，每一个程序文件的结构清晰,可以增强其可阅读性;对目的和范围都做了明确的规定,有利于增强其可用性;各部门的职责明确,避免了职责不清的问题;规章制度的引用更加增强了程序文件的说服力。

3)作业文件

HSE 作业文件是 HSE 管理程序在具体工程建设活动中的实施方案和细则。灌河大桥工程 HSE 作业文件主要是依据 HSE 管理程序文件中健康、安全和环保职能控制程序要求,进一步细化了具体管理和控制方案,规范了灌河大桥工程建设指挥部及参建单位管理行为,并为对承包人施工过程 HSE 管理及监理单位的 HSE 监理方案提供依据。

10.3.2 施工单位和监理单位 HSE 体系文件

在 HSE 管理体系中,承包单位需建立匹配的 HSE 文件,确保和指挥部 HSE 体系文件的一致性;审核分包人的 HSE 管理和业绩,形成明确双方关系的文件;结合 HSE 及风险管理,编制 HSE 作业计划书并落实;风险识别,量化的绩效指标,建立 HSE 检查、审核和评审三级监控机制。

监理单位需建立符合指挥部 HSE 管理体系框架和要求的 HSE 管理制度体系,并在工程建设过程中实施与持续改进。

因此,各合同标段承包人根据灌河大桥工程建设指挥部推行 HSE 活动要求建立具体的《HSE 作业指导书》。其主要内容要与《灌河大桥工程 HSE 管理体系》进行对应,包括分部工程概况、目标和方针、组织结构、HSE 主要设施、HSE 的主要作业管理文件、制度和记录、重要危害因素辨识、专项方案、应急管理、事故报告等。

监理单位根据灌河大桥工程建设指挥部发布的《灌河大桥工程 HSE 管理体系》编制《HSE 监理计划》。其主要内容包括监理内容、监理制度、监理作业程序、HSE 监理专项方案、HSE 监理文件管理等。

10.4 灌河大桥工程 HSE 管理职能体系

10.4.1 灌河大桥工程 HSE 管理职能划分

HSE 管理的开展本着“全员参与”的原则,在管理开展伊始就明确规定了项目各参与方职责,通过广泛地参与,形成一种文化氛围,使 HSE 管理理念深入到每一个成员行为中。在灌河大桥工程 HSE 管理中,参与主体主要包括灌河大桥工程建设指挥部、工程监理和环保监理以及两标段的施工方。

其中,灌河大桥工程建设指挥部负责贯彻执行国家、地方、行业有关 HSE 的法律、法规、规范和制度,监督、制定 HSE 管理体系的建立、实施、管理评审和持续改进工作,为管理体系的建立和运行,以及提高 HSE 管理水平提供必要的资源保障;组织制定 HSE 政策、管理方针和目标;组织制定重大 HSE 事故应急救援预案并定期演练;审定 HSE 管理体系年度工作目标、工作部署和中长期发展规划,监督、指导相关部门实施;定期召开 HSE 工作领导小组会议,听取相关工作汇报,研究解决 HSE 工作中的重大问题;组织对施工单位、监理单位 HSE 的评价、考核,审定 HSE 管理体系年度考核评比结果,决定对 HSE 管理工作作出突出贡献单位和人员的奖励;听取 HSE 重大事故情况汇报,审议对责任人的处理意见。

监理单位，即工程监理和环保监理分别根据监理规范要求，在指挥部的授权范围内，履行工程施工 HSE 监督职责，并接受指挥部的监督管理；根据工程建设计划，制定《灌河大桥工程 HSE 监理方案》并报指挥部备案；审查承包人制定的《HSE 作业计划书》、专项方案和管理措施；定期组织召开 HSE 监理会议，帮助、指导承包单位解决施工作业过程中 HSE 问题；对承包人施工作业现场实施 HSE 监理，如实填写《HSE 监理日志》和《HSE 监理月报》；跟踪和验证承包人不合格项的纠正和预防措施的落实情况及其有效性；发生 HSE 事故(事件)时，及时将信息上报给指挥部。

施工单位负责按照指挥部 HSE 管理要求，组织编制适用于合同项目 HSE 管理体系的 HSE 作业计划书，保证有效运行和持续改进；建立健全 HSE 管理机构，配备符合法律、法规、规范及指挥部要求的 HSE 专(兼)职管理人员，提供 HSE 管理必需的资源支持，保证各项 HSE 管理措施经费的使用；识别合同项目的危险因素，筛选重大危险因素，制定相应的专项方案和管理措施；组织开展 HSE 管理体系的宣传、教育、培训和技术信息交流活动；根据灌河大桥工程建设的风险源及现场施工的重点作业，选取健康、安全与环保的重点作业程序，制定重点作业的《HSE 作业计划书》，定期开展 HSE 监督检查，发现问题及时整改；接受政府各行政主管部门、指挥部、监理人的 HSE 监督、检查和管理；定期向指挥部汇报各项 HSE 工作完成情况；发生事故，按照指挥部有关要求及时上报，积极组织应急抢险和救援，将事故损失降到最小。

10.4.2 灌河大桥工程 HSE 管理职能活动

灌河大桥工程 HSE 管理活动主要包括总体控制活动、健康管理的职能活动、安全管理的职能活动和环境管理的职能活动。文件体系对各活动中的管理程序和具体作业进行了规范和约束，以便于施工方和监理方按照指挥部管理活动要求，建立匹配的 HSE 管理文件。

10.4.2.1 HSE 管理总体控制活动

HSE 管理是一项系统活动，具有一套完整的管理体系和闭合的控制流程。HSE 管理总体控制活动设计主要是针对健康(H)、安全(S)及环保(E)职能活动中具有共性的职能域。其主要程序包括 HSE 的风险辨识、评价与管理控制，培训管理控制，承包人 HSE 管理控制，HSE 监理管理控制，设施完整性控制，应急预案与响应控制，事故报告及调查处理管理控制，检查与考核控制，审核与管理评审控制和文件控制等(见图 10-3)。

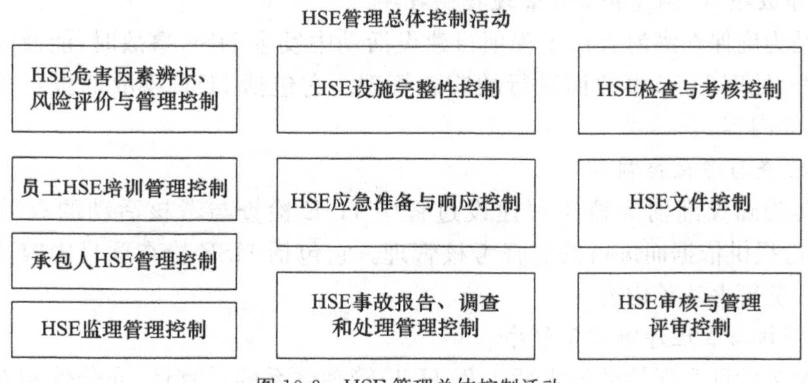

图 10-3 HSE 管理总体控制活动

1)HSE 风险辨识、评价与管理控制程序

此程序是为了查明灌河大桥工程施工作业活动中的各种风险源,完善风险控制措施而进行的风险管理。风险管理包括对项目施工过程中 HSE 总体风险评估、专项安全风险评估的管理,对危险性较大的工程 HSE 专项施工方案编制及审查过程的管理等。

2)HSE 培训管理控制程序

此程序是制定全体员工的 HSE 培训计划,既包括对管理人员 HSE 管理理念的开拓、管理方法的更新等,也包括对基层员工 HSE 观念的引导、教育及具体技能的培训。

3)承包人 HSE 管理控制程序

此程序是为了确保灌河大桥工程建设指挥部能够对大桥工程的承包人实施有效 HSE 综合监督管理,保证承包人具有满足工程项目建设及提供服务的能力。它主要包括建设现场指挥部对承包人的综合监督管理。

4)HSE 监理管理控制程序

此程序是为了确保灌河大桥工程建设指挥部能够对工程监理单位实施有效的安全生产监督、健康和环保监督管理,保证监理单位具有满足工程项目建设及提供服务的能力而进行的管理控制。它包括在监理工作中对监理单位的组织、职责、活动和考核的管理和控制。

5)HSE 设施完整性控制程序

此程序是为确保与灌河大桥工程建设有关的 HSE 设施与设备符合 HSE 管理的要求而进行的完整性管理。它包括工程建设现场指挥部劳动保护用品、消防设施、安全设施、环保设施、应急设施与器材的计划编制、选型、验收、维护与保养的管理(计划编制、选型建议改为方案、采购),以及对施工单位用于工程项目建设的特种设备及安全附件、职业健康设施、劳动保护用品、消防设施、安全防护设施、环保设施、应急设施与器材的完整性的监督、检查和指导管理等内容。

6)HSE 应急准备与响应控制程序

此程序是为了对灌河大桥工程建设的应急准备与响应进行管理。具体给定灌河大桥工程建设应急组织机构,详细界定机构中各部门的组成人员和相应的职责;提出应急抢险的原则,对应急预案的编写原则、编制、发布、评审与修订提出管理办法,并给出应急保障措施。此外,对应急响应与救援工作提出详细的管控措施。

7)HSE 事故报告、调查和处理管理控制程序

此程序是为确保在灌河大桥工程项目建设活动中发生 HSE 事故时,能及时、准确地报告、统计、调查、处理 HSE 事故而进行的应急管理。它包括 HSE 事故的报告程序、处理程序、管理记录等内容。

8)HSE 检查与考核控制程序

此程序是为确保灌河大桥工程建设过程中 HSE 检查与考核活动的有效开展,并为 HSE 持续改进提供依据而进行的监督考核管理。它包括 HSE 检查项目内容,建立考核小组、考核办法、奖惩办法等内容。

9)HSE 审核与管理评审控制程序

此程序是为验证和保持灌河大桥工程 HSE 管理体系的适宜性、充分性和有效性,实现

HSE管理的持续改进而进行的审核评审管理。它包括HSE审核与管理评审策划，HSE审核的实施，HSE管理评审会议等。

10）HSE文件控制程序

此程序是对灌河大桥HSE管理体系文件，以及外来文件进行控制管理。程序运行中，分别对文件分类、文件编写与审批、文件发放和领用、文件换版与作废、文件管理、外来文件的控制、文件的评审给出具体的管控办法。

10.4.2.2 健康管理的职能活动

健康是指建设者身体上没有疾病，在心理上保持一种完好的状态。影响建设者健康的风险因素主要包括从业人员驻地及生活条件不完善、建筑材料的不安全性及毒性、施工机械人员处于噪声及粉尘环境中、易发生食物中毒、传染疾病等。主体工程施工建设者的健康管理的职能活动（见图10-4）主要包括如下几个方面：

1）营地卫生与饮食卫生管理

保持营地的办公区域、住宿区域、食堂等地的卫生整洁；对食堂的食材、器具等的使用及饮用水的来源应制定严格标准，确保员工的饮水和食品的安全；避免因饮用水和食物被污染，出现中毒或者其他意外事故。

2）职工业余学校管理

为全面提高灌河大桥工程参建人员的整体素质、职业技能水平，丰富职工业余文化生活，促进灌河大桥工程建设又好又快，因此须建立职工业余学校并进行管理。职工业余学校必须着重在提高素质、维护权益、丰富生活三个方面加强对参建人员的教育和服务，全面提高参建人员工程质量安全意识、操作技术水平和思想文化素质，打造一支素质硬、能力强、技术精、效率高、作风实的大桥建设队伍。

3）职业健康管理

关注员工自身的健康状况（包括心理健康），监测施工的外围及现场环境对健康影响要素的变化，及时发现员工自身或由施工引发的疾患，配备相应的劳保设施，严格预防职业病的发生。

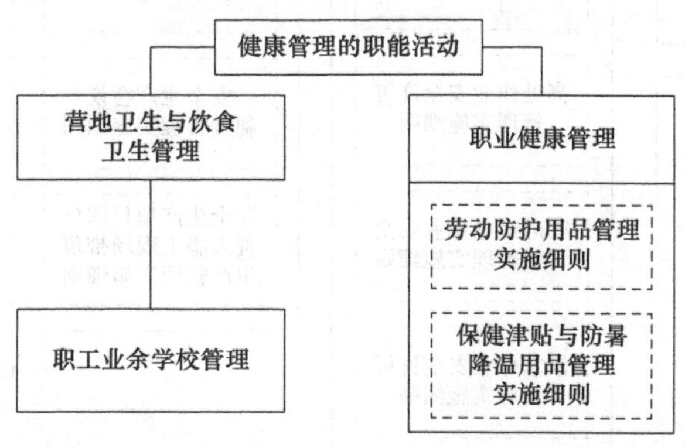

图10-4 健康管理的职能活动

10.4.2.3 安全管理的职能活动

安全是指在工程建设过程中，努力改善建设条件、克服不安全因素，使工程建设在保证建设者健康、作业活动安全、财产不受损失、作业者生命安全的前提下顺利进行。导致工程建设出现安全隐患或安全事故的主要因素包括:安全法规不健全,安全技术规程修订不及时;安全意识淡薄,特种岗位人员持证率难以完全保证;分包管理漏洞多;安全技术标准、检查内容及措施方面不统一、不规范;安全资料归档不规范,包括安全隐患等资料;安全技术措施费投入不足;安全教育培训和检查不够;安全设备及工艺存在落后等。

围绕着灌河大桥工程建设安全目标的实现,其职能活动(见图10-5)主要包括下述几个方面:

1)安全作业许可管理控制程序

此程序是为了加强对灌河大桥工程建设过程中关键活动和高危作业的监督管理,保障施工作业安全而进行的管理。它包括对施工单位进行起重作业、进入受限空间作业、高处作业、临时用电作业、潜水作业等关键活动和高危作业过程的控制。

2)安全生产措施费管理控制程序

此程序是为加强灌河大桥安全生产措施费管理,规范安全生产费用的提取和使用,保证安全生产所需费用投入,建立安全生产投入长效机制,切实保障施工作业人员人身安全;改善施工作业人员安全生产环境,减少施工伤亡事故发生。

3)安全专项方案编制及审查管理控制程序

此程序是为加强灌河大桥工程项目的安全技术管理,建立对危险性较大工程安全专项方案编制、论证及审查管理体系,确保安全专项施工方案的有效实施,积极防范和遏制施工安全生产事故的发生。

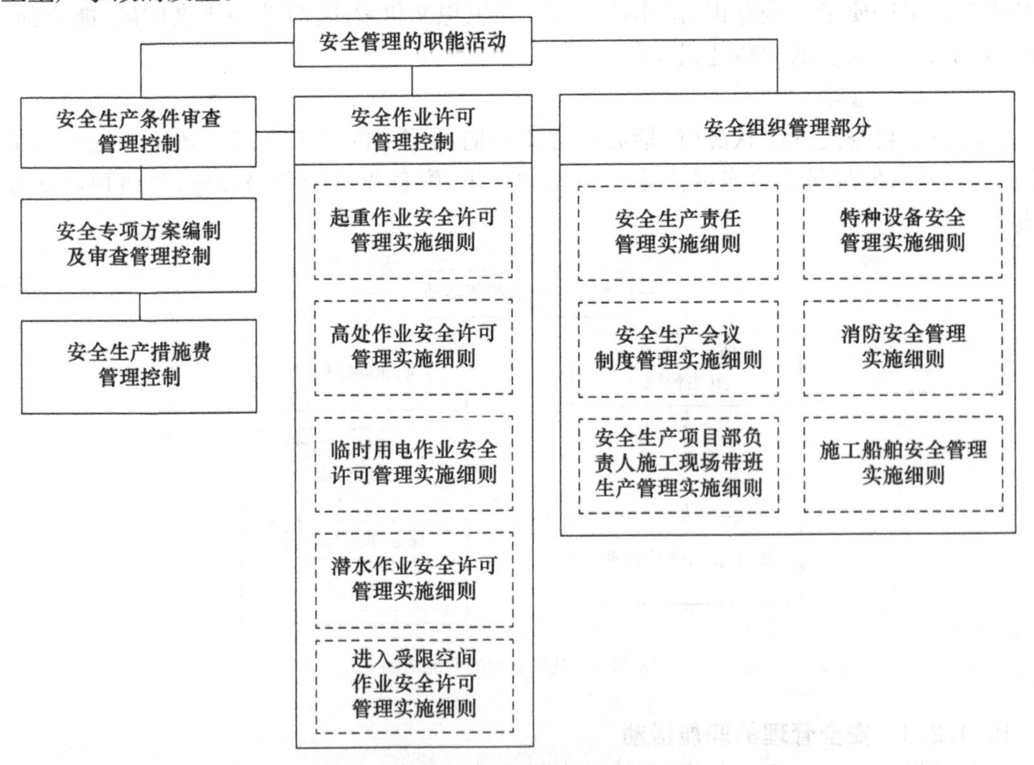

图10-5 安全管理的职能活动

4)安全生产条件审查管理控制程序

此程序是为了使灌河大桥工程项目参建单位的安全生产条件符合相关法律法规的要求，规范参建单位安全生产条件并提交审查，提高灌河大桥工程项目的安全管理水平，最大限度地减少或避免事故的发生。

10.4.2.4 **环境管理的职能活动**

环境是指与人类密切相关的、影响人类生活和生产活动的各种自然力量或作用的综合，它不仅包括各种自然因素的组合，还包括人类与自然因素间相互形成的生态关系的组合。灌河大桥工程环境受到影响主要包括：工程建设占地对生态环境的影响、工程建设施工对水土保持的影响、工程建设对声环境的影响、工程建设对水环境的影响、工程建设对大气环境的影响。围绕着灌河大桥工程建设环保目标的实现，环境管理的职能活动(见图 10-6)即灌河大桥的环境管理控制，其内容包括：界定灌河大桥工程环境保护的范围，对灌河大桥工程办公生活区、施工营地的环境污染，以及施工过程中的水污染、固体废弃物污染、大气污染、噪声污染等提出管理控制措施，对灌河大桥工程施工期的环境保护工作进行管理与控制。对灌河大桥的竣工环境保护验收进行管理，监督落实环境保护设施与建设项目主体工程同时投产或者使用，以及落实其他需配套采取的环境保护措施，防治环境污染和生态破坏。

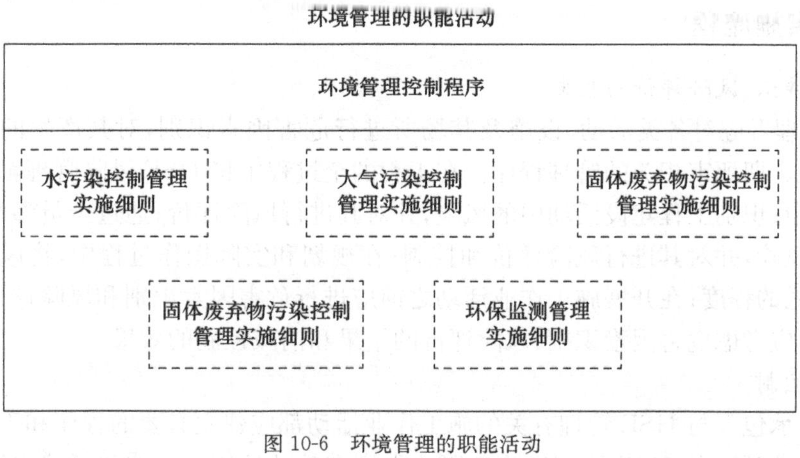

环境管理的职能活动

环境管理控制程序

水污染控制管理实施细则

大气污染控制管理实施细则

固体废弃物污染控制管理实施细则

固体废弃物污染控制管理实施细则

环保监测管理实施细则

图 10-6 环境管理的职能活动

10.5 灌河大桥工程 HSE 管理总体实施程序

10.5.1 组织设计

为保证 HSE 承诺、方针和目标的贯彻落实，灌河大桥工程成立了 HSE 管理体系实施小组，其成员由现场指挥部总指挥、承包商项目部经理及监理单位总监组成。同时，灌河大桥现场指挥部成立 HSE 工作领导小组。各标段设立了各自的 HSE 领导小组，负责施工过程中 HSE 管理过程的具体事宜，办公室设在项目部安保部。总监办成立了 HSE 管理组织机构，由总监牵头形成 HSE 领导小组。见图 10-7。

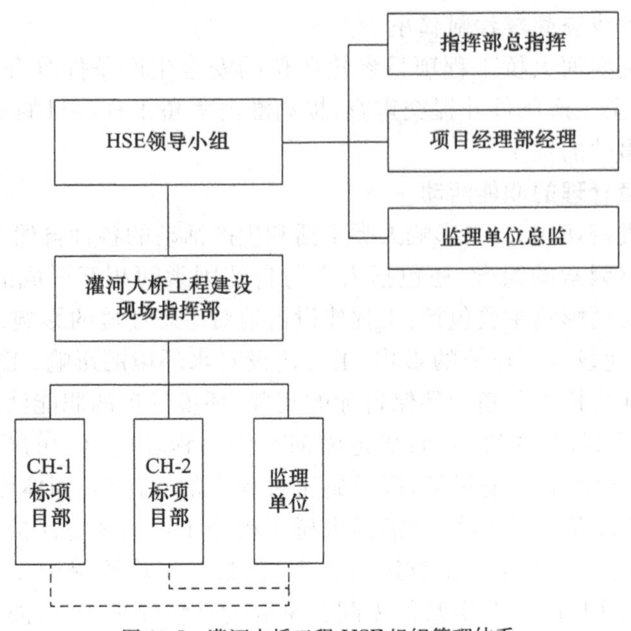

图 10-7　灌河大桥工程 HSE 组织管理体系

10.5.2　实施流程

1)危害辨识、风险评价与控制

HSE 管理者应对各类活动、设施及其场所进行危害因素识别,对其产生的风险进行评价和控制,并定期评审相关的管理程序。在工程的全过程中将 HSE 风险管理融入所有工程建设活动之中;识别工程建设活动中的风险,并对其进行风险评价;通过全员参与,识别工程建设活动的风险,并对其进行风险评价和控制;在规划和实际操作过程中,将风险控制到合理并尽可能低的程度;在开展施工作业活动之前应进行危害因素识别和风险评估;在建立目标和指标时,应考虑危害因素识别、风险评价的结果和消减控制的效果。

2)运行控制

指挥部、承包人与 HSE 管理有关的施工作业活动都应建立必要的程序和工作的作业文件,使施工作业活动的 HSE 管理风险和影响得到有效的控制。具体包括建立控制程序、在程序和工作指南中规定运行准则和 HSE 组织培训 3 个方面。

3)应急和响应

指挥部、承包人应对可预见的突发事件进行系统的分析,并建立应急预案。针对危害识别和风险评价的结果所建立的应急预案要考虑与相关方的合作并存档备案;对应急预案所需的装备和设施应定期检验和检查应急,对有关人员进行应急反应培训,确保所有应急资源处于待命状态并对应急预案应进行定期演练和评审以及必要的修订。

4)检查和纠正

指挥部、承包方在工程管理中对可能具有 HSE 影响的各种活动的关键特性及其 HSE 管理绩效进行检查与考核。考核的内容包括 HSE 管理的各个环节及过程、HSE 方针目标、指标和管理方案的完成情况、监测记录的数据和结果、监视和测量的人员资质、监视和测量需要的设备的校准和维护等。其具体要求，见《灌河大桥工程 HSE 检查与考核管理控制程序》。

5)审核与管理评审

指挥部、承包方应定期开展 HSE 管理体系审核，对 HSE 管理体系的适宜性、充分性和有效性进行评审，提出持续改进的领域。审核和管理评审每年至少进行一次，时间间隔不大于 12 个月；确定审核的准则、范围、频次、方法和能力要求，以及实施审核和报告审核结果的职责和要求；审核和管理评审的结果应形成文件。其具体要求，见《灌河大桥工程 HSE 审核与管理评审控制程序》。

从以上 5 点可以看出，灌河大桥工程建设的 HSE 管理实施流程是按照策划(PLAN)、实施(DO)、检查(CHECK)和改进(ACTION)的持续改进思想实施的。策划是指通过指导性管理文件，建立所需的目标和过程，以实现指挥部的 HSE 管理方针所期望的结果；实施是指通过有效的程序管理手段对 HSE 管理的过程予以控制；检查是指根据承诺、方针、目标以及法律法规和其他要求，通过有效的审核与管理评审，对过程进行监视和测量；改进是通过检查工作获得的反馈信息，积极及时地采取措施，以持续改进 HSE 管理体系绩效。

HSE 管理体系的管理模式，如图 10-8 所示。

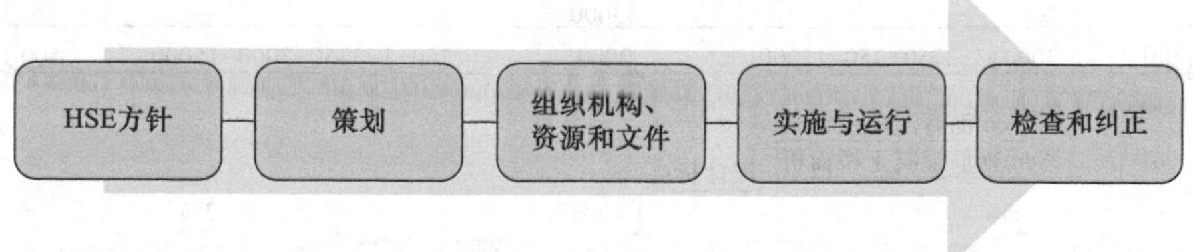

图 10-8 HSE 管理体系的管理模式

10.6 灌河大桥主桥主梁 HSE 实施

10.6.1 GH-1 标主桥主梁工程 HSE 实施

1)工程概况

灌河通道主桥采用 60.8＋117.2＋400＋117.2＋60.8＝756m 五跨双塔双索面半漂浮体系钢与混凝土组合梁斜拉桥(见图 10-9)。桥面纵坡为 2.5%。主梁采用双边“工”字形主梁结合桥面板的整体断面，全宽 36.5m；索塔采用 H 形索塔，塔高 167.5m；索塔两侧各布置 17 对斜拉索，中跨及边跨斜拉索梁上间距为 10.8m，辅助跨范围斜拉索梁上间距为7.2m，索塔附近主梁无索区长度 40m，斜拉索梁上采用锚拉板锚固、塔上采用钢锚梁锚固。

主梁在每个索塔及辅助墩处各设两个双向滑动支座，在每个过渡墩处设置一个单向滑动支座和一个双向滑动支座。同时在每个索塔处，主梁两侧均设置一个横向抗风支座，全桥共 4 个。每个塔梁连接处顺桥向安装 4 套黏滞阻尼器，全桥共 8 套，在静力作用下不约束塔梁纵向相对变形，而在动力作用下对结构动力响应进行耗能。

主梁采用双边“工”字形边主梁结合桥面板的整体断面，两边主梁横向中心距 34.5m，全宽 36.5m，梁高 3.6m(主梁中心线处)，其中边主梁中心线处梁高 2.7m。主梁标准横断面，见图 10-10。

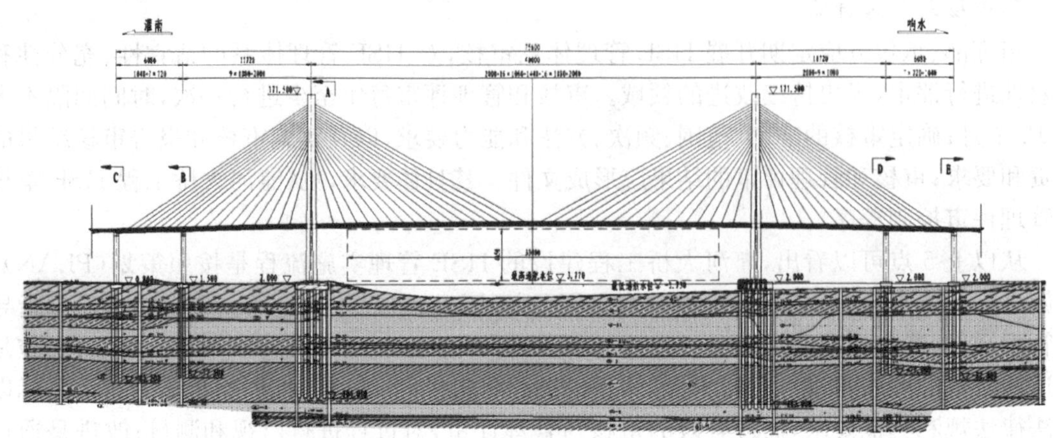

图 10-9　桥型布置图(尺寸单位:m)

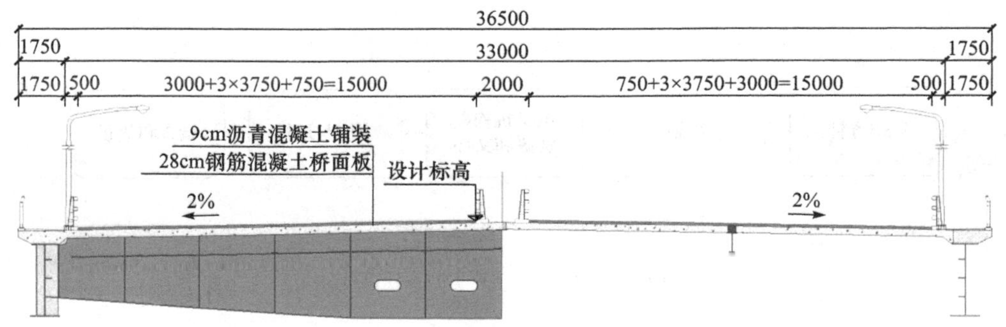

图 10-10　主梁标准横断面(尺寸单位:mm)

根据构造及施工架设的需要,全桥钢梁划分为 16 种类型的梁段,长度 4.75～16.85m 不等,共 71 个梁段。其中本标段为 36 个梁段。标准梁段长度 10.8m,最大吊装重量 36.6t。辅助跨最大吊装长度 16.85m,最大吊装重量 46.5t。“工”字形边主梁、横梁、小纵梁间通过摩擦型高强度螺栓连接形成钢梁,钢梁顶安装预制桥面板,现浇微膨胀混凝土湿接缝,通过焊接于钢梁上的抗剪栓钉组成组合梁体系。斜拉索梁上采用锚拉板锚固。

2)主要工艺流程

主桥组合梁施工主要分 7 个部分:零号块梁段施工、辅助跨梁段施工、标准梁段施工、边跨合龙梁段施工、中跨合龙梁段施工、桥面板施工、预应力施工。其中,辅助跨梁段采用 200t 履带吊在主 2 号墩进行梁段构件拼装,后滑移到位;零号块梁段拼装采用 900t.m 塔吊与 200t 履带吊配合拼装,后滑移到位;标准梁段、边跨合龙段和中跨合龙段采用桥面吊机拼装。

索塔施工工艺流程,如图 10-11 所示。

3)HSE 管理目标分解

(1)健康目标:事故负伤率 0%;无设备、火灾、爆炸、中毒、管线、交通等事故;目测无较浓扬尘、硅肺得病率为 0%;劳保防护用品使用率 100%。

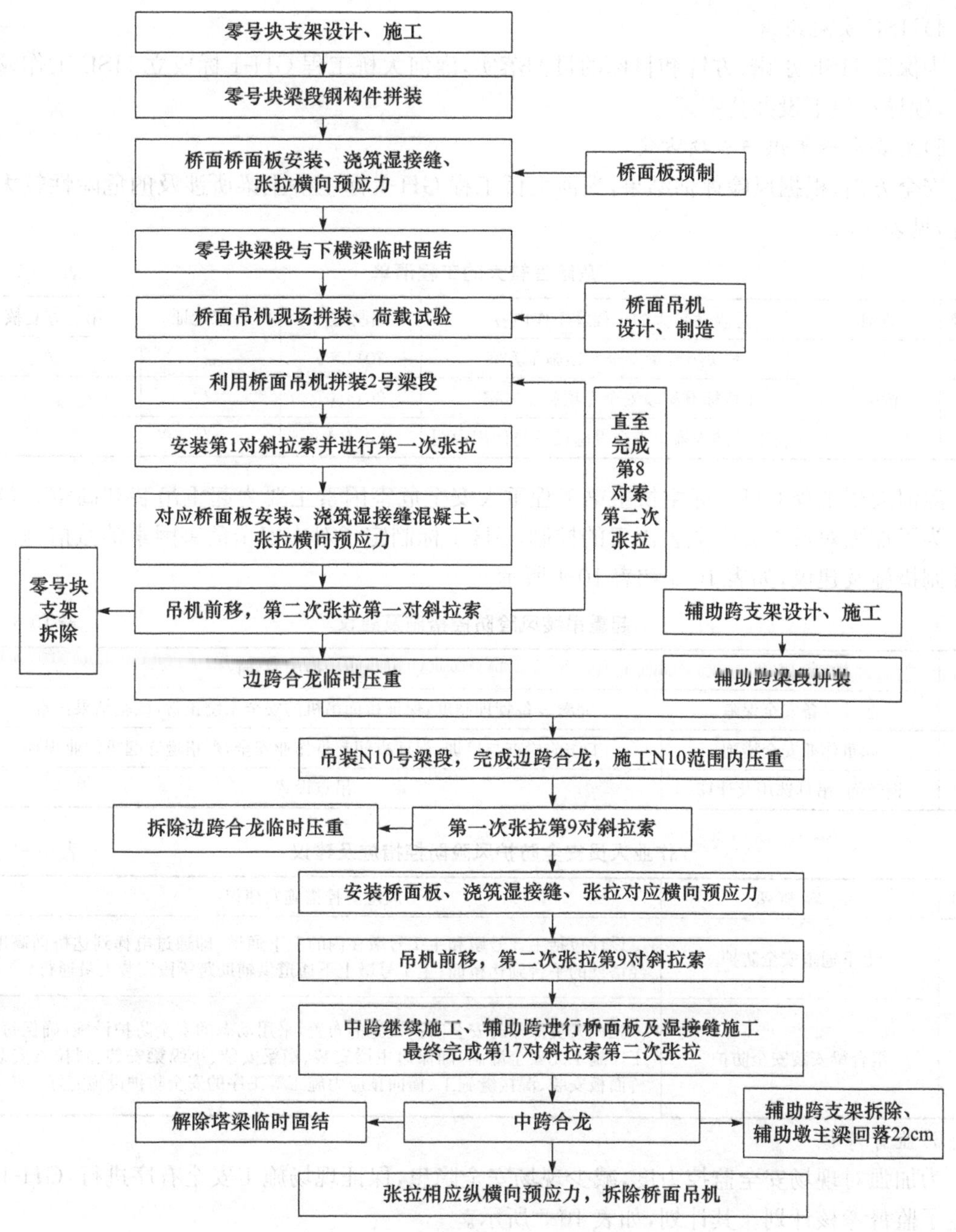

图 10-11　索塔施工工艺流程

(2)安全目标:不发生较大及以上等级生产安全事故,杜绝安全责任事故;无设备、火灾、爆炸、中毒、管线、交通等事故;争创江苏省示范“平安工地”,工作环境和特种设备运行符合国家规定。

(3)环境目标:生活、生产污水排放符合当地环保部门的规定,减少污染气体排放及扬尘污染,生产、生活垃圾分类处理,噪声排放符合要求,危险废弃物处理符合法规要求,节约水、电能源。

4)HSE实施组织

为保证HSE承诺、方针和目标的贯彻落实,灌河大桥工程GH-1标成立HSE工作领导小组,领导小组下设办公室。

5)主要危险辨识与专项方案

安全方面,根据风险评估结果,灌河大桥工程GH-1标主桥主梁所涉及的危险性较大的工程,见表10-2。

危险性较大的工程清单　表10-2

序号	类别	危险性较大的工程及工作内容	编制时间	专家论证	第三方复核
1	桥梁	0号块组合梁安全专项施工方案	2014.05	√	√
2		主桥标准梁段安全专项施工方案	2014.07	√	
3		主桥上部结构施工安全设施设计与使用说明	2014.10	√	

灌河大桥工程GH-1标主桥主梁工程重大安全危害因素主要为起重吊装和高空人员作业。为了加强对重大安全危害因素的控制,GH-1标制定了对应安全危害因素消减措施。主要控制措施及建议,如表10-3和表10-4所示。

起重吊装风险防控措施及建议　表10-3

序号	内容概要	风险防控措施及建议
1	起重设备安全保障	完善设备管理制度,保证桥面吊机的安全系统正常,试验结果正常
2	起重作业安全措施	工作前检查与培训,保证夜间起重作业安全,严格遵守起重作业规程
3	钢丝绳、吊具选用及计算	吊点设置

作业人员安全防护风险防控措施及建议　表10-4

序号	内容概要	风险防控措施及建议
1	上下通道安全防护	设计包括主3号墩和主1号墩在内的上下通道,即通过电梯到达桥面高度,经塔壁的平台到达桥面;主1号墩上下通道供辅助跨梁段安装人员通行
2	组合梁安装安全防护	强调人员操作时安全防护设施的布置,采用动态的安全防护设施,确保每个工序施工无安全漏洞,确保边主梁安装、横梁安装、小纵梁安装、斜拉索安装、桥面板安装、湿接缝施工、横向预应力施工等工序的安全防护设施完好

6)监督考核

为加强对现场安全监控力度,减少现场安全隐患,保证现场施工安全有序进行,GH-1标制定了监督考核计划。其计划,如表10-5所示。

GH-1标安全检查计划表　表10-5

序号	检查形式	检查时间	检查人员	检查目的	检查内容	备注
1	定期检查	1次/周	部门负责人、班组负责人	以每周检查的方式保障现场作业持续、协调、稳定、安全作业	对作业环境、安全管理、安全作业、岗位安全生产、安全意识行为和相关操作规程进行检查	

续上表

序号	检查形式	检查时间	检查人员	检查目的	检查内容	备注
2	项目部安全生产大检查	1 次/月	项目部领导、部门负责人、班组负责人	对生产过程及安全管理中可能存在的隐患、有害危险因素、缺陷等进行查证，以制定整改措施，消除或控制隐患和有害与危险因素，确保生产安全	对作业人员安全职责，设备、电气、仪表、安全教育、关键装置及重点部位、特种设备等的管理进行检查	
3	节假日期间安全检查	节假日期间	部门负责人、班组负责人	通过对作业班组节假日期间的检查，保证假日后的正常生产	对节假日期间施工现场各岗位安全方面进行检查	
4	电气设备安全专项检查	每年 3 月、6 月、9 月、12 月	部门负责人、班组负责人、相关电气专业人员	通过对、配电安全检查，消除或控制隐患和有害与危险因素，确保生产安全	对变、配电安全管理中可能存在的隐患、有害危险因素、缺陷等进行检查	
5	防火、防爆及消防安全专项检查	每年 1 月、6 月、9 月、12 月	部门负责人、班组负责人	完善各类防火防爆安全设施及易燃、易爆等危险化学品管理，确认各类安全设施处于良好状态	检查消防设施配备情况；对易燃、易爆区应做到对易燃、易爆物品进行有效管理	
6	防台风、防汛安全专项检查	每年 7 月、8 月、9 月	部门负责人、班组负责人	保证汛期装置、设施设备、工具、附件、人员等处于良好状态	对人员、物资准备，应急物资、备用设备、安全隐患等方面进行检查	
7	夏季安全检查(防暑、降温)	7 月份	部门负责人、班组负责人	确保夏季的安全生产环境和秩序，保障安全运行	对防暑降温、防雷、防中毒、防汛等内容进行预防性季节检查	
8	冬季安全检查(防寒、防冻)	11 月份	部门负责人、班组负责人	确保冬季的安全生产环境和秩序，保障安全运行	对防火、防静电、防冻保暖、防滑等内容进行预防性季节检查	

同时，GH-1 标针对施工过程中的实际情况设计了对应的安全检查表，包括安全防护设施检查表、桥面吊机安全检查表等检查表格；确定了高空作业防护设施检查，机电设备安全检查，支架验收安全检查等重点检查项目。

10.6.2　GH-2 标主梁工程 HSE 实施

1)工程概况

临海高等级公路灌河大桥工程 GH-2 标南引桥，起点桩号为 K15＋282.000，途经响水侧海港闸南侧、成日钢铁二期南侧、向东跨越南黄海大道，终点桩号为 K17＋075.600，全长 1.793km。桥梁有灌河大桥南主桥、灌河大桥南引桥及陈北支渠大桥；其中灌河大桥南引桥及陈北支渠大桥上部结构为预应力混凝土箱梁。

主桥为双塔双索面钢与混凝土组合梁斜拉桥，长756m，跨径组成为(60.8+117.2+400+117.2+60.8)m。主梁以两工字形钢纵梁、横梁及中间小纵梁，与混凝土桥面板结合形成组合截面。桥梁全宽36.5m，桥面设2%双向横坡，梁段最长为22.8m，标准梁段长10.8m，两工字形主纵梁间距34.5m，设计采用高强平行钢丝拉索。

2)主要工艺流程

主要工艺流程，见图10-12。

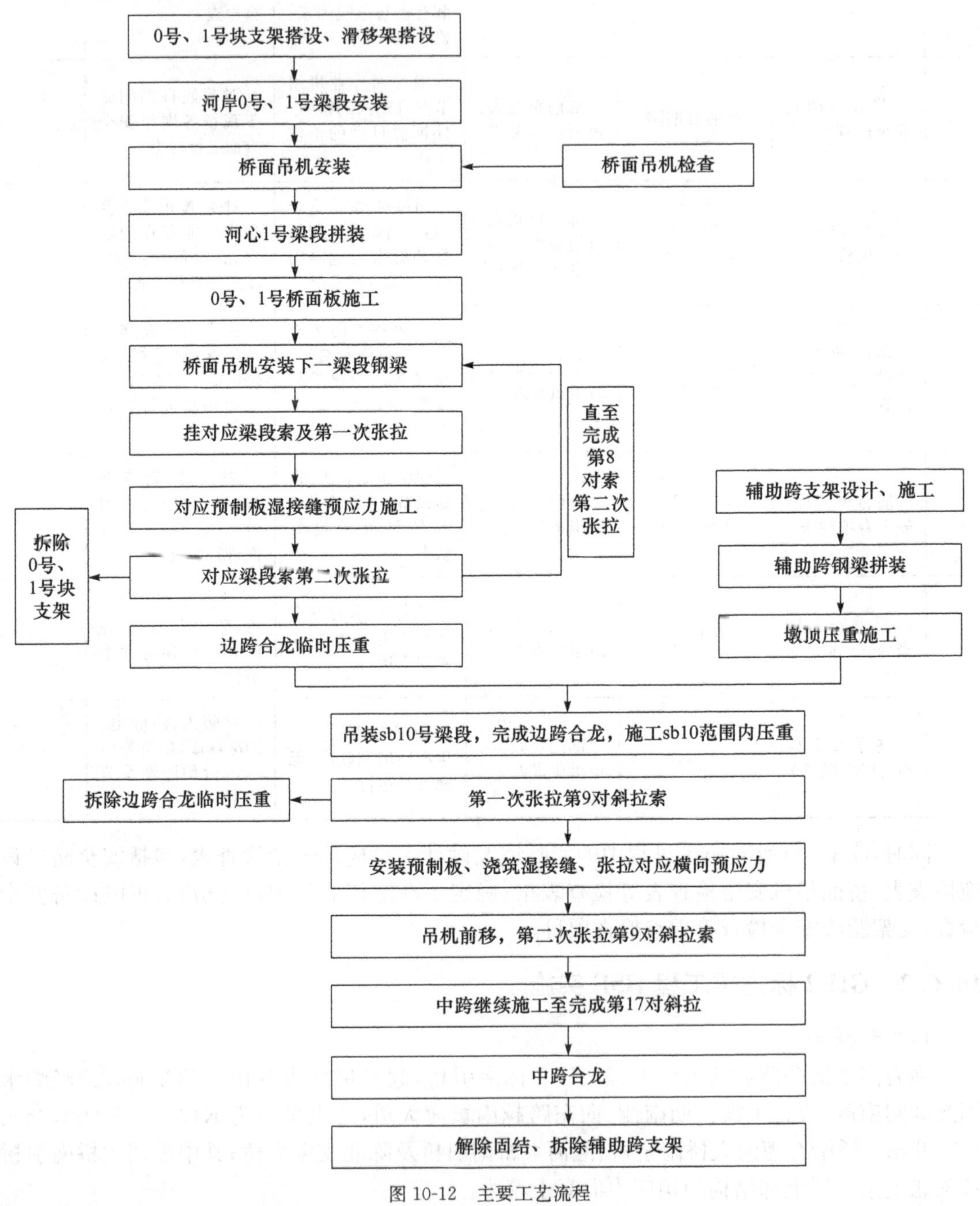

图10-12 主要工艺流程

3)HSE目标分解

(1)健康目标:员工职业病危害事故率0%,入职后尘矽病率0%;职工体检率100%;职工意外伤害保险投保率100%。

(2)安全目标:作业许可办证率、防范措施安全技术交底及现场落实率100%;HSE重点工作计划和方案完成率100%;新入场员工HSE"三级"安全教育培训岗前合格率、特殊工种人员取证率100%;安全标准化建设达标,事故应急预案编制率及定期培训率、演练率100%;施工现场各类机械、机电设备完好率、特种设备定期安全检验检测合格率100%;隐患整改完成达标率100%;特种设备相关资料完备,无工伤责任事故死亡,职工事故轻伤率小于3‰;无火灾、水上交通、交通甲方责任事故,无特种设备一般及以上等级事故。

(3)环境目标:生活及生产废弃物、噪声、大气污染达标处置率100%;无较大以上环境责任事故,无放射性污染事故,环境监控指标达标率100%。

4)HSE实施组织

项目部成立桥面系HSE管理领导小组,负责桥面系施工过程中健康、安全、环境管理过程中的具体事宜,办公室设在项目部安保部。

5)主要危险辨识与专项方案

(1)健康方面,危害因素主要有空气污染、食物中毒、中暑、冻伤、电源辐射等,GH-2标对此制定了一定的消减措施。

(2)安全方面,根据风险评估结果,灌河大桥GH-2标主桥主梁所涉及的危险性较大的工程,如表10-6所示。

危险性较大的工程清单 表10-6

序号	类别	危险性较大的工程及工作内容	编制时间	专家论证	第三方复核
1	桥梁	0号、1号块钢梁拼装安全专项方案	2014.05	√	√
2		标准梁段施工安全专项方案	2014.07.	√	
3		斜拉索施工安全专项方案	2014.10	√	
4		辅助跨及边跨合龙安全方案	2014.11	√	

灌河大桥GH-2标主桥主梁工程重大安全危害因素,主要为托架拼装作业、钢梁卸船、钢梁运输、钢梁吊装、高处施拧、落梁纵移与前移、斜拉索挂设、斜拉索张拉。为了加强对重大安全危害因素的控制,GH-2标制定了对应安全危害因素消减措施。其主要控制措施及建议,如表10-7~表10-14所示。

托架拼装作业风险防控措施及建议 表10-7

作业内容	危险源种类	防控措施
托架拼装	高空坠落物体打击支架垮塌、人员触电	(1)进行高空作业的各工种和现场管理人员必须切实遵守高空作业的规程,高处作业必须使用安全帽、安全带、穿软底鞋。六级强风或大的风雪天气,禁止高空作业。 (2)塔吊起重作业由专业人指挥,指挥者必须持证上岗;指挥者与塔吊司机采用对讲机进行通信,指挥信号要清晰、明确;传递工具和材料应用绳系运,禁止抛掷,禁止从高处向下扔掷料具。 (3)支架应分节段安装,对接处应按要求布置临时工作平台;平台四周加设栏杆、安全网。

续上表

作业内容	危险源种类	防控措施
托架拼装	高空坠落物体打击支架垮塌、人员触电	(4)严格按工艺流程和施工顺序搭设支架，并在每一层验收合格后，方可进行下一步施工；在整个托架搭设完毕后，全面复查，确保结构的安全。 (5)临边(水)作业人员必须穿好并系紧救生衣；悬空作业时遵循高挂低用的原则系好安全带。 (6)严格执行“一机、一闸、一漏、一箱、一锁”。设置防雨设施，及时更换损坏的门锁，电工负责经常性检查；电工负责对所有的电气线路进行经常性的检查，损坏或老化线路及时更换；严厉禁止将电线绑扎在钢筋上；电器必须接地，电焊机必须有绝缘垫板，漏电开关必须灵敏可靠；进行电器操作时施工人员要佩戴绝缘设备

钢梁卸船风险防控措施及建议 表10-8

作业内容	易发事故	防控措施
钢梁卸船	起重伤害(吊机吊卸造成物体打击)、机械伤害(杆件碰伤擦伤)、淹溺(临边捆绑杆件造成人员落水)	(1)起吊杆件时，必须有固定的信号指挥。信号员应事先检查场地周围有无障碍。杆件起重卸船时，信号员、吊车司机、架梁人员要密切配合、指挥得当、操作准确。信号员的哨音手势和旗语应洪亮、正确、清楚，如遇妨碍司机视线处，应增加传递信号人员。 (2)钢梁杆件起吊前，应确认起吊杆件的重量和重心的位置，必须捆绑牢固，避免吊装时构件滑脱或倾覆。吊梁扁担梁及卡环安装后应对其进行检查，合格后方可起吊。吊具的夹角不得大于60°，并应拴上溜绳。 (3)起吊杆件的吊具与杆件棱角接触处应用胶皮垫好。起重钢丝绳应不起油、无死弯，在任何一个断面内断丝量不超过5%。 (4)钢梁吊装操作人员应佩戴手套，穿长袖工作装进行捆绑作业，防止钢构件碰伤、擦伤。 (5)杆件起吊时，作业人员不得在受力索具附近停留，特别不能停留在受力索具内侧。 (6)起吊杆件时，起重臂回转区域内和杆件垂直下方严禁站人，也严禁有人站在杆件上。 (7)操作人员船上捆绑杆件作业时，应检查运输船的走道和两侧栏杆是否完善，运料船之间空隙应铺脚手板并挂安全网。 (8)水上作业平台临水边防护应设置完善的防护栏杆。 (9)人员上下码头、乘坐交通船、临水作业必须穿戴好救生衣

钢梁运输风险防控措施及建议 表10-9

作业内容	易发事故	防控措施
钢梁运输	车辆伤害、物体打击	(1)钢梁及桥面板采用运输平车运输，运输线路要求平整、安全可靠。运输过程中钢梁不得平放。超宽、超长杆件应按规定设置超限标记、信号，确保钢梁运输车辆的安全运行。 (2)运梁平车上应安装专用支架，并捆扎牢靠，防止钢梁杆件在运输过程中的变形及滑移。 (3)经常检查制动装置确保安全可靠，牵引车应缓慢运行；最高时速不超过5km/h，通过平交道口时，应有人维持交通秩序。 (4)钢梁杆件桥上运输要求限速，运梁速度要求不大于5km/h。 (5)钢梁构件必须有足够的存放场地，构件的摆放顺序及码放层数必须严格按照规定执行，避免受到碰撞和积压造成构件的损坏。 (6)钢主梁、横梁及纵梁存放台座基础应有足够的承载力，台面平整、坚实。杆件不得产生下沉和偏斜

钢梁吊装风险防控措施及建议　表 10-10

作业内容	易发事故	防控措施
钢梁吊装	起重伤害、机械伤害、高处坠落、物体打击	(1)钢梁杆件起吊前,应确认起吊杆件的重量和重心的位置,必须捆绑牢固,避免吊装时构件滑脱或倾覆。吊梁卡环安装后应对其进行检查,合格后方可起吊。吊具的夹角不得大于 60°,并应拴上溜绳。 (2)起吊杆件的吊具与杆件棱角接触处应用胶皮垫好。起重钢丝绳应不起油、无死弯;在任何一个断面内断丝量不超过 5%。 (3)起吊杆件时,必须有固定的信号指挥。信号员应事先检查场地周围有无障碍。杆件拼装对孔时,信号员、吊车司机、架梁人员要密切配合、指挥得当、操作准确。信号员的哨音手势和旗语应洪亮、正确、清楚,如遇妨碍司机视线处,应增加传递信号人员。吊物下面严禁站人。 (4)杆件起吊时,作业人员不得在受力索具附近停留,特别不能停留在受力索具内侧。 (5)起吊杆件时,起重臂回转区域内和杆件垂直下方严禁站人,也严禁有人站在杆件上。 (6)在通航桥悬臂拼装时,事先与航道海事部门协商,办理设置航标等事宜,并发航行通告,确保通航安全。 (7)在架梁过程中,水上应配救生船和救生设备;救生船应停靠适当地点、船上设专人值班,并且应关注桥址区的气象情况,及时采取安全措施。 (8)杆件拼装对孔时,应用冲钉和拼装撬棍的尖端探孔,严禁用手指伸进孔眼内检查,严禁用大锤猛击单个冲钉过孔,造成孔眼变形。平面拼装孔眼应用安全冲钉,防止冲钉坠落伤人。 (9)钢梁上弦平面设置安全临边防护栏板,供施工人员通行。 (10)拼装钢梁时,因无法挂设安全网和搭设平台脚手,应在两桁上弦节点外加设临时连接杆件,并在其上拉设钢丝绳,作业人员将安全带挂于其上,达到安全带高挂低用的效果;作业者应在背挂好安全带的情况下沿上平联杆件骑行至作业点

高处施拧风险防控措施及建议　表 10-11

作业内容	危险源种类	防控措施
高处施拧	高空坠落、物体打击、人员触电	(1)搭拆高空作业平台,施工人员必须系好安全带。 (2)拼装平台结构必须牢固,连接螺栓必须拧紧,脚手板必须使用红、白松,其厚度不得小于 50mm,跨度不得超过 2m,并不得使用腐朽木料;脚手板必须固定牢固,不得有缝隙和探头板,并装设栏杆。脚手架应与钢梁杆件固定良好,防止滑动。 (3)桥上工作时要尽量避免双层作业,打冲钉时不要用力过猛,严禁用大锤猛击单个冲钉过孔,且对面不准站人以防止冲钉飞出伤人。每班要清除一次脚手架,冲钉及时回收交库。 (4)运输螺栓冲钉及脚手架的平车不准溜放,必须有专人看管并制动,还应注意避让运梁车辆。 (5)施拧小工具扳手、冲钉、螺栓等物要用工具袋挂好,严禁上抛下掷;多余料具要及时清理干净,留用的要堆放在安全可靠的位置,安装时避免螺栓和冲钉坠落砸伤钢梁或施工人员。 (6)临时操作平台拆除时,应按自上而下,逐步下降进行;严禁将架杆、扣件、脚手板等向下扔掷

落梁纵移、前移风险防控措施及建议　表 10-12

作业内容	危险源种类	防控措施
落梁微移	高处坠落、机械伤害、物体打击、结构失稳	(1)千斤顶安放在梁底的位置均应严格按设计规定安放,并不得随意更改。 (2)顶落梁和纵横移使用的油压千斤顶、油泵、油管、压力表等,在使用前均应分别进行试验,并配套使用。 (3)顶落梁使用的油压千斤顶,须带顶部球形支承垫保险箍;共同作用的多台千斤顶选用同一型号,用油管并联。油压千斤顶、油泵、压力表、油管长度力求一致。上、下接触面之间,应垫以防滑材料。

续上表

作业内容	危险源种类	防控措施
落梁微移	高处坠落、机械伤害、物体打击、结构失稳	(4)当同时使用两台以上千斤顶进行工作时,不得超过允许承载能力的80%,须使各台千斤顶受力的合力作用线与被顶工作物中心相吻合,以防千斤顶负重后发生倾斜。 (5)千斤顶工作时,应有专人观看压力表的工作情况。如发现压力突然增大时,要立即停止工作,待查明原因,处理好后,方可继续作业。 (6)顶梁用千斤顶、油泵、油管接头等尽量防止漏油。如有漏油应及时清理,严禁流入支座锚栓留孔内。千斤顶起落时,应缓慢进行,几台千斤顶同时起落时,必须保持同步

斜拉索挂设风险防控措施及建议 表10-13

作业内容	危险源种类	防控措施
斜拉索挂设	物体打击、高空坠落、起重伤害、机械伤害、火灾	(1)经常检查专用放索盘上设置的制动装置。 (2)斜拉索桥面展开时,操作人员保持与索体1m以上的距离,防止斜拉索的扭力作用导致索体翻转伤人。 (3)塔肢挂索前要检查塔顶卷扬机的性能是否完好;卷扬机与塔顶平台的连接焊缝、导向轮钢丝绳是否有断裂断丝,确认无误方能进行塔肢挂索。 (4)塔内平台稳定可靠,索孔内严禁掉物至桥面。 (5)每个塔肢内配4~6个灭火器。塔内禁止吸烟,不准放置易燃易爆物品;塔肢内照明和油泵张拉用电,必须安好漏电保护装置。 (6)塔肢内撑脚千斤顶的吊点用2cm的钢板焊牢;手拉葫芦应严格检查,有问题的葫芦应及时更换。 (7)软牵引斜拉索,牵引头的夹片上平整齐;封钢绞线的钢板螺钉必须拧紧,坏丝滑丝的螺钉严禁使用。 (8)塔肢内放软牵引索时,必须与起吊的10t卷扬机配合,严禁不同步放索,确保放索安全。 (9)斜拉索挂好之后,在拆卸斜拉索起吊夹片时,采用的吊笼要牢固,用四点吊。其底部用铁皮满封,防止零星物坠落伤人,拆卸操作人员必须系好安全带。 (10)安装吊点抱箍及软牵引,抱箍应有足够的长度,其夹紧用的螺栓应有足够的强度,拧紧后应使抱箍与斜拉索之间(垫有橡胶皮)产生足够的摩擦力,以防止抱箍受力后滑移。 (11)在斜拉索起吊上升开始前,在斜拉索上挂设抗风缆,减小斜拉索上升过程中的摆动与旋转

斜拉索张拉风险防控措施及建议 表10-14

作业内容	危险源种类	防控措施
斜拉索张拉	物体打击、机械伤害、人员触电	(1)作业人员必须穿戴安全防护用品,如安全帽、加厚帆布手套。 (2)张拉作业前必须检查张拉设备、工具(如:千斤顶、油泵、压力表、油管、顶轴器及液控顶压阀等)是否符合施工及安全技术要求,检查合格后方可进行张拉作业。 (3)张拉锚具应与机具配套使用,锚具进场时,应分批进行外观检查,不得有裂纹、伤痕、锈蚀,检查合格后方能使用;张拉完毕后,退消时应采取安全防护措施,人工拆卸销子时,不得强击。 (4)对张拉施锚两端,应妥善保护,不得压重物;严禁撞击锚具、钢束及钢筋。 (5)高压油泵与千斤顶之间的连接点,各接口必须完好无损。油泵操作人员必须戴防护眼睛,防止油管破裂及接头喷油伤眼。 (6)张拉时,张拉端不得有人,做好防护措施。 (7)张拉时高压油泵应放在张拉杆侧面,操作人员应站在油顶位置的侧面。 (8)安装、维修或拆除临时用电工程,必须由专业电工完成,所有电气设备严格按照“一机、一闸、一漏、一箱”执行,严禁一闸多机、一箱多闸使用或私接乱拉。 (9)电工必须经过专业及安全技术培训,持有相关部门颁发的资格操作证,方准独立操作;并要定期对电工及相关操作用电人员进行培训。 (10)电工上岗前按规定穿戴好个人防护用品,按规定定期对用电线路进行检查,发现问题及时处理,并做好检查和维修记录

环境方面的危害因素主要有文物被随意挖掘，船舶油污直接排入河道，电缆、通信管道被挖断，材料超定额使用等。GH-2 标对此制定了一定的消减措施。

6）监督考核

为加强对现场安全监控力度，减少现场安全隐患，保证现场施工安全有序进行，GH-2 标制定了监督考核计划。其计划，如表 10-15 所示。

GH-2 标安全检查计划表 表 10-15

序号	检查形式	检查时间	检查人员	检查目的	检查内容	备注
1	定期检查	1 次/周	部门负责人、班组负责人	以每周检查的方式保障现场作业持续、协调、稳定和安全	作业环境、安全管理、安全作业、岗位安全生产、安全意识行为和相关操作规程检查	
2	项目部安全生产大检查	1 次/月	项目部领导、部门负责人、班组负责人	对生产过程及安全管理中可能存在的隐患、有害危险因素、缺陷等进行查证，以制定整改措施，消除或控制隐患和有害与危险因素，确保生产安全	检查作业人员安全职责，设备、电气、仪表、安全教育、关键装置及重点部位、特种设备等的管理情况	
3	节假日期间安全检查	节假日期间	部门负责人、班组负责人	通过对作业班组节假日期间的检查，保证假日后的正常生产	对节假日期间施工现场各岗位安全方面进行检查	
4	电气设备安全专项检查	每年 3 月、6 月、9 月、12 月	部门负责人、班组负责人、相关电气专业人员	通过变、配电安全检查，消除或控制隐患和有害与危险因素，确保生产安全	对变、配电安全管理中可能存在的隐患、有害危险因素、缺陷等进行检查	
5	防火、防爆及消防安全专项检查	每年 1 月、6 月、9 月、12 月	部门负责人、班组负责人	完善各类防火防爆安全设施及易燃、易爆等危险化学品管理，确认各类安全设施处于良好状态	检查消防设施配备情况和易燃、易爆区对易燃、易爆物品的管理情况	
6	防台风、防汛安全专项检查	每年 7 月、8 月、9 月	部门负责人、班组负责人	保证汛期装置、设施设备、工具、附件、人员等处于良好状态	对人员、物资准备和应急物资、备用设备、安全隐患等方面进行的检查	
7	夏季安全检查（防暑、降温）	7 月份	部门负责人、班组负责人	确保夏季的安全生产环境和秩序，保障安全运行	对防暑降温、防雷、防中毒、防汛等内容进行预防性季节检查	
8	冬季安全检查（防寒、防冻）	11 月份	部门负责人、班组负责人	确保冬季的安全生产环境和秩序，保障安全运行	对防火、防静电、防冻保暖、防滑等内容进行预防性季节检查	

10.6.3 GH-JL-1 标上部结构工程 HSE 监理计划

1）HSE 管理目标

HSE 工作计划和方案实施完成率 100%；全员 HSE 培训教育率、特种作业人员取证（复查)率100%;作业许可证率、防范措施技术交底及现场落实率100%;噪声、大气污染物品及生产、生活废弃物达标处置率100%;HSE隐患整改完成率100%;重大HSE事故应急预案编制率及定期培训100%;杜绝工程建设死亡责任事故、职业病危害事故、较大及以上环境污染事故。

2)HSE实施组织

为保证HSE承诺、方针和目标的贯彻落实,针对灌河大桥工程的实际情况,全员参与,总监办成立了HSE管理组织机构。

3)管理计划

监理方根据指挥部发布的三级文件的要求,针对HSE管理体系制定了对应的监理计划,其中职业健康防护部分涉及了中暑、电光性眼炎、电光性皮炎、水泥尘肺、电焊工尘肺、噪声聋、振动病、减压病等主要职业危害、职业病的监控防治要点,以及施工职业健康保障的内容。安全方面制定了包括高空特种作业、吊篮、挂篮、起重机等工程机械设备进场、夜间高空作业、恶劣天气条件露天高空作业和吊装作业、临时用电、安全防火等较大危险性施工的监理细则。环境保护方面,监理内容包括工地试验室、临时材料堆放场、拌和站和预制厂、临时施工便道及施工车辆、路面基层施工和沥青路面的环境保护监理要点。

4)HSE较大危险性施工的监理方案

主桥上部结构施工前,项目部安全生产负责人会同安全监理逐段向有关工人做好安全技术交底作业(应有交底记录备查);高空特种作业人员(起重司机、架子工、装卸工、电焊工等),应经考核取得安全技术操作合格证后方可上岗作业,上岗复印证件报安全监理备案;对用于主桥上部结构施工的吊篮、挂篮、起重机等工程机械设备在投入使用前,要按规定向监理组申报,经监理审查后方可投入使用;高空作业人员在多项安全技术措施和个人防护用品未落实解决之前,不能进入施工作业区;夜间进行高空作业,必须要有足够的照明,并指定专人负责高空作业人员与地面之间的通话联系;当风力≥6级(10m/s)和雷电、暴雨、大雾等恶劣天气条件下,不得进行露天高空作业和吊装作业;承包商应制定施工现场各项临时用电的规章制度,进行不定期检查;承包商要全面负责施工现场的防火工作,针对高空工作的特点、重点部位落实安全防火措施;承包商安全管理人员,应加强现场巡视,及时发现安全隐患,并重点抓好对危险源的监控工作;健康方面,危害因素主要有空气污染、食物中毒、中暑、冻伤、电源辐射等,GH-2标对此制定了一定的消减措施。

5)职业健康防护监理要点

职业健康方面,根据风险评估结果,灌河大桥工程建设中所涉及的主要职业危害、职业病监控防治要点,见表10-16。

主要职业危害、职业病监控防治要点 表10-16

序号	要点名称	防治措施
1	中暑	从业者上岗前应进行体检,如果已经发生中暑,应立即启动事故应急处置预案
2	电光性眼炎	加强个人防护,遵守操作规程,从业者上岗前应进行体检
3	电光性皮炎	加强个人防护,从业者上岗前应进行体检
4	水泥尘肺	改善劳动环境,采取机械化、自动化操作及湿式作业,加强工作环境通风除尘,定期查体
5	电焊工尘肺	改善劳动环境,加强工作环境通风除尘,定期查体
6	噪声聋	控制和消除噪声源,同时采取吸声、消声、隔声和隔振等措施,控制噪声的传播和反射,从业者上岗前应进行体检

续上表

序号	要点名称	防治措施
7	振动病	改革施工工艺，从根本上取消和减少手持风动工具的做法；对新工人应进行就业前体检，对接触振动作业人员应定期体检
8	施工职业健康保障	做好生活物资供应、丰富员工业余生活等具体工作，合理安排休假，进行有效的化解和疏导

6）环境保护监理要点

环境保护方面，根据风险评估结果，灌河大桥工程中所涉及的主要环境保护监理要点，见表10-17。

主要环境保护监理要点 表10-17

序号	要点名称	防治措施
1	工地试验室环境保护监理要点	试验室危险固体废弃物的处理。试验室所产生的强酸强碱废液、各种化学废液、废沥青等应分类收集，并统一外运至有资质的环保机构进行处理，严禁随意排放和堆弃
2	拌和站和预制厂环境保护监理要点	开展宣传教育，临时用地和场地平整，拌和站和预制场地向周围环境排放噪声应符合施工场界排放标准；拌和站（预制厂）应配有除尘装置，混凝土搅拌车应定点清洗，做好场地恢复计划
3	施工车辆的环境保护监理要点	必须严格控制车辆设备品质，尽量采用尾气达标的车辆和设备，严禁在施工过程中使用陈旧车辆设备
4	主桥上部结构施工的环境保护监理要点	禁止向江中乱扔杂物，绝对禁止向江中排放油污水；应尽量采用低污染的电力设备，以减少施工造成的大气环境污染；必要时可采取洒水降尘等措施，严禁混凝土罐车在栈桥上清洗混凝土残渣或将废弃水泥向江中倾覆

10.7 灌河大桥工程HSE管理体系实施启示

1）工程建设项目中引入HSE管理体系的适应性

工程建设是一项涉及技术、人员、装备、环保等资源整合和生产过程，在此过程中参建人员数量众多，涉及复杂的施工环境，存在着对施工人员造成伤害和产生质量安全事故的风险。特别是，工程建设过程中可能会对周边环境产生不利影响，如施工过程中产生的废弃物，破坏动植物及其生长环境。因此，工程管理HSE管理是落实现代工程管理中“以人为本”的重要载体。

工程HSE管理体系是在原来安全和环境独立管理的基础上，将健康、安全和环境作为一个整体来进行系统管理：

（1）建立系统化的管理体系文件，包括《HSE导则》《HSE管理程序》《HSE作业文件》《HSE作业指导书》《HSE监理计划》。

（2）建立统一的组织领导体系，包括建设单位、承包商及监理单位组成的领导小组及具体职能部门，有利于更好地推进HSE管理体系实施。

（3）建立统一的标准和考核体系，围绕健康、安全及环境的管理要求，建设单位按照行业要求和工程特征建立检查和考核标准。

2)工程 HSE 管理体系实施的关键技术

(1)多主体协同运作。工程 HSE 管理实施是一项系统性的工作,涉及包括项目业主、施工单位、监理及专业检测机构。项目业主建立 HSE 管理文件体系,按计划开展监督检查,动态维护 HSE 管理体系的完整性。施工单位结合具体标段情况按照文件体系形成 HSE 作业指导书,开展重点风险源识别和对应的专项方案工作,实施关键风险要素过程跟踪。监理单位依据 HSE 管理文件及作业指导书制定监理计划,并对实施过程进行监督和考核。

(2)全过程的控制方法。工程 HSE 管理实施过程主要是基于一套完整的程序和作业文件开展。依据对风险的评估,制定相关设施设备计划;依据程序文件、作业文件和作业指导书中给出的健康、安全及环境管控程序和表单来进行过程的业务控制和数据及时记录和反馈。

3)科学的考核评价体系

工程 HSE 管理体系有效实施依赖于主体执行力。在多主体协同工作环境下,建设单位主要是通过合同、规章、制度、流程等方式对实施过程中的参建单位进行协调管理,在此过程中建立科学的考核评价体系有助于更好地激励参建单位履约。考核评价体系主要包括如下两个部分:

(1)按照合同内要求进行月度、季度考核等,其结果作为阶段计量支付的重要的依据。

(2)根据整体考核结果,对承包商进行信誉评价,其评价结果作为后期该地区行业内工程招标评分的重要参考。

4)全生命周期的动态管理

由于工程建设过程中存在着诸多不确定性,HSE 管理体系文件是一种基于前期规划和防范策略,工程实施过程中产生的变化都要求进一步修改、完善 HSE 管理体系文件。

工程 HSE 管理体系运行遵循“策划→实施→检查→改进”的“PDCA”动态过程,主要包括管理策划、实施与运行、检查和纠正、审核以及管理评审 4 个环节。

(1)管理策划环节主要包括危险源辨识及员工培训和教育。

(2)实施与运行环节主要包括设施完整性、承包人与监理人的作业指导书编制与具体运行、变更管理、应急和响应。

(3)检查和纠正环节主要包括检查与考核、合规性评价及事故报告与处理、记录控制。

(4)审核与管理评审主要是对 HSE 管理体系文件的充分性、有效性进行评审,提出持续改进意见。

第11章 现代工程管理实践理论思考

11.1 现代工程管理是一项整体性管理模式

工程管理是一项围绕着人、物、环境交互的组织与活动过程，它的内涵与形态发展随着管理对象复杂性、管理主体能力及所处环境的变化而发生动态调整。基于“现代”情境下的工程管理更加突出工程建设的“全寿命周期”整体性、管理技术维度的先进性、管理社会文化维度的适应性。

1)全寿命周期建设管理理念

工程建设的首要目标是满足工程功能目标，但同时要考虑工程目标与社会发展目标的融合性，包括以人为本、建设资源节约型和环境友好型社会。工程建设全寿命周期理念强调以前期规划、设计、建设、运营维护、拆除和复原为对象，在保证工程功能目标前提下，强调工程建设设计方案具有可施工性、可维护性、可扩展性，满足工程低碳、低能耗、生态化、人性化、全寿命期费用优化等要求。

人本化发展理念是指在建设过程中将满足人的发展、调动人的积极性、突出人的创造性作为建设管理核心理念。工程设计阶段的以人为本，要充分考虑社会发展和环境保护需要，注重工程建设与自然环境和谐统一。工程施工阶段的以人为本，要高度关注安全生产，保证参建人员的人身安全、维护劳动者的合法权益。工程运营阶段的以人为本要进一步拓宽服务领域，为用户提供安全、便捷、舒适的工程产品。

工程建设的可施工性和可维护性及可扩展性要求在工程建设过程中要超越工程的“单阶段性”特征，整合业主、设计单位、施工单位及运营单位等多利益干系人，构建工程管理平台，协同工程管理的各个工程专业（建筑、结构、材料、机电、设备等）。在具体实施过程中，需要科学地开展工程物理界面划分，规划、设计、施工与运营维护的联动，以及工程全寿命周期指标评价等。

(1)工程物理界面划分。工程物理界面划分直接影响工程方案的可施工性、可维护性、可扩展性等多方面。在工程物理界面具体划分过程中一方面须遵循工程技术逻辑，另一方面须考虑到后期的施工方式、运营维护方式及承包商能力等，如采取“大型化”“标准化”“工厂化”及“装配化”的生产方式及设计施工总承包方式等。

(2)规划、设计、施工与运营维护的联动。工程规划阶段的总体功能及与社会、环境的协同发展目标要在设计和施工过程中被不断细化和实现，并在运营中不断维护和更新。在全寿命周期过程中，要做好“小循环”和“大循环”两种类型的学习和互动。其中，“小循环”学习主要是强调设计阶段、施工阶段、设计与施工阶段内方案的优化和改进；“大循环”学习主要是强调工程规划与运营之间反馈、环境与工程之间相互影响等。现代工程管理要强调工程规划论证期间须充分考虑工程功能目标、工程对环境影响、未来环境变化对工程影响等；强调工程设计和施工之间既保持“独立性”和“约束性”，也要保证“连贯性”和“可实施性”。

(3)工程全寿命周期指标评价。工程建设管理目标评价主要围绕着质量、安全、进度、成本、环保等方面开展。传统工程管理主要围绕施工期间进行目标控制，现代工程管理则强调工程全寿命周期成本最低，即不仅考虑建设成本而且要考虑运营维护成本；在进度方面，需要综合统筹地考虑规划与设计、施工工期之间关系；在质量方面，要能整体性考虑工程质量目标和技术标准，而不能孤立地追求单阶段、分项工程质量。特别是在工程运营一段时间后，再系统地评价工程规划论证决策、设计质量、施工质量、工程运行健康等方面。

2)工程管理技术的先进性

管理既是一门科学也是一门艺术，管理科学性主要体现在管理技术维度。工程管理技术维度是由规范、有序、逻辑的组成部分构成，主要包括工程项目管理技术维度和专项技术标准维度。工程项目管理技术维度主要在于明确项目目标、进行工程分解、确定项目计划及现场综合控制流程、制度及规范；专项技术标准包括工艺标准、技术规范等。现代工程管理更加关注各类标准、规范及要求的超前规划，并作为项目各参与主体开展工作规范，在具体环节上表现为工程施工标准化、项目管理专业化、精细化管理等方面。

3)工程管理社会文化的适应性

管理的实施主体是组织和个人，其具有能动性和利益诉求等特征，因此在管理过程中会产生社会文化维度，其与项目计划的有序性相反，这一维度涉及更为无序、常常自相矛盾的实施过程。工程管理组织是由多个参建单位所构成的网络组织，其管理中心任务是在更大组织环境中产生一个临时的社会系统，在其中将不同单位能力、不同专业人员才能加以综合得以更好地完成项目。工程管理者必须综合运用不同组织之间的协调方式，如法律、法规、合同、制度、规范与文件等。因此，不同阶段、不同地区、不同复杂类型项目、不同承包商，其工程管理模式应具有一定的差异性。

4)现代工程管理模式的集成性

现代工程管理无论是从理论体系还是从实施方式上都更加强调其系统性和集成性，强化其系统能力。其具体表现为两个维度：现代工程管理第一个维度是强调全寿命周期集成，强调工程需求和功能导向下的设计与施工及资源配置方式；第二个维度强调“人本化”“专业化”“标准化”“信息化”和“精细化”的统一。其中，“人本化”是强化工程建设理念，强调“以人为本”，关注工程质量、低碳、节能环保和劳动者；“专业化”强化组织建设队伍、管理手段的专业化和科学化，提高管理能力；“标准化”是在施工组织过程中要尽量采用标准化的工序、工艺及部件，确保工程质量的可靠性和稳定性，降低各类风险；“信息化”是现代工程管理中必须进一步强化的内容，要从过去的“文档信息化”向工程现场信息化转变，要从信息化孤岛向集成信息化转变，以信息化变革来驱动工程管理模式的变化；“精细化”即对工程品质关注和需求满足是工程管理最重要目标，精细化的日常管理、量化控制手段都是强化现代工程管理的“个性化”手段。这“五化”之间既相互独立，又相互关联，“人本化”是理念和统帅的战略系统，“专业化”是组织系统，“标准化”和“精细化”是现场资源生产和组织装配的重要手段，“信息化”是工程管理保障体系及“新”的信息技术下的工程管理方式。

11.2　现代工程管理驱动机制是政府指导与市场机制的统一

管理理论来源于实践，但总结和凝练出的一般管理规律可以很好地指导实践。工程建设管理水平和模式受到行业政策、工程建设标准和规模、业主能力及承包商水平影响，在不同地区工程建设水平存在差异性。站在行业管理角度，通过对建设水平较高地区、高质量建设工程管理手段进行科学梳理，形成行业建设要求和标准来指导工程实践。同时，参与建设的项目管理单位和承包商通过市场机制将优秀的做法运用到其他工程建设管理，从而逐渐提高整体行业建设管理水平。

1)现代工程管理推行的政府引导

政府在工程建设理念、政策法规体系建设、市场行为规范等方面，通过行政指令方式来提出推行现代工程管理要求。

(1)工程建设理念主要关注科学发展观，积极推广工程建设新理念，走资源节约型、环境友好型发展之路。

(2)政府加强政策法规体系建设，促进规范发展，如交通运输部按照依法行政的要求，相继颁布了《公路建设市场信用信息管理办法》《严格落实公路工程质量责任制若干意见》《加强重点公路建设项目设计管理工作若干意见》等规章和文件。各地交通运输主管部门结合本地实际，出台了有关工程建设和质量管理的一系列规范性文件。

(3)把推进市场信用体系建设作为市场监管的重要手段，如交通运输部开发了“全国公路建设市场信用信息管理系统”，建立了全国信用管理标准体系和评价规则，实现了信用管理信息化，信用结果与市场准入和招投标直接挂钩。浙江、江苏、福建、河北、广东等省按照交通运输部统一部署，建立了省级信用体系平台，为实现全国互联互通打下了基础。

(4)通过开展一系列提高工程建设质量和管理水平活动，如在交通行业推行“现代工程管理”要求，并在各省市开展推行现代工程管理的“示范工程”，逐步将其要求贯彻到交通全行业。

2)现代工程管理实施的市场驱动

现代工程管理实施主体是企业，企业行为是通过市场资源配置方式来进行调节。现代工程管理可持续性发展最终要依托市场。其主要表现为：

(1)来自工程质量(品质)需求。随着我国工程建造能力越来越高，对工程建设品质追求也是日益提升。业主从过去能基本实现工程必需功能到实现工程系统功能，工程质量从满足功能需要到超出用户预期，更加关注其质量稳定性、耐久性与可靠性。这些品质满足要求业主和承包商必须改善管理方式，运用现代工程管理思维来开展专业化、标准化和精细化等管理与控制，业主通过招标要求来提高投标门槛。

(2)来自行业市场变革。当前工程建设管理正在经历从传统的“工程建造”向“工程制造”转变，“工厂化”“自动化”“信息化”是现代工程管理现场实施的重要措施，承包商必须顺应时代潮流，加快推进企业战略变革。

(3)来自全球资源配置。基于我国众多复杂工程建设实践，我国工程建设突破了一系列世界级难题，取得了多项具有自主知识产权的技术成果，承包商在技术上拥有足够能力在国际市场上开展竞争，然而专业化管理是我国承包商急需强化的管理理念和内容。

综上所述，企业目标是为了更好地在市场上生存与发展，拥有更强的竞争力，稳定和创新是其管理目标。现代工程管理是综合理念、技术、管理的一场变革，承包商必须采取积极主动措施去优化现有施工方法和技术、变革其管理理念与手段、采用先进信息技术来保障工程品质，满足业主需求，形成良好的社会信誉和品牌。

11.3 现代工程管理实施的关键技术

从实践经验看，伴随着信息技术的普遍应用和对生态环境保护的高度重视，现代工程建设管理呈现如下“5个新特点”：

(1)在管理理念上，从过去只关注工程实体建设，向更加关注以人为本、资源节约、文化传承、与自然环境和谐相处等社会领域延伸。

(2)在组织结构上，更加注重集成团队优势，强调专业化管理，突出项目法人、设计、施工、监理等有关各方的协同与目标统筹，关注管理能力和管理人员的专业素质提升。

(3)在管理行为上，更加注重程序管理、规范管理、标准化管理和精细化管理。

(4)在管理手段上，更加注重信息技术的推广应用。

(5)在管理目标上，更加追求质量、安全、效率、效益和生态环境的协调统一。

上述“5个新特点”表明，现代工程管理已不仅是传统的以成本、工期、质量为主要目标的“铁三角”式管理，而是将原有的以工程直接目标为主要内容转变为工程、经济与社会的综合管理。

江苏灌河大桥现代工程管理实施的关键技术，主要涵盖了设计、招标、组织、施工等多个方面。

1)注重工程设计的引领性

工程设计是工程建设的灵魂，直接决定工程组织与施工方式。在现代工程管理理念指导下，工程设计要注重标准化、节能减排。

在指导、审查施工图设计工作中，注重落实设计标准化，注重从设计源头上防范质量通病。为了降低施工风险、提高工作效率、加快施工进度及保证工程质量，尽可能采用有利于大规模工厂化、预制装配化及大型设备机械化作业的设计方案，尽可能规避种类繁复的方案，将大量繁重的现场施工作业转移到预制场来完成。如在灌河大桥建设中，桥宽变化段力主将现浇箱梁改为通过湿接缝调节的预制箱梁。引桥40m跨下部结构从薄壁墩方案调整为与30m跨相一致的双柱墩方案，不仅减少结构类型，还增加了桥梁抗倾覆能力。桥梁支座变形开裂也是常见质量通病，在大量的工程实践中认识到与设计有一定的关系，由于设计往往套用通用图，不满足桥梁恒活载变化的要求，坚持对全部支座进行专项复核，查出部分支座反力超过设计支座承载力最大达14%，设计确认最大也达到8.5%，共八联支座由GYZ400×84调整为GYZ450×84，消除了质量安全隐患。

节能减排设计从全寿命周期出发，一方面考虑建设期内的节能减排，另一方面考虑项目建成后运营期内沿线设施及构造物的节能减排。如在灌河大桥工程总体布局上和设计方合理优化布置方案，主桥基础全部避开了对两岸大堤的占用，减少了防护工程和协调工作。对复合氨基醇类多功能活性阻锈剂等高耗能材料，将其使用范围由桥桩和预制梁，合理调整为承台、临水标高+10m 以下的塔身和桥面板，减少用量 464346kg，按中标价计算节约费用 5029791 元。桥面横坡由盖梁变高设置调整为盖梁整体斜置，减少工程量的同时又便于标准化施工。

2)注重契约精神，具体化招标文件

现代工程管理不只是一个口号，而是需要通过实践来落实具体措施，对于承包商来说，成本是其首要考虑的问题。因此，业主在招标阶段需要认真、系统分析推行现代工程管理所带来的新挑战，细化具体施工和管理要求，强化管理的“契约精神”，精心研究招标方案和合同条款。在招标阶段，从标段划分、清单编制、专用合同条款到专项技术规范编制，着力体现施工标准化理念，从而有利于施工标准化现场实施的推进。如灌河大桥业主依据工程特点和推行现代工程管理的目标，推荐 2 个大标段招标方案，并将路面工程、伸缩缝、绿化一并纳入土建标段，减少协调环节；在清单编制上，把工地建设标准化细化为若干个独立计量的细目，如 102-1 工程管理项中，增加工程信息管理、施工现场监控、智能安全预警系统；又如 104-1 承包人驻地建设项，细划为标准化驻地建设、标准化工地试验室建设、标准化拌和站建设、标准化钢筋加工场建设、标准化预制场地建设、标准化可视元素（含满足施工标准化要求的统一服装、鞋、帽等）6 项，把高速公路施工标准化技术指南的要求，有重点地细化到合同条款中。对建设过程中的第三方服务，提出大中心的概念，把以前分别招标采购的中心试验室、测量中心、安全环保中心整合为一个检测中心，在具体工作内容上更整合了沉降观测服务、路面施工技术服务、软基处理强检等工作，一次招标完成。工程变更、索赔是工程管理和工程审计中的难点，也是廉政风险防控的重点，在这方面汲取同类工程的经验教训，尽可能纳入招标合同条款，以期最大限度减少变更，降低廉政风险。

3)柔性的工程项目标准化管理

项目管理标准化是以主体为核心，包括投资主体、建设主体、实施主体和监督主体。其涉及的管理内容包括项目投融资模式选择、项目建设法人选择、承发包模式选择及现场组织管理。投融资模式层面的项目管理标准化在于依据国家及行业规定，依法选择合适的投融资模式；项目法人选择要依据法律及行业要求，并根据本地区行业发展情况，来确定项目法人类型（如事业法人、企业法人等），特别注重项目法人组织机构中的专业化人员配置；承发包模式选择在于匹配项目目标、建设单位能力、项目复杂性之间的关系，综合平衡和降低风险；现场组织管理在于根据任务分解，依据质量、安全、进度、成本等管控流程和制度实施组织管理。

管理标准化不同于设计标准化和施工标准化，它是一种偏软的规范，且以规范人的行为为目标的标准化规则。因此，不同地区、不同工程项目管理在项目投融资模式选择、项目法人类型及具体管理流程和制度设计须遵守适应性原则，在具体开展管理过程中遵守“科学、有效、规范”原则来细化制度和流程。

工程建设项目管理标准化是通过“流程驱动制度、制度规范管理、管理行为标准”原则而展开的，围绕着项目管理“职能域”来细化流程、制度和表单是实施管理标准化最核心、落地的内容，也是能从根本上规范建设单位及参建单位行为的依据。同时在项目管理标准化过程中，须制定一套完整、规范的项目考核标准及评价体系。

4)建立施工标准化规范和考核要求

施工标准化活动内容包括工地标准化、工艺标准化和管理标准化，三个部分缺一不可。

施工标准化一项主要内容是确定标准体系和技术要求，主要包括建立设计标准化体系、施工图设计优化等。建立施工质量安全管控体系，形成施工标准化工作水平的新工艺、新设备和新的施工组织方案，细化分部、分项工程标准化实施手册等。在此过程中，地区行业主管和建设单位须根据工程技术标准、投资规模、施工单位能力做好具体标准和技术指南的制定和发布工作。

施工标准化推行主要涉及业主、施工单位、监理单位及行业主管部门。在推行施工标准化过程中，行业主管部门负责制定相关政策及考核要求，业主要明确施工标准化的标准和技术要求，做好系统规划，从设计源头上为施工标准化创造条件，将对施工标准化的要求纳入招标文件；在实施过程中，业主要强化对施工标准化的工作指导，开展对施工标准化的考核工作，考核结果作为履约考核、优质优价评比和信誉评价的重要依据。施工单位是施工标准化的实施主体，在遵循行业主管要求及业主规定技术上，进一步将施工标准化落实到作业层面，并通过开展“新技术”“新工艺”和“新材料”的创新与运用进一步提升施工标准化水平。

5)形成以“改善”为核心的精细化管理

精细化管理是品质的重要保证，它的核心是持续改进。精细化管理手段主要包括管理现代化、技术专业化和生产方式先进化。管理现代化就是灌河大桥工程强化专业化生产过程控制和量化管理，如钻孔灌注桩、PC 桩、承台、立柱施工等。技术专业化包括运用成熟专业技术和先进科研技术来提升工程品质，如高强螺栓施拧工艺、南主桥钻孔桩工艺等。生产方式先进化在于克服人员、环境等对工程部件质量所产生的影响，如钢箱梁、钢吊箱等加工制造；另外，灌河大桥引桥全部采用预制架设施工方法，实现混凝土梁施工的工厂化、标准化和装配化。

6)集成的信息化管理

信息化是工程建设精细化、标准化及人本化的重要保障。通过工程建设过程中信息化实施，能及时搜集到底层数据信息，并通过自动化监测及控制手段来有效保障工程精细化控制与管理；并且有利于标准化施工控制，以及通过对重要装备、环境等监测来保障工程建设人员的安全。

信息化管理逐渐从单元化向集成化方向发展。灌河大桥工程管理信息化采取了顶层规划设计，强化信息化模块之间的集成和信息共享。信息化集成主要体现在如下两个方面：

(1)实现了信息化的纵向管控一体化，具体包括底层的数据监测、中间层次的自动化控制及管理层次的项目管理信息化。

(2)主要体现在信息化使用主体集成，主要包括各标段承包商及灌河大桥工程建设指挥部的共享信息平台。

11.4 现代工程管理是一项持续改进的动态过程

管理强调“适应性”，其适应性体现在管理理念、管理对象、管理主体、管理方法和技术的统一性。各要素在不同情境下，其内容会发生变化。

1)管理理念

工程管理将进一步体现“法制化”“人本化”“耐久性”“低碳环保”理念。“法制化”要求工程管理首要条件是按照一系列法律、法规、政策、标准规范管理边界;在此基础上再进一步开展管理创新,包括项目立项决策程序、设计标准、项目法人组建、施工标准等等。“人本化”将满足人的发展、调动人的积极性、突出人的创造性作为建设管理的核心理念。

2)管理对象

管理的有效性来自对管理对象的系统分析与控制,对象复杂性程度不同会引发管理的多样性要求。对于一般技术与环境不复杂工程,需要更进一步强化其标准化管理和精细化控制,注重细节,严格变更控制、确保其质量稳定、成本和进度可控;而对于一类规模大、技术挑战高、环境复杂的工程,在开展管理时要充分关注风险评估的重要性,注重前期立项决策科学性和民主性,在组织控制中要充分考虑不确定性给成本、进度及质量所带来的挑战,关注“新材料、新技术、新工艺”的创新及采用。

在复杂工程技术创新过程中强调“需求导向”的基本原则,并充分考虑到工程的安全性和可靠性要求。在创新过程中重点考虑从工程设计到施工的整体创新;在创新方式上考虑开放式自主集成创新;在创新目标规划上采取“工程-行业-国家”的多层次的战略规划;在创新平台构建上采取政府引导下的“产、学、研”相结合创新平台。

在复杂工程技术创新过程中,针对一类关键、共性复杂技术难题,采取集中和重点突破,建立稳定的科研创新基地。考虑由政府相关部门组织建立共性关键科技创新科研基地,整合行业内外、国内外科研力量,开展大范围联合攻关,研究成果可以广泛应用到同类工程中,避免不同工程间重复性研究,节约资源与成本。

3)管理主体

工程管理主体一般包括政府、项目业主、项目管理公司等多种形式,在具体实施过程中高级管理人员能力对工程管理绩效会产生积极影响。对于重大工程,政府在其过程中起着十分重要的保障作用,如提供资金支持、创新拓展投融资渠道、监督工程质量等方面。但市场化机制是工程管理模式发展的重要方向,其核心在于进一步完善项目法人制和全过程咨询管理。

项目法人制规定了工程全寿命周期的责任主体。从工程建设全过程阶段来看,项目法人可分为 3 种:项目出资人或其依法设立的法人单位作为项目法人,承担工程建设管理的建设法人和负责项目运营阶段管理的运营法人。在目前我国工程建设项目中,既存在多阶段独立的项目法人,也存在全过程一体化的项目法人。从工程建设项目法人的性质来看,存在事业法人和公司法人两种。项目公司法人能在工程建设管理过程中培育和发展稳定、专业化的建设队伍,促进工程项目的专业化管理。

工程组织的灵魂在于高级组织管理人员。当前我国重大工程领域的现状是许多高级组织管理人员缺乏有组织的培养路径,走的是自我成长的道路,对组织和管理工程主要依靠自身经验悟性和个人魅力。针对我国目前高级组织管理人员的现状,需要拿出一套专业化、系统化的培养方案,应当加强对现场工程实践经验的重视,避免管理人员纸上谈兵,偏离工程实际。对于出身一线、经验丰富的高级组织管理人员,应当加强对工程管理知识的学习,掌握系统化的工程管理理论。随着工程技术、信息技术的不断创新和发展,以及现代管理理念的发展，高级组织管理人员想要跟上时代的步伐就需要不断地学习，树立终身学习的理念。

4)管理方法和技术

随着时代发展，工程技术水平、管理水平都取得了巨大进步，同时工程建设中的材料、装备、工艺以及承包商能力都取得了"质"的飞跃。工程现场已从过去粗放式的生产管理方式向精益化和智慧化转变。

工程现场的精益建造主要表现在工厂化、自动化的生产方式和施工过程中的标准化管理。工厂化生产方式主要通过大型化、标准化、装配化方式来进行材料与部件的设计、生产和装配。尽量发挥车间化、自动化及智能化的优势，提升工程相关产品质量的稳定性和可靠性，降低工程环境对工程施工的影响；同时，加大对工人技能培训。

工程现场控制智慧化主要采用现代信息技术及互联网技术来实现现场管控一体化，包括现场监测、自动化控制及管理一体化等。在此过程中，要对现场的各类数据进行管理。现场建设管理涉及大量静态数据(如工程的相关信息资料库与科学实验产生的数据)，以及大量动态数据(主要来自桥梁的施工监控和运营阶段健康监测系统)。通过这些静态与动态等大量数据的挖掘及应用，工程建设中的相关利益干系人就能及时把控信息，降低工程建设的风险。

后　　记

本书得到了江苏省交通运输厅科技项目“灌河大桥现代工程管理应用与示范（GHT-Z-12001)”资助，也得到了国家自然科学基金面上项目“重大基础设施工程的组织公民行为形成机理、动态演化及治理策略研究(71571098)”资助。

书中部分资料来自参与灌河大桥工程建设的相关单位。其主要单位（排名不分先后）如下：

江苏省交通工程建设局

江苏省安全生产科学研究院

上海中交海德交通科技股份有限公司

中交公路规划设计院有限公司

中交第一公路工程局有限公司

中交第二航务工程局有限公司

中铁山桥集团有限公司

江苏法尔胜股份有限公司

中铁武汉大桥工程咨询监理有限公司

东南大学

河海大学

本书的资料整理和写作得到众多人员的支持，他们是江苏省交通工程建设局周建林、薛岭、刘发、岳红宇、朱辰、赵阳、谢培宁等；江苏省安全生产科学研究院邢培育等；上海中交海德交通科技股份有限公司吉伟等；南京大学丁翔、时茜茜、朱建波、姜霞、王雪、余雪娟、张怀明、左名号、肖乂丹等。在此对他们的辛勤劳动表示衷心的感谢！